thinkin' tank

thinkin' tank

thinkin' tank

thinkin' tank

長得好看能當飯吃嗎？

掌握底層邏輯，提升認知高度的33個經濟學常識問答

財經作家・超人氣經濟學付費博主——謝宗博

序言 經濟學有什麼用？

「你們明明是學經濟學的，爲什麼沒賺到什麼錢？」「學了經濟學，爲什麼還是算不到明天哪支股票會漲呢？」「經濟學對於我們的生活到底有什麼用？」

這些是我頻頻被問到，也一直在思考的問題。

首先要承認的是，我們習慣認知的科學，邏輯大多源於自然科學，$1+1=2$、$E=MC^2$……規範精準，不容置疑。

但是，經濟學作爲社會科學，研究的是複雜多變的人與社會，無法像自然科學那樣準確定義研究標的，也無法透過實驗還原眞實的場景。經濟學家就算使用一定的假設來簡化所面臨的問題，也無法得出一個放之四海皆準的答案。

比如，傳統經濟學假設人都是理性的，在此基礎上來分析人的行爲對經濟的影響。但人是不是理性的呢？並不是。

那麼，不理性的人都遵循怎樣的邏輯來做事呢？我們並無法一一列舉出所有的可能性。中國俗話說得好，一千個人眼裡就有一千個哈姆雷特。不同的經濟學家，只能進一步做出各種假設，強行認爲大家都會遵循某種類似的準則，然後進行邏輯推導。

因此，即使面對同一個問題，但不同的經濟學家，就會有不同的結論，甚至互相矛盾。那我們該聽誰的呢？

經濟學中所有的名詞、結論、規律，都是建立在一定的假設條件之上，任何結論都不能直接套用。這便是它與自然科學最大的不同。尤其理科比較強的人，很容易會忽略社會科學的複雜性，也忽視了這個大前提：任何社會科學，都必須建立在一定的條件之上。

因此，我們在用經濟學常識來認知世界之時，絕不能僵化、不可照抄硬套，也萬萬不能透過類似「十堂課實現財富自由」這樣的課程來理解經濟規律。而是要從最基礎的經濟學假設學起，不僅要學結論，更要學結論的前提，以及推導的過程和邏輯，徹底弄清楚適用的條件和環境，才不會變成「鸚鵡學舌」。

如此看來，經濟學似乎是虛無縹緲、不著邊際的，甚至對我們的生活根本就沒什麼用。但眞的是這樣嗎？

還眞不是。雖然不同的經濟學派，都有各自所支持的假設和觀點，但只要你能深入到經濟學的底層邏輯中，就會發現經濟學存在的意義並不是直接告訴你一個結論，而是想引領你掌握認知世界的方法和邏輯。

面對人生諸多選擇時，若能善用經濟學的分析方法來爲自己指引方向，思考世界的角度就會變得通透而清晰。

譬如，「你是想去大城市闖一闖，還是留在小鎮安穩度日？」這個問題看起來難以抉擇，但如果你掌握了**機會成本**的概念，利弊分析就會變得明朗許多。

又比方說，你因爲失戀而痛苦欲絕、終日以淚洗面走不出來時，如果學過**沉沒成本**的概念，就能毅然決然地揮手告別過往，迎接更美好的下一段戀情。

這就是經濟學對生活的意義。

很多人以爲經濟學研究的是金錢，但哈佛大學指定經濟學教材《個體經濟學》（*Microeconomics*，由美國麻省理工學院經濟學者艾塞默魯〔Daron Acemoglu〕等人合著）開宗明義指出：「選擇，而非金錢，才是經濟學家研究的統一主題。」

經濟學家認爲，人類所有的行爲都是選擇的結果。在人生中，我們會面臨無數次選擇，有時答案是黑白分明的，但大多數時候我們都無法看清自己擁有哪些選項，也很難去預測每一個選擇會帶給我們什麼樣的未來。

經濟學的作用就在於此，它不像數學有標準答案，也不像物理、化學可以改造「世界」，卻可以透過對社會、心理等諸多因素的分析，找出這個世界運行的經濟邏輯，指引你看清自己所擁有的選項，看透每個選項的優劣，找到自己內心最真實的需求，從而做出恰如其分的選擇。

《長得好看能當飯吃嗎？》這個書名的選擇也是如此。這本力求用經濟學解答人生諸多選擇難題的經濟學常識讀物，爲什麼會用這個看起來與經濟學八竿子打不著的書名呢？

乍看確實很突兀，但仔細想想，「當飯吃」不就是最基本的經濟學嗎？選擇以何種方式來解決我們的溫飽，進而過上富裕生活，正是經濟學要思考和解決的問題，不也是我們在生活中亟欲掌握的最大祕訣嗎？

長得好看能當飯吃嗎？答案是顯而易見的，不過在經濟學中，遠遠不只回答一個「是」這麼簡單。

作為社會科學，經濟學除了幫我們認識世界，還有一個更重要的作用，即是在被驗證的邏輯中，尋找更適用的場景和機會，讓更多的選擇浮現在我們面前。因此，經濟學並沒有止步於「顏值」，而是在此基礎上，讓美成為一種產業。時尚的穿搭、絢麗的舞臺、優雅的包裝等等，都是「長得好看」在經濟學中的應用。

透過對「長得好看為什麼能當飯吃」的研究，我們還可以發現，能帶給人們愉悅感的，不僅僅只是美貌和外在，豐富的才識、幽默的談吐……一切能讓人覺得舒適、舒服的表現，都是「長得好看」的經濟學解釋，並可以帶來「能當飯吃」的價值，甚至可以衍生出比容貌更上一層樓的經濟學意義。以中國網路綜藝《脫口秀大會》的黑馬——徐志勝為例，他憑著金句迭出地自嘲長相，把「暴力醜學」的幽默發揮到極致，一躍成為「脫口秀花瓶」，創造出不亞於一線明星的身價。[1]

你看，經濟學不僅回答了「長得好看為什麼能當飯吃」，還告訴大家，長相不過是「美」的一種表現，只要選對合適的努力方向，把握好自己的人生選擇，挖掘出自己的獨特「美」，就一定能得到屬於

1 編按：徐志勝的脫口秀以自己不符合一般大眾美感的長相為核心出發點，憑藉著將自己比擬為「脫口秀鹿晗」，並以「導演就我這長相，你讓我賣麵和賣饃都行，但賣面膜會不會太冒險了」等自嘲梗廣受喜愛。

自己的「那碗飯」。

這麼一來，「長得好看能當飯吃」這個看起來門檻很高的選項，即使是對於我這種相貌平平的人來說，也變成了一種可行的選擇。

希望這本書也能幫助面臨人生選擇的每一個你，做出相對完美的抉擇。

長得好看能當飯吃嗎？

目次

序言 經濟學有什麼用？ 02

第一章｜生活「異常」現象裡隱藏的經濟學

01 坎蒂隆效應 22

Q：爲什麼收入越來越高，卻覺得自己越來越窮？

A：窮只是一種錯覺，其實是你的購買力下降了

· 貧富只是相對概念 23
· 錢，不等於購買力 25
· 新財富的分配 27
· 舊財富的通膨 29
· 財富的定錨物 31

02 邊際決策 35

Q：水是必需品都這麼便宜，鑽石沒什麼用爲何那麼貴？

A：請記住這句話：理性的決策，看的是邊際

· 價值，並非來自實用性 36

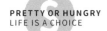

· 經濟決策需要邊際主義　38
· 價格等於邊際成本　40
· 網路網路的邊際趨於零　41
· 把努力集中在邊際上　43

03 定價機制　46

Q：我喜歡的東西都很貴而捨不得買，該怎麼辦？

A：其實，不必一味追求便宜，有些商品實在是價格越高越值得購買。

· 不是所有產品都能薄利多銷　47
· 品質也決定了價格　49
· 資源的限制也會影響市場需求　52
· 有些東西越貴，買的人反而越多　53

04 價格陷阱　55

Q：「買前衝動，買完後悔」，該怎麼走出商家精心設計的圈套？

A：識破商家的價格陷阱

· 浮動定價：榨乾你的消費者剩餘　56
· 價格誘餌：有比較，才有幸福感　60
· 誇張折現：用你對未來的期望，獲取你現在的財富　63
· 價格轉移：你看到的免費，其實不是免費　66

05 理性人假設　68

Q：為何我總是做不到理性消費，該怎麼改？

A：別被經濟學騙了，人本來就不是理性的

· 經濟學對理性人的假設是錯的　70
· 展望理論是對人性的解讀　72
· 人為什麼喜歡賭博？　76
· 敝帚自珍也符合經濟學　78
· 錢在人心裡有不同的歸屬 80

06 經濟學的偏誤 84

Q：我爲什麼不是理性經濟人？

A：細數人生中的那些經濟學偏誤

· 傳統經濟學的「理性人」並不存在 85

· 歸因偏誤：強調客觀因素，還是主觀原因？ 87

· 現成偏誤：你記住的，未必是全部 91

· 選擇偏誤：以個人喜好推斷行為 93

· 確認偏誤：從結果中找原因 94

07 資訊不對稱 97

Q：爲什麼掌握的資訊越多，這個世界的訊息鴻溝就越深？

A：掌握認知差異，才能站在人生的制高點

· 中間商搬運的是訊息 98

· 資訊不對稱無法消除 100

· 資訊豐富不等於資訊對稱 101

· 資訊不對稱可以創造價值 104

· 提高訊息辨識和訊息處理能力 105

第二章：用經濟學解答人生困惑

08 機會成本 110

Q：我該待在小城鎮安穩度日，還是到大城市闖一闖？

A：算清楚機會成本，就知道該怎麼辦了

· 人生沒有兩全其美 112

· 只要有選擇，就一定有機會成本 114

· 機會成本不是讓你選的，而是你要放棄的 115

· 面對同一個選擇，每人的機會成本都不一樣　117

09 倖存者偏差　121

Q：爲什麼「別人家的孩子」都比我們家的優秀？

A：這就是倖存者偏差，眼見未必爲憑

· 訊息往往藏在暗處　123
· 真相，需要更多訊息佐證　125
· 成功故事值得仿效嗎？　126
· 真實的數據不代表全部真相　127
· 「神準」背後的騙局　129
· 倖存者偏差的正確使用方式　130
· 小心誤判倖存者偏差　131

10 價值判斷　133

Q：我實在不懂男友爲什麼很愛在虛擬遊戲中砸大錢買道具？！

A：切記，價值是很主觀的東西

· 不同的人，有不同的價值判斷　135
· 自願交易，創造財富　136
· 「看不見的手」在引導交換　137
· 個人估值決定價格　138
· 價值和效用，關鍵在於稀少性　140
· 主觀稀少性，決定了價值是個性化的　143
· 投資中的價值判斷　144
· 感情也有價值判斷　146

11 機率與風險　149

Q：爲什麼別人的人生都在開掛，我卻處處碰壁？

A：人生贏家都是機率贏家

· 你以為你掌握了機率，其實你沒有　152

· 你以為你有選擇，其實你沒有　156

· 你以為你學會了規避，其實你沒有　159

· 你以為你處理了風險，其實你沒有　163

⑫ 賽局理論　166

Q：作爲一個「弱者」，我要如何在這個弱肉強食的世界活下去？

A：學好賽局理論，你就可以成爲強者

· 賽局理論研究的就是以弱勝強　168

· 弱者如何戰勝強者？　172

· 人生的強弱，不會一成不變　174

第三章：當情感碰上經濟學

⑬ 定錨效應　178

Q：爲什麼老是找不到比初戀更好的另一半？

A：這種現象在經濟學上，稱爲定錨效應

· 別輕易被「定錨」　180

· 人的認知需要參照物　181

· 感情中也存在「定錨效應」　183

· 定錨效應遍布人生　184

⑭ 損失厭惡　188

Q：明明現在很幸福，卻一直放不下前任，怎麼辦？

A：別自我欺騙了，你這不叫愛情，叫損失厭惡

· 人人都有「損失厭惡」　189

· 損失厭惡會讓損失越來越大　191

· 敢於放棄沉沒成本　192

· 損失厭惡會左右我們的決策　193

· 接受失去，才能擁抱未來　195

⓯ 檸檬市場　197

Q：我這麼優秀，爲什麼還是單身？

A：這眞不是你的錯，瞭解一下「檸檬市場」吧！

· 最佳選擇算得出來嗎？　198

· 資訊不對稱造成逆向選擇　200

· 怎麼解決資訊不對稱問題　202

⓰ 次佳選擇　205

Q：等了 30 年，只想找到最完美的心靈伴侶，我錯了嗎？

A：最好的選擇，未必是最好的選擇

· 不同的疫情防控，基於不同的「次佳選擇」　208

· 次佳選擇是一種現實選擇　210

· 次佳選擇是能實現的「最佳選擇」　211

· 完美的人生是否存在？　214

· 靈魂伴侶得之我幸，不得我命　216

第四章：生活裡那些特殊的經濟學

⓱ 撿便宜經濟學　220

Q：拍賣能撿到便宜嗎？

A：不說不知道，拍賣還眞是一門大學問

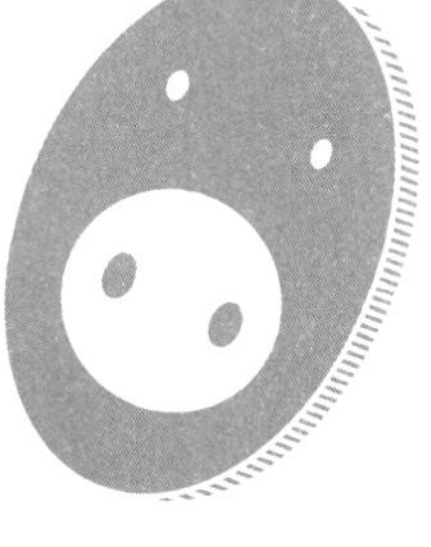

· 拍賣是為了賣方的利益最大化　221
· 拍賣不是只求高價就好　223
· 小心掉入「贏者詛咒」　224
· 拍賣如何更公平合理？　226
· 「撿便宜」也能撿出經濟學　230

18 幸福經濟學　233

Q：金錢能買到幸福嗎？

A：經濟學家很嚴肅地說，金錢真能買來幸福

· 找出金錢與幸福之間的「臨界點」　234
· 也許金錢只是減少了痛苦？　236
· 為什麼金錢無法帶來更多幸福？　237
· 幸福取決於如何花錢　239

19 美貌經濟學　242

Q：長得好看能當飯吃嗎？

A：嗯，能。

· 以貌取人是一種天性　243
· 顏值與收入是正相關　244
· 競選和醫生都會「看臉」　246
· 高顏值憑什麼高收入？　248
· 顏值經濟，不僅體現在人身上　249
· 長得好看，為什麼能當飯吃？　250

20 敘事經濟學　252

Q：傾家蕩產瘋狂追星，是不是完全失去理性的行爲？

A：「倒牛奶」是資方在特別理性地實施「敘事經濟學」

· 故事可以帶來獨特的認知　253
· 敘事是人類特有的情感共鳴　256

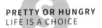

· 敘事可以改變人的經濟行為　258
· 好的故事可以創造商業價值　261
· 流量背後的資本力量　263

第五章：創業者不可不知的經濟學

㉑ 價格歧視　270

Q：吸引顧客，爲何要用優惠劵，而不是直接降價？

A：產品定價裡充滿了價格歧視，不過歧視的是「有錢人」

· 優惠券，其實是價格歧視　272
· 一級價格歧視——討價還價　273
· 二級價格歧視——量大從優　274
· 三級價格歧視——專門定制的歧視　276
· 價格歧視，源自消費者需求多樣性　277
· 資訊越發達，價格歧視藏得更深　278
· 價格歧視必須讓各方心安理得　280
· 被價格歧視，也可以很快樂　281

㉒ 邊際效用　283

Q：餐廳爲什麼會有「飲料無限續杯」的服務，不怕被喝垮嗎？

A：人家不僅沒破產，據說獲利還不錯

· 百事可樂與可口可樂的價格戰　285
· 為什麼不是「越多越好」？　286
· 邊際效用是逐步遞減的　288
· 「無限續杯」不代表「無限喝」　289
· 拆東牆，補西牆　292
· 貪小便宜，吃大虧　293

23 信任成本 297

Q：做生意，最貴的成本是什麼？

A：看看商家爲了贏得顧客信任，悄悄動了哪些「手腳」？

· 「好還要更好」——展現極致品質 298
· 可見效應，打破認知偏見 300
· 讓顧客親身體驗，勝過千言萬語 301
· 善用權威背書的力量 302
· 品質保證，解除後顧之憂 304
· 品牌認知，打造長期信賴 305
· 第三方平台增強信賴 306
· 用誠信建立堅不可摧的信賴 308

24 激勵機制 311

Q：爲什麼說金錢不是萬能的？

A：激勵機制不只是發獎金那麼簡單

· 人會對激勵做出反應 313
· 社會良性運作離不開激勵機制 315
· 激勵機制具有路徑依賴 316
· 吸收人才不能只靠錢 318

25 商業與慈善 321

Q：賺了我的錢，你還說是在做慈善？

A：商業，眞的是最大的利人利己行爲

· 商業是一種雙贏 322
· 商人必須先利人，才能利己 324
· 真的是「無奸不商」嗎？ 326
· 慈善離不開商業 328
· 慈善可以替代商業嗎？ 329
· 脫貧，更需要商業，而不是慈善 332

第六章：投資的基本邏輯

㉖ 投資入門理論 336

Q：想學投資，發現理論都看不懂怎麼辦？

A：打破常識，才能學會投資

· 為什麼要打破常識？ 338
· 善用「反常識」尋找機會 340
· 一分收穫，一分風險 341
· 低風險為什麼不能有高報酬？ 343
· 沒遇到風險不代表風險低 344
· 正確看待風險 346
· 長期主義，不等於長期 350
· 何謂長期主義 352
· 為什麼要堅持長期主義？ 353
· 為什麼要做一個長期主義者？ 356
· 如何堅持長期主義 359
· 你看到的成本，都不是成本 362
· 怎麼看待投資的成本 363
· 沉沒成本，為什麼不是成本？ 365
· 你看到的收益，並不是收益 367

㉗ 看對趨勢，抓準趨勢 370

Q：低頭走路與抬頭看天，哪個更重要？

A：緊跟大趨勢，才能成爲「在風口上飛的豬」

· 賺錢是苦差事嗎？ 372
· 趨勢這個東西，頗有意思 374
· 趨勢預測能力，只有少數人能掌握 375

· 在大勢面前要順勢而為　377
· 做個靠譜的人　379
· 終身學習，是認知世界的基礎　381

28 複利　384
Q：存入 1 萬元，50 年後輕鬆變 1 億元。複利的力量這麼強大嗎？
A：複利確實有強大魔力，但「躺贏」是不存在的
· 複利需要遵循三個底層邏輯　386
· 複利不等於躺贏　387
· 複利與報酬沒有直接關係　388
· 複利也有陷阱　389

29 談股票漲跌　391
Q：為什麼我買的股票明明一直表現良好，卻突然跌了 10% ？
A：因為股價是對未來所有回報預期的反映
· 本益比並非股票定價依據　392
· 企業市值可能低於資產淨值　394
· 業績成長快不等於市值會漲　396
· 對企業經營業績的預期會隨時波動　397
· 搞懂利率對股價的影響，才能成為股市贏家　398

30 談股票買賣　402
Q：股票賺了，我該賣出變現嗎？賠了，該繼續抱著還是認賠殺出？
A：股市小白，你得先想清楚是買長線還是短線
· 長線收益來自公司價值提升　403
· 弄懂短線、長線的收益　405
· 如何做好長線投資　407

31 基金　411

Q：投資小白應該如何入市？

A：關於投資，我有一些簡單粗暴的建議

· 致還是一張白紙的投資小白們　412
· 本建議的目的　414
· 「梳理」自己的資產配置圖　415
· 建議一：買什麼？買基金　419
· 建議二：怎麼買？定期定額就對了　427
· 建議三：買多久？做長線　435

32 保險　441

Q：我這麼年輕力壯，還需要買保險嗎？

A：這才是買保險最好的時機唷！

· 家庭資產計畫離不開保險　443
· 保險的本意就是穩妥可靠　444
· 保險具有「保本升值」功能　446
· 一定要懂的保險關鍵字　447
· 保險配置的邏輯架構　449
· 如何配置自己的保險　450

33 博傻理論　451

Q：一株鬱金香能換到一棟房子，你信是不信？

A：不學「博傻理論」，保證你天天都過愚人節

· 瘋狂炒作的鬱金香　452
· 不做最後一個傻瓜　453
· 誰是最後的傻瓜　456
· 博傻階段更需要適度理性　457
· 騙局也是一種博傻　458

後記 生活沒有白走的路，每走一步都算數　460

第1章

生活「異常」現象裡隱藏的經濟學

爲什麼收入越來越多，卻覺得自己越來越窮？

「買前衝動，買完後悔」該怎麼避開商家的陷阱？

水是必需品都這麼便宜，鑽石沒什麼用處卻很貴，
原因何在？

01 坎蒂隆效應

為什麼收入越來越高，卻覺得自己越來越窮？

窮只是一種錯覺，其實是你的購買力下降了

讀者提問專欄

Zumbo：

我大學畢業十年了，薪水年年調漲，錢卻越來越不夠用，左支右絀的生活總是圍繞著我，陰魂不散。

我記得剛畢業的時候，每個月領的是基本工資。那時除了房租就沒什麼大筆開銷，剩下來的錢常拿去跟朋友們一起喝酒或旅行。雖然沒剩多少，但是似乎也沒有為錢發愁過。

現在，我一個月薪水漲到了四、五萬，卻覺得越來越不夠花了：每月房貸要繳二萬多，養車費用好幾千，加上老婆買個包、孩子補個習，林林總總算下來，根本存不了錢。計畫旅遊時還得精打細算，不敢假日出遊，因為飯店、機票太貴；平日也捨不得去，因為請假會扣錢。

我知道看起來邏輯似乎不太對，但錢到底都去哪裡了？

平時大家聊天時，都有類似的感受。眞要說起來，親朋好友買房的買房，買車的買車，一年還要出國好幾次，生活品質確實提高了，但爲什麼大家還是有越過越窮的感覺呢？

．．．．

我們是變得更窮，還是更富有？答案看起來顯而易見。但爲什麼仍有許多人覺得自己越來越窮了呢？

貧富只是相對概念

所謂「越過越窮」，並不是生活條件眞的比十年前更低了。

眞要跟十年前相比的話，我們的生活條件無疑地是持續在改善，變得越來越好。

以前會羨慕別人買得起大哥大，現在早就人手一支手機，而且隨時隨地都能上網；以前去外縣市旅遊都有點難，不過現在日韓、星馬、泰國等國家儼然是隨處可見台灣人的「遊樂園」；以前是過年時才會特地買新衣服，現在衣服是「隨走隨買，隨穿隨丟」……只是我們早把這些理所當然地當成生活的一部分，所以不會認爲這樣的生活就代表我們「變富」了。

實際上，如果縱向比較的話，近幾十年正是我們物質條件極爲豐富、人們生活水準快速提高的階段。我們從貧窮跨入小康，物質生活發展的速度之快，超過了西方國家過去數百年的努力。

但是，我們爲什麼還是覺得自己窮呢？

因爲「貧富」是一種相對的概念，主觀性頗強，都是比較下產生的社會價值觀。我們常見的思維模式中，就常處於富人／窮人兩種相對的概念，做的是橫向比較，而不是縱向的。也就是說，大家所謂的窮與富，主要是跟身邊的人比，而不是跟過去的自己對比。所謂的「貧窮感」，只不過是經過比較後，覺得自己的生活條件不如別人罷了。

經濟快速發展而新增加的財富，並沒有完全平均地分配到每個人身上，當然由於每人的貢獻不同、承擔的風險不同，財富分配無法也不該完全平均分配。但由於財富增長不均，導致貧富差距拉大，從而帶來了新的貧富之分。

就算你在台北買了一間30多坪的老公寓，但如果周遭人住的都是獨棟別墅，你一定會覺得自己好窮。

一個金領[1]階級即使年收入破千萬，但眼見朋友的企業都IPO（首次公開募股）上市了，自己卻還在苦苦地爲公司賣命，很有可能會覺得自己比年終一萬元的人還要困頓窮苦？

看來，我們並不是眞的變窮了，只是周遭人都太有錢，讓我們相形之下喪失了「有錢」的感覺。

1　英文為 gold-collar worker，為「白領」的延伸字，意指白領階級中擁有財富、權力的人，又以金融業、工商業的高階管理者（如 CEO）為金領階級的象徵。

錢，不等於購買力

錢越賺越多，能隨便花的卻越來越少。這種感受，大家都有。

其實，錢並不等於購買力。事實上，社會上的錢越多，我們手裡的錢就越「不值錢」。

2020 年年初以來，全球受新冠肺炎疫情衝擊，大多數國家的經濟發展普遍呈現下滑趨勢。美國、日本、歐元區等主要經濟體陸續採行刺激經濟計畫來因應此變局，簡單來說就是增加貨幣供給，也就是俗稱的印鈔票。

根據截至 2020 年底的統計，全球主要 8 大經濟體爲了救經濟，增加了 14 兆美元（約合新台幣 433 兆元）的貨幣供給。這是什麼概念？相當於全球 70 多億人口每人普發新台幣 6.2 萬元。

2021 年，甫上臺的美國總統拜登再次實施約 1.9 兆美元的「美國救援計畫」（American Rescue Plan），導致許多國家加入新一輪的印鈔行列。

全球實施貨幣寬鬆會帶來什麼樣的後果？有個必然的結果：全球性通貨膨脹和個人資產大幅縮水，無人能倖免。

政府狂印鈔票，爲什麼會讓我們手裡的錢「不值錢」呢？

我來舉個例子說明吧：

假設有 10 個人，每人有 10 塊錢，形成了一個小型社會，其中有人當總統，有人賣饅頭，各司其職。

每天中午，賣饅頭的人開始營業。他準備了 10 個饅頭，最初叫價一個3元，但由於每個人手裡僅有10塊錢，所以大家都捨不得買，經過幾次調整，最終價格降到了1元，大家心理上都接受了，願意用總財產的十分之一買一個饅頭。

因此，哪怕一個饅頭吃不飽，但誰也不捨得多花錢買兩個，如此剛好實現了供需平衡。

到了吃晚飯時間，商家還是準備10個饅頭，每個賣1元。儘管沒人吃得飽，仍會花1塊買一個饅頭。

看著人民生活拮据，總統發聲了：每人普發現金10元，讓大家盡情吃。

最先拿到錢的人，馬上掏出兩塊錢買了兩個饅頭，吃得飽飽的。

市場機制的反應非常快。這時候，賣饅頭的馬上注意到這點：消費需求增加了！按照這個比例，10個人有20個饅頭的消費需求，但我目前每天只能做10個饅頭，該怎麼辦？

漲價！

第二個顧客來買饅頭時，價格已經漲到了2元，那人看看手中新發的10元，狠下心花了4元帶走兩個。

試想一下，這時賣饅頭的會怎麼想？

繼續漲價，漲到他們每人只買一個爲止，因爲唯有如此才能實現收入的最大化。

價格漲漲跌跌，最後會停在多少錢？價格會穩定在每個饅頭二元、每人買一個的狀態。雖然大家的財富從十元增長到了20元，現實狀況卻不變，每個人仍要拿出財富的十分之一買一個饅頭。

這是爲什麼？

因爲社會的「總需求量」會與「總供給量」達到均衡，如果在需求、供給都沒有發生變化的情況下，財富的增加並不會帶來更多購買力。

換言之，我們手裡的錢變多了，但是我們的購買力沒變。

在現實生活中，貨幣寬鬆增印的錢，並不是平均而同時地發放到每個人手裡。新增的貨幣逐漸流向社會，優先獲得的人優先獲利，同時推高了資產價格。後來取得的人雖然錢也增加了，資產卻在縮水，這就是坎蒂隆效應（Cantillon effect）：前排占了後排便宜，上游掠奪了下游，收入的再分配悄然完成。

貨幣購買力下降是全球共通的問題。無論是美元、歐元、英鎊，還是人民幣、披索、里拉，購買力都是隨著時間的流逝而在逐漸下降。只是有些國家的貨幣購買力下降得緩慢一些，有些快一點罷了。

各位若想確保自己的購買力不會下降、可以保持在一定水準，進而產生「富有」的感覺，在社會財富的增長過程中，你就需要注意自己有沒有共享下列兩個方面的財富。

新財富的分配

第一個方面：新財富的增加，你參與分配了嗎？你分配的比例有無超過平均值？

社會的總財富，連年都在持續增加，GDP 增長就是最直接的例子。然而，所增加的財富卻嚴重分配不均（地區、產業、行業、社會角色等都出現分配不均現象）。

以中國爲例，在過去十多年財富總量成長速度一直居高不下，單從成長率看，遠超過任何國家，同時也形成了明顯的財富兩極分化，無論是從地域、行業，還是財富占比來看，都是如此。

與各位息息相關的是，薪資增長遠遠趕不上社會財富的增長，這就導致依靠薪資收入來累積財富的人，在社會財富中的地位必然會逐步下滑。

舉個最直接的例子，1990 年代、甚至是 21 世紀初期畢業的中國大學生，起薪可能只有人民幣二、三千元（約合新台幣 1 萬～ 1.35 萬元）[2]，但當時大城市的房價也不過一平方公尺[3]幾千塊，能破萬的卽是豪宅等級。儘管買房不易，但至少買得起。想當年只要花人民幣二、三十萬、甚至七、八十萬就能在北京、上海、廣東等一線城市[4]購屋，但目前房價基本上都超過千萬了，幾乎是一個家庭多年來總薪資收入的數十倍之多。

而近年來畢業的大學生呢？薪資最高不過人民幣兩萬（約合新台

---

2 截至本書出版前，人民幣對新台幣的匯率約為 1：4.41。

3 在房屋面積計算單位，台灣慣用「坪」，中國則用「平方公尺」，1 坪約是 3.3 平方公尺。

4 「一線城市」一詞最早出自中國房地產業，意為中國城市分級體系中最高等級的城市，而北京、上海、廣州市、深圳市（統稱「北上廣深」）即是一般公認的一線城市。其餘城市的分級標準則眾說紛紜，標準各異。依照 2020 年中國國家統計局的定義，二線城市指天津、石家莊、太原、呼和浩特、瀋陽、大連、長春、哈爾濱、南京、杭州、寧波等共 31 個城市；三線城市指唐山、秦皇島、包頭、丹東、錦州等共 35 個城市。

幣 88,200 元），一、二線城市的房價卻漲到了一平方公尺數萬、甚至破六位數了，三、四線城市的房價也普遍漲到每平方公尺一萬元。也就是說，不管在哪個城市買房，基本上都得準備上百萬。年輕人別說是一次性付清了，連貸款買房也很難。

這就是財富增長過程中必然的結果：財富和收入之間的離散程度（statistical dispersion，又譯統計變異性〔statistical variability〕，簡稱變異或變差〔variation〕）在加大，勞動產生的收入增長，遠不及資產創造的財富增長。簡單來說就是，「人賺錢」遠遠趕不上「錢生錢」。

這就是經濟學上的馬太效應（Matthew effect），反映出一種「富者更富、窮者更窮」兩極分化的社會現象。

舊財富的通膨

第二個方面：舊財富的通貨膨脹你追上了嗎？

通貨就是錢，我們常說錢是硬通貨，就是這個意思。膨脹就是「變多」。一言以蔽之，通貨膨脹就是「錢變多了」。錢多了，購買力就下降，錢也就不值錢了。

傳統經濟學認爲，貨幣最核心的理論，就是貨幣的數量要符合整體經濟發展的動態。

如果貨幣增長速度和整體經濟發展速度一致，卽是貨幣增發；倘若超過經濟發展速度，就叫貨幣超發。貨幣增發，可以維持貨幣價值穩定；貨幣超發，經濟「消化」不了，錢就滿出來了，導致商品價格上漲——物價上漲，貨幣貶值，錢不值錢。

關於貨幣與價格的關係，20 世紀初，美國經濟學家費雪（Lrving Fisher）提出了著名的費雪公式（Fisher equation）：

MV=PQ

在此公式中，M 代表貨幣供給（money supply），V 代表貨幣流通速度（velocity of money），P 代表商品價格（price），Q 代表商品數量（quantity）。

在 Q（商品數量）保持不變的情況下，M（貨幣供給量）增加速度過快，自然會導致 P（商品價格）快速上漲。

綜觀近代史，相信我們都對通膨印象深刻。民國時期的蔣、宋、孔、陳四大家族強取豪奪人民的財富，四大家族的財富在 20 年間翻了 20 倍。各地軍閥更是濫印鈔票，搞得紙幣面額甚至沒有印鈔的紙張本身值錢，老百姓想買一袋米得扛一大袋的錢去。

現代社會也不乏通貨膨脹導致國家瀕臨崩潰、人民陷入水深火熱的例子。

2014 年以前的委內瑞拉，簡直是地球上的樂土。委內瑞拉的國土面積近 91.2 萬平方公里，其中可耕種的土地面積近 3,000 萬公頃，有些地區還能一年三獲，盛產水稻、玉米、高粱等農作物，足以輕鬆養活 3,000 多萬國民。

其礦物資源更是傲人，全國鐵礦儲量 20 億噸以上，煤儲量 90 億噸左右，石油蘊藏量占全球的 4%。根據 2011 年的數據報告，委內瑞拉全國已探明的原油儲量達 3,000 億桶之多，成爲全球第一大探明原油儲備國，占全球探明儲量的 18%。有段時間，委內瑞拉的油價每加侖（1 加侖＝ 3.79 公升）折合新台幣才 5 元，一公升汽油比一公升礦泉水還要便宜。

正因如此，委內瑞拉人民長久以來享受的福利待遇，好得像天堂一般，免費福利涵蓋了醫療、住房、教育等方方面面。誇張程度甚至可以這麼說：油價每漲一元，委內瑞拉的福利待遇就要增加一元。

可惜盛筵必散。2014 年國際油價暴跌，委內瑞拉政府享盡富貴卻未曾預期「天塌了」要怎麼應對，只能採取加印貨幣的方式去維持高補貼和高福利，而貨幣超發又引發嚴重的通貨膨脹，慘劇就此拉開帷幕。

2018 年，委內瑞拉政府將國民最低工資標準提高了 3,000％以上，然而老百姓卻一點也不感動。因爲儘管數字聽起來很驚人，也只不過是買菜錢多了 30 美元而已。當時在該國一隻 2.5 公斤的雞要價 1,500 萬，區區 30 美元僅是杯水車薪，根本無濟於事。

財富的定錨物

想要對抗財富縮水，並讓自己的財富與社會財富同步增長，首先需要理解通貨膨脹會對消費和投資帶來兩種截然不同的影響。

消費層面上，如豬肉價格上漲代表著生活成本增加；投資層面則以房價上漲爲代表，意味著財富增長。若將較大比例的財富用於消費，通膨將導致實際收入貶值、消費成本增加；反之，若投資比例較高，通膨則可能帶來財富增值。

這也直接了當地告訴各位，如果不想被通膨打敗，就必須盡可能將手上一定的錢投入投資組合或資產配置。

經濟學家也發現一個有趣的現象，雖然通膨年年增加，市場卻一直有個定錨物，來體現社會總價值的穩定。

定錨物，顧名思義，就是把你的財富定錨起來。潮漲潮落，有了船錨，船的位置就能相對固定下來。「財富錨」的含義大致就是如此。

在過去一、二十年間，房地產是中國財富的定錨物。而房產確實也給了中國家庭豐厚的回報，許多人透過投資買房，讓自己的財富定錨下來。

定錨的意思不是只漲不跌，而是保持財富的均值不變。比如，即便房價下跌 10%，一個人在所在城市的財富排名也不會發生較大的變化，因爲大家基本都配置了房產，要跌一起跌，本身定錨的財富階層並沒有發生改變。

有人可能會覺得房子只是自住的話，價格漲跌並不重要。然而過去 20 年來，正是因爲有房子，才擋下了通貨膨脹帶來的貨幣貶值效應，定錨自己在社會財富中的排名。

隨著房產價格趨於穩定，房價已經無法繼續發揮定錨作用，遑論是超越了。

一方面，房地產投資進入穩定期，過去常見的「三年一倍」漲幅，如今已經很少見，未來會更加罕見。尤其是隨著中共當局定調對「房住不炒」[5]，房子的居住屬性更加明顯，投資屬性開始逐步消退，亦即市場對住宅投資的快速升值預期不再。

過去 20 年，投資房地產的年報酬率在 10%以上，未來可能下降到 3%左右，甚至 3%以下，低於物價上漲幅度。

另一方面，更長週期的投資理財產品，比如股票、基金、理財等證券產品的規模則是加速擴大，而且市場預期報酬率更高。

股票市場隱含的報酬率 [6] 在 10%左右，當然因爲風險不同，回報有好有壞。但是這就導致了投資天秤已經逐漸朝長期週期的投資理財產品傾斜。

今後，擁有一至兩間房產依然會是剛性需求（rigid demand 或 Inelastic demand，簡稱剛需）[7]，但在剛需之外，更多的財富定錨來自股票、基金等投資理財產品，因爲這是相對於房產更加高效的投資資產。

正如海通證券 [8] 研究所荀玉根所說：「如果說過去 20 年大家的財富差距取決於買了幾套房的話，那未來 10 年、20 年，財富的差

5　出自「房子是用來住的，不是用來炒的」，簡稱房住不炒、房子是用來住的，出自 2017 年 10 月 18 日，中共中央總書記習近平宣讀的中共十九大報告，後來成為中國政府在房地產領域的指導政策。

6　隱含報酬率（internal rate of return，IRR）又稱內含報酬率、內部報酬率，能夠使未來現金流入量現值等於未來現金流出量現值的折現率，或者說是使投資方案淨現值為 0 的折現率。

7　剛性需求意指「永遠且必定存在的需求」，剛需品在生活中扮演必需品的角色，就算搶破頭也會盡力取得。

8　2011 年在香港證交所掛牌交易。公司是中國國內證券行業中資本規模最大的綜合性證券公司之一。

距肯定就取決於配了多少權益類資產[9]。」

在此回到本節最初的問題，我們首先要明白，物質生活是在逐步改善的，我們趕上了國家快速發展的好時機。但是這種發展紅利在逐步放緩，某些領域也在逐漸走向更激烈的競爭、甚至內耗，根本原因還是我們已步入「高品質增長」階段。經濟快速增長時，蛋糕一直在做大，分配矛盾並不明顯；進入存量（stock）[10]階段後，矛盾開始尖銳，分化開始加大。

財富分化帶給我們最直接的感受，並不是收入變高就變富有了，而是在財富中的位置上升了，才是變有錢了。放大來看，如果在整個社會中，財富的排名一直能夠維持不變，甚至有所進步，才是所謂的「富」了。

對此，我們要未雨綢繆，對未來的經濟形勢有自己的判斷。無論經濟情況如何改變，個人資產都有可能升值或縮水，不同的資產表現方式也不一樣，最重要的是，我們要建立投資意識，透過投資手段，讓自己的錢和資產不會縮水，也感受不到「窮」，更要用有限的資金實現保值與增值，讓自己和家庭都能過上更好的生活。

9　權益類資產，即權益類投資，是指投資於股票、股票型基金等，包括：股票，證券投資基金，股票型基金。注意，此處所謂“資產”，是就投資者（投資方）而言。

10　不隨時間改變的就是「存量」，如銀行存款、持有的股票、基金等；會隨時間有穩定改變的就是「流量」，如薪資收入、房租收入、股息收入等，簡言之，房子、股票本身是存量，房租、股息或股利則是流量。

02 邊際決策

水是必需品都這麼便宜，鑽石沒什麼用爲何那麼貴？

請記住這句話：理性的決策，看的是邊際

讀者提問專欄

Zumbo：

身爲一個收入不高、生活拮据的人，我對價格特別敏感。生活中，有許多價格我無法理解，例如爲什麼房價這麼高？爲什麼鑽石那麼貴？

我同時也是實用主義者，我認爲眞正有用的東西其實很便宜，比如水、米、油、鹽，甚至對人類至關重要的空氣都是免費的。但似乎眞正昂貴的物品，如鑽石、珠寶、名牌包包等，並不那麼必要。

對此我當然感到高興，至少我們這些窮人還能生活下去。但我不明白的是，價格不是應該與產品的實用性成正比嗎？爲什麼越實用的東西越便宜，而越無用的東西反而越昂貴呢？

・・・・

19 世紀的經濟學家也曾對類似的問題感到困惑：爲什麼對人類生存極其重要的水價格低廉，而相對不必要的鑽石卻價值連城？

西方經濟學之父亞當・斯密（Adam Smith）在其劃時代著作《國富論》（*The Wealth of Nations*）中提出了這個悖論，也就是所謂的價值悖論。

針對這個問題，古典經濟理論並未提供充分的解釋。直到 19 世紀 70 年代，隨著邊際效用學派的出現，提出了邊際主義觀點，經濟學領域因此發生了全面的變革，即所謂的「邊際革命」。

這場革命使經濟學從關注生產、供給和成本的古典經濟學，轉向重視消費、需求和效用的現代經濟學。

邊際革命始於 19 世紀 70 年代初，持續至 20 世紀初，共歷時約二、三十年。英國經濟學家威廉・史坦利・傑文斯（William Stanley Jevons）、創立洛桑學派的法國經濟學家里昂・瓦爾拉斯（Léon Walras）和奧地利學派創始人卡爾・孟格（Carl Menger）是邊際效用學派的代表人物。他們在 70 年代初分別發表了各自的代表作，共同探討了一個核心問題：價值是由什麼決定的。

價值，並非來自實用性

邊際主義強調，在價值決策中，最關鍵的是邊際效用，也就是最後一個單位的消費品或產品對個人的重要性。

比如說，家裡買了一輛車方便外出，這輛車的價值相當高；如果考慮到第一輛車維修時需要備用車，那麼第二輛車也頗具價值，但相比第一輛車來說就稍微遜色一點；至於第三輛車，其價值則遠不如前兩輛。鑑於汽車的價格，一般人不太會購買三輛車，因爲對於車主來說，第三輛車的價值可能低於其售價。

這樣的思考方式正好可以解釋「水與鑽石」的價值之謎。

物品的價值是根據其帶來的邊際效用來決定的。水雖然是生命必需品，但由於水資源相對豐富，因此無論多喝或少喝，對於個體的效用影響不大，所以水的價格相對低廉。

相對地，鑽石因爲稀有，多擁有一顆，對個人的邊際效益就高，像是提升個人氣質或用於炫耀，因此相較於水這種生活必需品，消費者願意支付更高的價格來購買鑽石。也正因如此，鑽石的價值遠高於水。

在日常生活中的許多決策，我們所關注的通常不是極端的二選一，而是在「多一些」與「少一些」之間做出權衡，即衡量邊際成本與邊際收益。

舉例來說，當決定如何在食品和衣物上分配預算時，我們通常不會選擇只買衣服不吃飯，或是只吃飯不買衣服，而是會在兩者之中選擇哪個多買一點，哪個少買一些，藉此達到平衡。

這種選擇，就是典型的邊際選擇。

經濟決策需要邊際主義

要瞭解爲什麼人們總在邊際上做決策，我們首先要明白「邊際」是什麼。邊際（margin），指的是邊緣、額外或追加的部分。舉例來說，一張A4紙的四個邊就是紙的邊際。在經濟學中，邊際是指由於某個變數改變而產生的數值變動。

用更簡單的話來說，邊際是指對整體來說，最新增加的一個單位所引起的變化。例如，邊際成本是指增加每一份產品或產量時所增加的成本；邊際效用則是指每多消費一份商品時，所帶來的整體滿足程度的變化。

自從邊際主義出現後，它就迅速被應用到經濟決策的各個層面，包括投資決策。

假設你的公司正在開發一種新產品，預計投入成本爲 500 萬元，預期收益爲 700 萬元，利潤爲 200 萬元。但在投入了 400 萬元後，發現完成開發所需的成本增加到 200 萬元，而由於市場競爭，預期收益降至 500 萬元。
這時候，你需要做出決策：開發這個產品是否仍有盈利？是否應該繼續進行？

從整體成本來看，開發成本增加到 600 萬元，但收益只有 500 萬元，意味著將虧損 100 萬元。這顯然是一個失敗的產品開發計畫。但如果不繼續開發，已經投入的 400 萬元也無法收回。看來，無論是繼續還是放棄，似乎都會虧損。那該如何抉擇？

從邊際效用的角度來思考，問題就會變得簡單許多。

我們來計算一下繼續開發產品的邊際效用。

若選擇繼續開發，額外的成本將是 200 萬元，而預期的收入將達到 500 萬元（之前沒有任何收入），因此邊際收益爲 300 萬元。既然邊際收益爲正，這意味著應該繼續開發。

那爲何從總收益和邊際收益的角度會得出不同結果呢？當我們只計算總收益時，似乎整體是虧損的。但這忽略了一個要點：若停止開發，已投入的 400 萬元將全數虧損，而繼續開發則可將總虧損降至 100 萬元，這差額即是邊際收益。

這意味著，繼續開發可以將虧損從 400 萬元降至 100 萬元。即便知道這個專案最終會虧損，減少虧損也算是一種收益，因此選擇繼續開發是合理的。

這也解釋了爲何許多企業雖然每年都虧損，卻仍能持續經營。因爲在初期，這些企業已投入巨額資金於固定資產，如建設廠房、購置設備等。一旦放棄，這些投資將化爲泡影。即使從平均成本來看似乎是虧損的，但這些成本中包含了固定資產的折舊，這些並非新增開支。實際新增的只有材料或人事費用等邊際成本。只要最終產品售價高於這些邊際成本，就能產生邊際效益，因此繼續經營是值得的。

價格等於邊際成本

邊際分析在產品定價和確定市場規模上也非常實用。例如：

一家自行車工廠，年產量可達 1.5 萬輛，但實際年銷量只有 1 萬輛。該工廠每年固定開支爲 100 萬元，每輛自行車的生產成本爲 100 元，目前售價設定爲 250 元。今年，有新客戶打算每年購買 5000 輛自行車，但提出的採購價僅爲每輛 150 元。這個價格是否合理？

從成本法來看：年產 1 萬輛的總成本爲 100 萬元加上 100 元乘以 1 萬輛，共計 200 萬元。年銷售收入爲 250 元乘以 1 萬輛，合計 250 萬元，利潤爲 50 萬元。若將成本平均分攤到每輛自行車，每輛的成本爲 200 元，利潤爲 50 元。按照這樣的計算，新客戶提出的 150 元採購價遠低於 200 元的成本，似乎不划算。

但如果從邊際效益的角度來看：由於固定成本不會因增產而變動，而且工廠還有生產空間，無需增加設備，每增產一輛自行車的邊際成本只需 100 元，而邊際收入卻達 150 元，每輛自行車可帶來 50 元的邊際利潤，因此這筆訂單是合理的。

你看，同一個問題，若用成本分析法和邊際效益分析法分別來看，得出的結論恰恰相反。

邊際收益亦可用於決定公司的經營規模。

眾所周知，由於固定成本存在，當公司規模越大，單位成本通常越低，收益越高，這就是「規模經濟」（economies of scale）。然而，當公司持續擴大至某個階段後，可能會出現「規模不經濟」（diseconomies of scale），例如需要增加更多設備與管理成本，從而使單位成本升高。

那麼，要讓公司收益最大化，應如何設定經營規模呢？

從邊際分析角度來看，只要每增加一個產品仍能帶來正收益，就應該持續擴大規模。即便規模擴大後邊際收益有所下降，只要仍是正數，也就是只要新產品仍能帶來利潤，就應繼續擴大。當新生產的產品邊際收益降至零，增產不再增加利潤時，此時的產品量卽爲公司應生產的最大量，企業經營規模也應維持在這個水準。

網路網路的邊際趨於零

邊際分析甚至可以解釋爲什麼某些網路平台卽使在免費使用，甚至補貼用戶的情況下，仍具有高市值。這是因爲網路科技通常涉及一次性的軟體開發成本較高，但日常維護和服務成本非常低，使得邊際成本逐步趨近於零。

以淘寶爲例，系統開發完畢後，新增用戶所需的成本極低，可能每新增 10 萬個用戶才需增加一台伺服器，而伺服器成本平均分攤下來非常低。這就造成了淘寶規模越大，邊際成本越低，只要邊際收益超過零，就會帶來正向收益，並推動規模進一步擴大。

如前所述，公司規模最大化的界限在於邊際收益爲零時，此時公司達到利潤最大化。因此，只要淘寶的邊際收益未降至零，就可以持續擴大規模，同時公司利潤也將持續增長。

近年來流行的「網路流量」概念亦是基於此理。從成本角度看，平台初創階段，流量的單位成本很高，表現爲高額補貼。但隨著流量增加，新增流量的邊際成本逐漸下降，規模越大成本越低。從收益角度看，流量的邊際效益呈上升趨勢，越到後期收益越高。這就是爲什麼網路科技公司初期會大量投資吸引流量，因爲其創業邏輯在於先建立流量，再進行變現。

這也是網路時代投資的基本邏輯：投資於用戶數和收入增長速度遠超成本增長的公司。

我們透過一個例子來看網路模式對傳統企業造成的邊際效用結構性衝擊。

在電商興起前，蘇寧[11]是中國電器業的龍頭老大。然而，蘇寧每開一家實體店，服務範圍僅限於半徑 20 公里內的顧客。若想擴大服務範圍，就必須在 20 公里外再開一家店。

每家店的服務範圍和銷售產品有限，營運成本分攤在每次銷售上，造成邊際成本相對穩定。因此，單店盈利需確保產品有足夠大的價差來抵消營運成本，確保正向邊際收益。

但京東的出現改變了局勢。京東前期雖投入巨資，但理論上能服務的用戶數無上限，使其邊際成本不斷下降，最終接近零。因

---

11 此指蘇寧易購集團股份有限公司（簡稱蘇寧易購），是中國一家連鎖型零售和地產開發企業，前身為電器公司。

此，京東要獲得邊際收益的價差非常低。在與蘇寧的價格戰中，京東因邊際成本低而處於有利位置。

京東雖然前期不盈利甚至虧損，但投資人對其仍有信心。因爲京東的邊際成本持續降低，隨著用戶增加，總會有一個點使京東開始盈利，且利潤會越來越多。

把努力集中在邊際上

邊際效用如此有效，不僅體現在經濟學範疇。在生活中，也有很多決策是需要在邊際上做出判斷的。

首先，要把努力放在邊際上。

一項工作，最重要的是什麼？大家應該都會認爲是最爲核心、價值最高、挑戰最大的部分，此部分往往最能體現專業水準。眞正優秀的業務人才，最重要的就是要貢獻夠多的業績，勤勞肯做，將個人的業績體現在解決最爲核心、最有價值的內容上。

但是，最有價值的事不會是一成不變的，而是會隨著情境不同而轉變。一件事情一旦完成，其重要性就不再存在。最重要的永遠是當下要完成的工作，我們可以稱之爲「邊際工作」。

譬如，我們準備開發一個線上商城系統。一開始，最重要的工作是設計系統架構，緊接著是寫程式和除錯（debug），然後就是測試系統是否完善，而最後階段呢？即是推廣和應用。

如果你不知道最重要的工作是邊際工作，就無法在邊際上付出最多心力，這時會發生什麼情況？

當我們的線上商城系統開發接近尾聲，即將對大衆進行宣傳推廣，此時就需要撰寫線上商城的使用手冊。這可能只是整個系統開發中最不起眼的一環，但如果沒有認眞完成，只是敷衍了事，讓大衆看到錯誤百出的使用手冊，那麼不管系統多麼優秀，都不會有人使用，最終淪爲百無一用的線上「廢城」。

可惜的是，很多人都往往執拗於工作慣性和職業習慣，堅持著靜態的「重要事情」，卻忽略（或是選擇視而不見）「重要事情」的邊際變化，以爲自己在「不重要的事情」上栽了跟斗，覺得自己受到不公平的待遇而委屈。久而久之，這樣的人就會與重要的事情無緣，重要性也會下降——儘管本人能力再強也一樣。

除了適應事情的邊際變化，我們還要努力降低自己的邊際成本。

有人是靠著努力賺錢，一分耕耘一分收穫，他們的邊際成本是穩定不變的，今天有工作就有收入，明天沒工作就要吃土。

今天的付出，無法裨益明天的自己。無論是賣小吃的攤販、開服飾店的老闆、種田的農民，還是辦公室裡的上班族，都是如此。

如果你的邊際成本無法降低，再怎麼努力也只是徒勞無功。如果單靠勤勞就能致富，那麼生產線工人應該是全世界最富有的人了。

換句話說，如果你投入「一份時間精力」所創造出來的產品能夠越賣越好，你就是在降低邊際成本。規模越大，需要額外投入的心力越少，而你的收入就會越高。

比如，利用網路的力量，把銷售搬到線上，建立一套良好的行銷體系，讓銷售達到自動化的發展軌道；這也好比透過知學習和累積知識，眞正提升自身的邊際能力和邊際價值。

總之，最重要的事就是當下的事，也是處於人生邊際的事（例如關係到人生轉折的重要時刻）。

著眼長遠發展，把當前的事情做好，專注於能夠增加價值的事，就能拓展人生的邊際，爲自己的人生創造更多機會。

03 定價機制

我喜歡的東西都很貴而捨不得買，該怎麼辦？

其實，不必一味追求便宜，有些商品
實在是價格越高越值得購買。

讀者提問專欄

這個問題始於我和一個朋友的對話，暫且稱這位朋友為 Wendy 吧。

Wendy 喜歡深入瞭解生活中各種事情的來龍去脈。例如，當我們討論到物品的價值，她問我：「你知道為什麼超市的草莓賣那麼貴嗎？」我們在田裡採草莓時會發現草莓並不貴，但在超市購買比自己採的要貴上許多倍。而且明明都是農產品，超市販售的蘋果或橘子，為什麼沒有比直接去果園摘的貴很多呢？

其實原因很簡單。Wendy 告訴我，草莓非常不易保存，即使使用昂貴的冷鏈運輸方式，新鮮的草莓仍會在一兩天內開始逐漸變質。產地採收的一噸草莓，最終在超市售出，平均會因保存問題而損耗高達半噸，因此超市的售價自然會比產地採收的貴很多。而蘋果、柑橘並不需要特別保存，保存期較長且不易壞，所以產地價格和市價並不會相差太多。

毫無疑問地，價格背後總是隱藏著各種訊息。我們在購買商品時，總會疑惑爲何 A 商品這麼貴？其他同類產品卻能便宜許多？爲什麼有的產品價格低廉，有的則寧願少賣一點也不降價？

．．．．

瞭解商品的定價機制，可以幫助我們讀懂價格背後的含義，讓我們在購買時能夠分辨哪些商品是買貴了，哪些則是物有所值。

不是所有產品都能薄利多銷

首先，我們來瞭解價格是如何決定的。經濟學認爲，價格由市場的供需關係決定：供不應求，價格上漲；供過於求，價格下跌。另一方面，商品的價格越高，消費者的需求量就越低；價格越低，需求量越高。

反過來說，在消費水準一定的情況下，市場上某種商品的價格越高，消費者對這種商品的需求量就越少，亦卽消費者可能少買或不買此商品，或是購買其他類似的替代商品；商品價格越低，消費者對它的需求量也就越大，而傾向於花錢購買，哪怕得要放棄別的商品。

看來價格便宜就能多銷。但多銷眞的能賺更多錢嗎？這還要考慮價格彈性（price elasticity）。價格彈性是指產品銷量變化的百分比與價格變化百分比之間的比率，是衡量價格變動對銷量變動敏感度的指標。當彈性係數爲 1 時，銷量上升與價格下降互相抵銷。彈性介於 0 至 1 之間時，價格上升所致的需求減少有限，反之亦然。彈性超過 1 時，價格上升會導致需求大幅下降，價格下降則使需求大幅提高。只有彈性高的產品才適合薄利多銷的策略。

理論總會使用很複雜的字眼，沒關係，我們可以轉化成日常生活中容易理解的例子。價格不敏感的產品，大多是生活必需品。亦即不論價格高低，人們都離不開這個需求，比如鹽。很多朋友可能不知道，鹽和香菸一樣，過去有很長一段時間都是由政府獨占專賣，利潤比較高。爲什麼？因爲這是民生必需品，消費者對這個產品的需求無可替代，價格再高，也必須得買。

另一個例子，就是非生活必需的用品，這類產品大多有替代選擇，產品的價格彈性比較大。比如豬肉，要是豬肉價格漲了，消費者就可以不買豬肉，改買牛肉。豬肉價格跌了，原先購買雞肉、牛肉的消費者就可能都來買豬肉了。

由此可見，對於價格彈性較小的商品，商家往往會設定較高的價格，因爲消費者無論如何都非買不可，價格越高，利潤越高。

對於市場競爭激烈、價格彈性較大的商品，商家則會傾向於薄利多銷，以吸引更多消費者。

品質也決定了價格

方才討論的是價格彈性的問題，取決於產品的供需關係，屬於商家的價格策略。

而有些產品，由於商家選擇了品質策略，決定了無法降價取勝。

藥品，尤其是新藥或特殊用藥，就是鮮明的例子。

中國電影《我不是藥神》引發了大衆對「爲什麼藥品這麼貴」的質疑，紛紛指責大藥廠以專利爲名，行壟斷之實。

但是在電影裡只看到了藥品的利潤，從頭到尾都沒有提到藥物最大的成本來源——研發成本。

根據瑞士製藥巨擘羅氏藥廠（Roche）的統計，每種新藥的研發都存在「1010」現象，即需要耗費（大於）10 億美元的資金和超過 10 年的時間。從致病因子的發現到最終藥物的上市，過程中有成千上百名科學家共同的努力，而且有極大的可能研發失敗，所有投資付諸流水。

該電影中的「格列寧」，其實是抗癌藥「格列衛」（台灣稱「基利克膜衣錠」），從分子研究到最後成功研製並上市，歷時大約半個世紀，可見研發一款有效的藥物有多麼艱難。

爲了達到獨特的治療效果，就必須投入昂貴的研發成本，也就決定了這類產品不可能便宜。

新冠疫苗也是如此。美國之所以支持世界貿易組織（WTO）有關新冠疫苗知識產權豁免協議的談判，乃是希望可盡快在全球普及安全有效的疫苗，結束疫情。

專利豁免意味著其他製藥企業都可以生產仿製疫苗，而不必擔心專利侵權訴訟。這不僅招致了包括阿斯特捷利康（AZ）、嬌生（Johnson & Johnson）、輝瑞（Pfizer）在內等生產疫苗的製藥大廠強烈反對，連歐盟也不贊同。

爲什麼呢？因爲疫苗研發難度高，且付出的資金與時間非常龐大。輝瑞 CEO 在公開信中表示，他們是從頭開始建立製造基礎設施，在疫苗開發結果未知之前，公司已經挹注了了 20 億美元，2021 年的研發總支出超過了 100 億美元。

缺乏專利保護會使製藥公司的研發動力大幅度降低，更重要的是可能會面臨資金支持障礙。在出現變異病毒的情況下，製造商更需要充足的資金保障和專利保護來進行研發。在新冠病毒肆虐期間，專利豁免不但不利於疫苗的普及，反而會適得其反。

此外，有的產品由於原料和工藝要求高，成本也是居高不下。

原料和工藝，單從肉眼裡很難看出區別，就像假貨和正品看起來都差不多，但很多時候，正是那些隱藏於內、看不見的細微差別，決定了產品本質上的不同。

你知道人類與黑猩猩的遺傳基因組，只有約 1.2%的差異嗎？但觀察每一個染色體，就會發現很多不同之處。科學家對 8 號染色體進行詳細分析時，發現了該染色體突出的尖端附近部分，有一個領域與黑猩猩有較大的區別。該領域與黑猩猩的差異爲 2.1%，部分位置的差別可達到 3.2%。該染色體的差異部分包括與大腦大小、免疫有關的遺傳基因。

科學家認爲，在人類進化的過程中，8 號染色體逐漸與猩猩拉大差異，就是這麼一點點差異，正是人之所以爲人的關鍵所在。

再以化妝品爲例，實際上化妝品的成分大都不貴，而各品牌最大的差別在於各種專利成分。很多知名化妝品品牌都獨家專利原料，比如說巴黎萊雅集團的專利研發的抗老成分普拉絲鏈（Pro-Xylane，又譯玻色因）和隔離防曬成分麥素寧（Mexoryl）、資生堂獨創有效亮白成分 4-MSK（4- 甲氧基水揚酸鉀鹽）、SK-II 的專利成分 Pitera（酵母萃取精華）等，這些成分絕對不可能在別家品牌出現。

寶僑 P&G 的煙醯胺、嬌生的 A 醇、香緹卡的梔子花，這些成分往往使用了一些專利技術，以求發揮更好的作用，抑或是降低成分的刺激性，這正是區別專櫃化妝品和開價化妝品的一個重要特點。

除了專利原料，其他似乎配方都差不多。但即使是化妝品中最普通的成分，不同產品，使用方法也未必一致。

以礦油這個大家熟悉的成分來打個比方，礦油封閉性很強，具有強大的保濕功能。但無論是在衛生福利部食品藥物管理署備案，抑或是產品標籤上的「礦油」二字，我們都壓根不知道此產品的礦油是哪來的，誰家製造的。

又比如玻尿酸鈉（又稱透明質酸鈉），因分子大小不同，可以細分出很多種類，我們也沒法知道廠商用的是哪一種。

原料來源不同，品質有所差別，價格就會出現差異。大品牌並不在乎成本，而小品牌可能會爲了降低成本選擇次級原料。

生產技術也是主要的區別，從實驗室的樣品（以克計量），再放大到可以生產（以公斤計量），過程並不是簡單的線性放大。量越大，此一放大的過程越難。

比如，護膚品從實驗室試用品到生產，關鍵就是混合均勻。把一堆原料，包括水和油，變成可用的護膚霜，本質就是混合，而要將物料混合均勻，首要的關鍵操作就是攪拌。

我有個合作夥伴原本是在跨國化妝品 OEM（Original Equipment Manufacturing，即「原廠委託製造」，又稱「專業代工」）工廠從事技術支援工作，過去兩年爲追求更好的職務，他去了西部某家小廠擔任技術總監。爲了提升產品品質，他提出了一些原料攪拌的技術需求，但老闆直接回嗆：「我這裡不需要那麼複雜的操作條件，所有產品的原料處理都一樣。太複雜的我們做不了，來點簡單的就行。你說什麼？人才培訓？哎呀，你好搞笑，今天那人在這裡做事，誰知道明天還會不會來上班啊。」

市面上很多化妝品雖然外表大同小異，單看配方也幾乎差不多，但實際上由於核心原料、生產技術的不同，品質可說是千差萬別。使用一兩次或許看不出來，但長期使用就會在自己的臉上留下不可逆的差異。

資源的限制也會影響市場需求

並非所有需求量高的產品都能大量銷售，關鍵在於該產品的資源是否稀缺。有些產品正因爲資源上的限制，無法大量銷售。

以空氣爲例，每個人都需要呼吸空氣才能生存，但爲何空氣是免費的呢？這是因爲空氣不具備稀少性，平常無需支付任何成本就能輕鬆呼吸，因此即便需求再大，也無法高價銷售。

然而，一些受到資源限制的產品，由於稀少，只能由少數人所消費，自然價格也就較高。

例如，台北的核心地帶住宅價格遠高於一般鄉鎮。以台北爲例，市中心的住宅價格就遠高於其他地區。爲何如此？因爲台北市中心的地段有限，可開發的房屋也有限，不是每個人都能在家中享有城市核心的便利。想要擁有這種獨特的生活體驗，自然需要支付更高的價格。

當產品本身就具備稀少性，再加上技術限制，資源緊縮的情況便會進一步加劇。例如，某種深海魚類心臟動脈球中提取的成分，不僅每年可獲得的數量有限，達到特定效果所需的提純技術也僅有少數企業掌握。因此，使用這種原料的產品僅有少數人能負擔，其價格自然不菲。

的確，有些物品就是這樣，除了價格昂貴外，其他方面都極爲優異。

有些東西越貴，買的人反而越多

討論了這麼多，似乎是在爲高價產品背書，鼓勵消費者購買昂貴商品，彷彿擔心這些商品銷售不出去。一般來說，高價商品似乎不如低價商品容易銷售，但實際上，有些產品的情況正相反：價格越高，需求反而增加。這種現象在經濟學中被稱爲吉芬財（Giffen goods），指的是在其他條件不變的情況下，商品價格上升反而導致消費者需求量增加的情形。

在現實生活中，吉芬財並不罕見。房地產、藝術品、奢侈品等領域常見此現象。但這與價格彈性的概念似乎相矛盾，爲什麼會出現這種「反需求定律」的特性呢？讓我們以奢侈品爲例進一步分析。

首先，從消費者心理角度來看，奢侈品的價值在於滿足人對尊貴身分和上流生活的象徵需求。若奢侈品變得人人可負擔，則失去其獨特性。隨著奢侈品價格的提升，購買力強的消費者減少，但對這些產品的偏好和購買慾望反而增加。

其次，從投資屬性來看，奢侈品更像是投資而非消費。奢侈品不僅僅是用來滿足基本需求，它們通常具有長期保存價值（如寶石、手錶、古董、藝術品等），使得奢侈品消費具有投資特性。奢侈品價格上升，投資價值提高，因此更受追捧。

最後，某些看似昂貴的產品，其長期效益可能遠超過初期投入。例如，高鐵票價雖高於普通車票，但節省的時間可用於更多有價值的活動。同樣，抗衰老輔酶 NAD+ 等昂貴產品，若眞能有效延緩衰老，人們可能願意支付高價以換取青春和美麗。

04 價格陷阱

「買前衝動，買完後悔」，該怎麼走出商家精心設計的圈套？

識破商家的價格陷阱

讀者提問專欄

Zumbo：

我是「購物狂」，老是會花太多錢買了一堆沒用的東西。

就像前幾天，我本打算只買一條裙子。在商場裡挑了許久，終於選定了一件。但當我發現店內正在進行「買第二件八折，第三件半價」的促銷活動，這促使我重新考慮了原本不打算購買的幾件裙子。經過再三試穿，我最終決定帶走了三條裙子。

另外，不久前爲了減肥，我辦了一張不便宜的健身房年卡，但去了幾次後就再也沒有使用。兩個月過後，我甚至找不到那張健身卡了。

我該如何改掉亂購物的壞毛病啊？

· · · ·

「購物」是許多人的愛好，買前欣喜，買後生厭，花了大錢買的一堆東西最後全堆在家裡生灰塵。

你覺得自己有亂購物的壞毛病，但是否曾經有些瞬間覺得自己落入了商家設下的圈套？

是的，正是這些瞬間讓你以為是自己亂花錢，但其實只是被商家設計了。

上面所述子，都是我們日常生活中再平常不過的小事。

拯救悔不當初的會員卡、識破商家背後的小心機、遠離衝動消費……這些讓我們沒轍或煩惱的問題，其實都能運用經濟學思維找到答案。

讓我們一起學好經濟學，識破那些價格陷阱吧。

浮動定價：榨乾你的消費者剩餘

疫情期間有次春節，我到香港探親。假期結束之前到了一個朋友家吃飯。

友人甲問我：「現在疫情這麼嚴重，應該沒什麼人坐飛機了吧？」

我說：「是的，我來香港的飛機上還真沒什麼人，好像只有二、三十個人吧，大家都坐得遠遠的。」

朋友說：「那起碼也有好處，沒人坐飛機，票價肯定很便宜。」

我說：「並不是，票價不僅沒打折，還漲了 20%。」

朋友說：「都沒人坐了還漲價？豈不會更找不到乘客了？要是我就不會搭。」

衆所周知，飛機每飛行一個班次的成本，基本上是固定的，航空公司應該盡量爭取更多乘客搭機，以期更高的獲利。所以，適逢旅行淡季，或是時段不好的航班，往往會透過降價等促銷方式，來盡可能增加搭機人數。特別是在快要起飛之時，更會降低票價，哪怕殺到比成本價還低，也要努力招攬乘客。

爲什麼在明知道乘客少、需要想盡辦法來招攬乘客的時候，反而價格還上漲了？這樣不是會讓更多人卻步不搭嗎？

首先來看看，爲什麼降價可以吸引更多乘客？原因在於有些人屬於價格敏感型，亦即先前說過的價格彈性比較大。

價格敏感型的人，會以價格來優先決定是否出遊、要不要選擇搭機等交通方式。價格高時，他們可能會就此放棄，或是改坐火車；價格變低，他們可能會臨時起意出去玩。所以，降價促銷可以明顯改變這類人的消費傾向，增加乘客數量。

但是遇到疫情等非常時期，就不適用這種慣性定律了。跨境旅行不僅面臨更大的風險，還需要隔離，除卻必要的移動，否則沒有人會因爲機票便宜而計畫旅行。

這時選擇外出旅行的人一定擁有剛性需求，不會因爲票價漲跌而改變自身計畫。因此此時航空公司應該採取的最佳策略，反而是以漲價的方式來獲得更大的收益。

商家是根據什麼來決定浮動定價的範圍和時機呢？這時要來談一個經濟學概念：消費者剩餘（consumer surplus）。

消費者剩餘，又名消費者的淨收益，是指消費者在購買一定數量的某種商品時，願意支付的最高價格和實際支付的價格之間的差額。消費者剩餘衡量了顧客本身有感且獲得的額外利益。

不同人群在不同時機下，對於同一個產品願意支付的價格是不一樣的，商家為了獲得更大收益，勢必要盡可能地掌握消費者的預期心理，盡量吃掉消費者剩餘。

拿我來說吧，春節期間到香港探親，春節後回中國工作，這些都是剛需。為此，我願意付出比正常機票價格高得多的成本，儘管票價漲幅高達 20%，我也可以接受。

但是對航空公司而言，如果沒有在疫情下把握住我們這類乘客的支付意願，還是按照原有價格出售機票的話，乘客依然是同一批乘客，不多也不少，但是 20%的價差就成了我們的消費者剩餘，亦即航空公司少賺了這麼多利潤。

不同消費者的支付意願不同，對此商家的定價策略就是訂立不同的價格。如同飛機將座位分成頭等艙、商務艙和經濟艙，同樣的時間、同樣的距離，但是票價不同，正是考慮到了不同人群的消費意願。

消費者在不同時機的支付意願不同，對此商家的定價策略就是根據淡旺季來訂定價格。比如，過年時去氣候宜人的旅遊勝地住宿、餐飲都會比平日高出好幾倍，也正因是過年旺季，大眾都希望能避寒並好好度假，而願意為此付出更高的價格。

此外，消費者剩餘不僅來自不同消費者在不同時機的支付意願，即使是同一個消費者，在同一個時間點，面對同一個產品，也會產生不同的支付意願。

這是因爲同樣的產品，帶給消費者的邊際效用是遞減的，所以消費者願意支付的意願也在逐步降低，這意味著商家可以獲取的消費者剩餘也節節下降。那麼，是不是只要賣給消費者第一件產品，獲得最大的消費者剩餘呢？

事實並非如此，商家想要獲得的是利益最大化，那麼就應該根據消費者對不同產品的支付意願來收費，只要消費者對A產品願意支付的價格高於成本，就能爲商家增加獲利，值得一試。

回到本節最初的案例：你去商場買裙子，預算是2,000元。精挑細選之後找到了一件符合自己喜好、價格也合適的裙子，準備買單。這個時候，請問你還願意再花2000元多買一條裙子嗎？

相信你一定會說不需要，一條裙子就夠了。

如果問你在什麼情況下，會願意多買一條呢？

那一定得靠價格來決定了，有便宜可撿我才願意多買。

商家這時就有對策了：祭出第二條八折，第三條半價。

現在你是不是很明白所謂促銷的邏輯了：你想買的是一條裙子，第二條、第三條對你來說意義不大，也沒有購買的欲望。但是對於商家來說，目標是能多賣你幾條裙子，而且還要盡可能地根據你對每一條裙子的支付意願來定價，榨乾你在每一條裙子上的消費者剩餘。

價格誘餌：有比較，才有幸福感

試想你準備買房，房屋仲介按照預算幫你選了三間合適的房子。
第一間的裝潢稍微好一點，但價格遠高於你的預算；第二間價格合適，但是裝潢略顯老舊，地板還有些破損；第三間的價格和裝潢跟第二間差不多，但是屋主剛換了新地板，整體室內設計更為新穎。你會選擇哪一間房子呢？

我們很有可能會先放棄第一間，因爲開價高出預算太多；第二間和第三間整體的條件比較接近，兩者比對抉擇後，第三間很容易勝出，因爲價格相同，但第三間的 CP 值（性價比）更高，況且地板剛剛換新，可以省下翻新地板這種大型工程的時間與心力成本。

兩相比較之下，選擇顯而易見。而且，我們通常會相信自己做了正確的決定，而主要原因就是有進行比較。

即使我們在買房之前對房價一無所知，但是透過不同房子之間的比較，我們會逐漸設下了一個價格標準，而後再透過對比，來選擇比較好的方案。

在上述三間房屋中，第三間的性價比的確最高，起碼在我們的認知是認爲最高的。這種認知是從何而來的呢？

首先，第一間的價格可讓我們得知同類型房屋的平均價位，經過比較第二間、第三間房子後，發現後者的價格不高；第二間破損的地板，則凸顯了第三間新鋪的地板更爲划算，這時該做的選擇，自然而然地就浮現了。

然而，如果第一、二間房子都是房仲精心設計的「價格誘餌」呢？

誘餌效應（decoy effect，又名不對稱效應），意指人們面對兩個不相上下的選項進行選擇時，因爲第三個新選項（誘餌）的加入，來襯托、提升「目標商品」的吸引力，從而推動該產品的銷售量。受「誘餌」幫助的選項通常稱爲「目標」，而其他選項則稱爲「競爭者」。

我們往往會藉由觀察周遭事物，來確定彼此的關係，不但喜歡將事物與事物放在一起比較，而且更傾向於選擇容易比較的選項。因此，商家將「誘餌」放入選項當中，就能建立起簡單、直接的對比關係，既可以促使消費者迅速做出決定，還能將消費者引導至事先設定好的目標方案。

也就是說，幾乎沒有人會選擇「誘餌」，因爲商家本來就沒打算賣出「誘餌」，而是想方設法讓顧客更加青睞可對比的目標方案。

在這三間房子中，第一間是競爭者，用來確立價格區間；第二間是誘餌，並不是房仲主力推薦的房子，第三間才是房仲想賣給你的目標。結果你以爲是你選擇了第三間房子，其實是仲介促使你選擇了這一間。

這類例子比比皆是。例如：

到了年底，你最喜歡的雜誌開始打續訂廣告，這本雜誌原本只有紙本版，定價是 199 元。不過今年升級推出了電子版，定價如下：

電子版：199 元

紙本版：259 元

電子版＋紙本版：259 元

你會怎麼選擇？

我們先來分析一下，如果只有電子和紙本兩種版本，你會是什麼心態？

以前買紙本只要 199 元，現在看不到、摸不著的電子版也要 199 元，太貴了吧！既然省了紙張和運費，不是應該更便宜嗎？我不買了！

至於紙本版呢？居然漲價了，還貴了那麼多，這不是變相逼我改買電子版嗎？騙子，今年不看了！

再來看看「電子版＋紙本版」的組合，總價居然跟紙本版一樣，等於可以免費看電子版呢！雜誌社腦袋壞掉了吧？誰還會只買紙本雜誌，一定是電子版＋紙本版一起買啊。

（旁人：但是漲價了啊！）

什麼，你說價格比去年貴嗎？但人家可是多了電子版，只要多花 60 元就能多一套電子版，而且電子版單價都要 199 元了，一起買多划算啊。

於是你很快地選定了電子版搭紙本版的套裝組合，卻恰好掉進了雜誌社預設好的價格陷阱。

爲什麼呢？因爲雜誌社今年新推出電子版，兩個版本內容一樣，勢必會瓜分掉一部分訂閱紙本雜誌的人。

既然都花了成本開發出電子版，結果卻讓原本訂閱紙本的人改訂電子版，等於沒有增加新的訂戶，還多付出了成本，社方一定無法接受這種結果。

那麼，如何在利用電子版吸引新顧客的同時，讓原有的訂戶不離不棄，甚至願意多付錢呢？

你看，一切就是這麼順利，不僅你很輕易地就接受了紙本版漲價這件事，還覺得自己賺到了。

如果你現在還不懂何謂價格誘餌，可以上網路購物商城隨便搜尋一個產品試試。每個產品可能都會提供好幾種套裝組合價格任君挑選。請仔細分析一下，一定會找到很不合邏輯的產品單價或組合價，實在無法想像誰會願意花錢買下。

沒錯，這就是價格誘餌，有了這個「誘餌」，別的套裝組合是不是更划算，也更值得入手了呢？

誇張折現：用你對未來的期望，獲取你現在的財富

回到稍早的話題：你辦了健身房年卡，卻沒有好好利用。

許多人決定開始健身時，常選擇辦理年卡，因爲從長遠來看，年卡看似比計次卡更划算。例如，計次卡每次收費 180 元，而年卡僅需 8,000 元，折合下來每天大約只需 22 元。

然而，許多人辦了年卡後發現，若按實際去健身的次數計算，辦張計次卡反而更合適。

美國有兩位經濟學家調查了三家健身房的 7,000 名會員後發現，有大約 80%的年卡或月卡會員去的次數不夠頻繁。這些會員平均每年花費 1,400 美元辦卡，但如果按實際使用次數計算，他們只使用了約 800 美元的服務。多出的 600 美元乘以 7,000 人，就成了健身房的額外收入。

我們都知道這個道理，但爲什麼還是更傾向於辦年卡呢？

這是因爲消費者通常會想，既然已經花錢辦了年卡，就應該盡量利用，常去健身房。這和我們每年新年時許下的願望（例如「明年一定要努力學習」、「明年一定要賺更多錢」等）類似。

人們在許願時總是充滿憧憬，憧憬代表著自信，但過度的憧憬則是過分自信。聰明的商家會利用人們對未來的這種憧憬和自信，將它轉化爲當下的收入。

這就是所謂的「誇張折現」（hyperbolic discounting），一種建立在人與金錢相關的反常現象基礎上的概念，由經濟學家大衛．萊布森（David Laibson）提出，用以解釋人們在財務管理上的非理性行爲。主流經濟學認爲，當人們預期有未來收入時，他們能夠相當理性地在支出和儲蓄問題上做出合理規畫。

事實上並非如此。萊布森認爲，人們雖然有著理性的願望，但往往對未來持有過高的期望。即使未來的金錢收入還未實現，人們常常會預先消費，彷彿這筆收入已經到手。一旦預期的收入未能實現，之前的支出就成了「誇張折現」。

舉例來說，趁大促銷期間購買了許多未曾開封的書籍、換季時囤積的未曾穿著的衣物、購買卻鮮少使用的無人機……這些都是誇張折現的實際案例。

在許多情況下，人們更專注於當下的快感，對於未來可能獲得的好處則打上了過高的折扣。這種心理常常支配著我們的日常生活。

有人可能會問，既然錢已經花了，不是應該有更大的動力讓這筆錢花得有價值嗎？其實，這與「決策疲乏」（decision fatigue）的心理狀態有關。當人們遇到決策疲乏時，他們往往會選擇最簡單的方案，而非最佳選擇。

例如，辦了健身房年卡的人最初可能每天都堅持去健身。但隨著時間的推移，因爲天氣、旅遊、社交活動或純粹的懶惰，他們逐漸找到各種不去的理由。最終，年卡可能因爲不再使用而遺失。

那麼，這個問題有辦法解決嗎？美國一項經濟學實驗提供了一個見解。研究者鼓勵一群大學生去健身房運動，並設定了一個激勵機制：如果這些學生在最初四周內去健身房滿八次，他們將獲得額外的 100 美元獎勵。研究發現，那些參與獎勵計畫並獲得獎金的人，在沒有任何額外獎勵的情況下，去健身房的頻率提高了一倍。

所以說，我們花了一筆錢辦理健身房年卡，不去的話會覺得很虧，因爲這算是一種懲罰機制。然而，懲罰機制似乎無法有效促使我們更頻繁地去健身房；相反，獎勵機制似乎能更好地幫助我們養成這個習慣。

從這個角度看來，健身房或許可以考慮一種新的模式：限制會員只能以原價購買年卡，將任何折扣或優惠轉化爲一種獎勵基金。每當會員去健身一次，就能從這個基金中獲得一定的金額回饋，這樣不是更能激勵會員積極參與嗎？

但爲什麼健身房不採用這種策略呢？首先，以原價購買會員卡可能會降低消費者的購買衝動，從而減少願意購卡的人數。

更重要的是，健身房是否眞的希望看到會員在付了錢後，不論晴雨，持續積極地去健身？這背後的商業邏輯或許值得我們深入思考。

價格轉移：你看到的免費，其實不是免費

有人可能會想，既然市場價格處處充滿陷阱，那麼選擇不消費，遠離商家的陷阱似乎是上策。似乎只要足夠節儉，商家便無法從中獲利。

但事實上，商家還有一個強有力的策略——免費。問題是，眞正的免費並不存在，只是以另一種方式支付而已。

例如，你爲了在影音串流平台上免費觀看電影，往往需要忍受漫長的廣告，甚至還要忍受低解析度的畫質和差勁的音效。抑或你爲了利用超市的免費接駁車，可能需要花上更多時間等車和搶座位，甚至還有可能被引導到超市逛上一圈。

你付出的時間、精力和關注，其實都是成本。原本可以用來做更有意義的事情，卻因爲表面上看起來的免費優惠而被奪走，影響你營造更有價值的生活品質。對於瞭解機會成本（Opportunity Cost）的

人來說，這點應該不難理解。

有時即使犧牲了生活品質，免費最終還是變成了付費。線上影音平台最初可能只要求強制觀看幾十秒的廣告，但當你習慣了這些平台的介面後，廣告時間會漸漸變長，甚至在精彩片段中突然插播廣告。更狠的是，最終即便你願意忍受廣告，有些熱門節目和劇集也只能付費觀看。這就是影音平台利用免費策略吸引用戶，再透過限制觀影體驗，逼迫你轉爲付費 VIP 的手段。

天上沒有白吃的午餐。正如有句名言所說：「所有命運的饋贈，早已在暗中標好了價格。」

既然我們做不到經濟學中的絕對理性，那就相對理性吧。

學習並理解商家常用的策略和陷阱，我們就可以避免陷入無意義的自我責怪。

05 理性人假設

為何我總是做不到理性消費，該怎麼改？

別被經濟學騙了，人本來就不是理性的

讀者提問專欄

Zumbo：

看了你的生活經濟學問答，覺得很有意思。透過這些故事，我學到了很多經濟學小知識，也知道做一個理性的經濟人有多麼重要。但是仔細審視了自己的生活之後，我發現自己常常過於衝動，也太不理性了。

我平時省吃儉用，叫外送都會先看看有沒有優惠券可用，但是只要看到喜歡的包包就很容易衝動消費，甚至花了兩個月的薪水買回家。眼見現在股市正熱、周遭人都在炒股賺錢，我也會跟風買股票，但一衝動就投入了所有積蓄，結果一大堆股票都被套牢，也很清楚自己買在高點，實在無法下定決心認賠殺出。

我該怎麼做才能改掉這種衝動又不理性的消費行為呢？

. . . .

謝謝你的讚美。我很能理解你的痛苦，因爲我也和你一樣，經常承受著衝動所帶來的懊悔。我深刻地感受到這點：儘管學了許多經濟學的知識，依然壓抑不住「一時衝動」。

正如你所說，主流經濟學通常假設人們全都是理性的。舉例來說，如果你是一位消費者，那麼廣告、推銷、周年慶等促銷手段，理應對你毫無影響——你不會無謂地花費任何一分錢。同樣地，如果你是生產者，就會牢牢抓住一切賺錢的機會，決策失誤、一時衝動、錯過良機等諸如此類的事情，對你來說幾乎不可能發生。

主流經濟學還假設，我們每個人都擁有像愛因斯坦的高智商、電腦般的超強記憶力，以及宛如偉人甘地那樣的強韌意志力。這種「理性人假設」不只是經濟學家在探索過程中的一種暫時性的假設，最終還變成了經濟學家的一種信仰。基於人人皆理性的前提，市場經濟中的決策一定能夠會讓所有資源都得到最佳的配置，因此市場經濟被視爲是完美的，而任何政府的干預都是錯誤的。這也解釋了爲什麼主流經濟學家如此堅定地捍衛理性人假設了。

然而，這同時引出了一個重要觀點：理性人僅僅是一個假設。實際上，人類無法做到絕對的理性，我們有情感、有喜怒哀樂，是充滿感情的生命體。因此，人類的行爲經常會帶有衝動和非理性的因子，這並非任何人的過錯，而是一個不可否認的事實。

經濟學對理性人的假設是錯的

由於「經濟人假設」過於理想化，幾乎與我們的日常生活脫節，因此個體經濟學在解釋許多問題時存在缺陷。經濟學界也意識到了這個問題。在過去幾十年中，逐漸發展出了一門新學科——行爲經濟學（Behavioral Economics）。

行爲經濟學是一門結合實際的經濟學知識。它在實驗中使用了人們生活中常見的決策案例，將行爲分析理論與經濟運行規律相結合，並融合了心理學和經濟分析的方法。這門學科研究人類心理因素如何影響經濟行爲，指出人們的許多偏差或錯誤行爲具有「系統性」特點，從而揭示了傳統經濟學模型的漏洞或錯誤。行爲經濟學對主流經濟學中的基本假設進行了修正，包括人的理性、自利、完全資訊（complete information）、效用最大化、偏好的一致性等。

由於行爲經濟學更接近現實世界，儼然已是經濟學中一個熱門的研究領域。自 21 世紀以來，諾貝爾經濟學獎已經三次頒給了行爲經濟學家，該學科在研究經濟問題時特別重視人的個體特性，充分考慮了非理性行爲，以及喜怒哀樂等情緒的影響，更深入地理解何謂「有血有肉」的人類。

瞭解行爲經濟學的分析，你就能明白，理性只是古典經濟學的偏見，衝動消費不是你一個人的問題，而是作爲行爲人的必然結果。

既然行為經濟學很重視社會實驗[12]，我們不妨從一個實驗開始探討。

2017 年諾貝爾經濟學獎得主理查·塞勒（Richard Thaler），被譽為行為經濟學之父，在美國芝加哥大學擔任經濟學教授。塞勒在其著作《不當行為：行為經濟學之父教你更聰明的思考、理財、看世界》（*Misbehaving: The Making of Behavioral Economics*）中，講述了一個啟發他開始研究行為經濟學的現象。

塞勒還在羅徹斯特大學攻讀博士時，發現了一個奇怪的現象，因此進行了一項問卷調查，其中並向受訪者提出了兩個問題：

問題 A：假設現在正在流行一種致命疾病，感染此病的人會在一周內無痛苦地死亡。而你感染這種病的機率是萬分之一。請問如果你不幸感染的話，最多願意花多少錢接受治療？

問題 B：假設有一種和 A 相同的致命疾病，而你的老闆派你親自去疫區調查。到了那裡，你感染病毒的機率同樣是萬分之一。請問你覺得老闆應該給你多少補償金，你會才願意前往疫區？

12 此為一種心理學以及社會學研究，主要觀察人們在面對某些情況或事件時所做出的反應。研究者做社會實驗時通常將參加者分成兩組——事件參加者和受訪者，並讓受訪者說出內心的感受，而且為確保實驗效果，研究者會全程密切關注事件參加者的舉動。

根據主流經濟學理論，這兩個問題的本質是相同的，問的都是「萬分之一的死亡風險值多少錢」。然而，受訪者的回答卻大相徑庭。在 A 情境下，許多人選擇支付較少的錢進行治療，但換成了 B 情境，他們則會要求高額的補償金。

那麼，我們該如何解釋塞勒所發現的這種反常現象呢？ 2002 年諾貝爾經濟學獎得主、美國普林斯頓大學心理學與經濟學教授丹尼爾．康納曼（Daniel Kahneman），與心理學家阿莫斯．特沃斯基（Amos Tversky）共同提出了「展望理論」（Prospect Theory）。

根據展望理論，決策者通常會設定一個「參照點」（reference point），並以此爲基準來衡量價值和判斷得失。而人們對「損失」的反應，通常比對「獲得」的反應更爲敏感。

換句話說，在賺錢的情況下，人們當然是越賺越高興。康納曼和特沃斯基的實驗結果顯示，賺錢帶來的快樂程度，大約是賺到金額的 0.5 倍到 1 倍；但在賠錢的情況下，損失帶來的痛苦程度則大約是獲利的 2.5 倍。

這意味著面臨損失和獲得時，大多數人的敏感度是不對稱的。面對損失的痛苦感受，明顯大於有所收穫時的快樂。這也說明了我們天生就具有「損失規避」（loss aversion）的特質。

展望理論是對人性的解讀

損失規避是行爲經濟學中的核心概念之一，也是展望理論（又譯前景理論或視野理論）的四大基本結論之一。

展望理論主張，每個人根據自己的初始狀態（參照點的位置）對風險持有不同的態度。人們在不確定條件下做出的決策，取決於結果與預期之間的差異，而不僅僅是結果本身。換言之，人在做決策時會在心中設立一個參考基準，並衡量每一個決策的結果與這個基準的差距有多大。

展望理論的四大基本結論包括：

· **確定效應（certainty effect）**：處於獲利狀態時，多數人會傾向於避免風險。

· **反射效應（reflection effect）**：處於損失狀態時，多數人則傾向於接受風險。

· **損失規避（loss aversion）**：相較於獲利，多數人對損失更加敏感。

· **參照依賴（reference dependence）**：多數人在判斷得失時，通常會依據參照點來決定。

總的來說，人在面對獲利時往往不願冒險；而在面對損失時則變得更願意冒險。損失與獲利的評價，取決於參照點的設定，改變評價事物的參照點就可能改變對風險的態度。

我們繼續用一個實驗來解讀展望理論的的確定效應和反射效應。

首先來看**確定效應**。這是指在選擇確定的好處（獲利）和冒險之間，多數人會選擇確定的好處。這可以用成語「見好就收」來形容，意即「入袋爲安」。舉一個實驗例子：

情境 A：你一定能賺到 30,000 元。

情境 B：你有 80%的機會賺到 40,000 元，但也有 20%的機會一無所獲。

你會選擇哪一個？實驗結果顯示，大多數人會選擇 A。'

古典經濟學中的「理性人」會批判這種選擇，認爲選 A 是不合理的，因爲 40,000 元 × 80% = 32,000 元，這個期望值大於 30,000 元。然而，這個實驗結果也印證了確定效應：多數人在獲利狀態時，傾向於避免風險，害怕失去已獲得的利潤。

在股票投資中，這種現象卽是大部分人都有厭惡風險的傾向。以股票投資而言，卽投資人會爲了避險趕快賣掉手上正在賺錢的股票，獲利了結。這被稱爲「賣出效應」（disposition effect），卽大多數投資人奉行的是「賠則拖，贏必逃」的策略。也就是投資人更願意提早賣出已獲利的股票，並更傾向於長時間持有虧損股票，亦卽股票有賺趕快賣，虧損時死命抱。這與「對則持，錯卽改」的投資核心理念完全背道而馳。

接著是**反射效應**。當面臨必然會造成損失的兩種選擇時，你會選擇躲避，還是挑戰命運？

在這種情況下，人們通常會激發起冒險精神。當需要在確定的壞處（損失）和冒險之間做出選擇時，多數人會選擇「賭一把」，這就是所謂的「反射效應」。可以用「兩害相權取其輕」來概括這一點。以下是一個實驗例子：

選項 A：你一定會賠 30,000 元。

選項 B：你有 80%的機會賠 40,000 元，20%的機會不賠錢。

面對這兩個選擇，你會選哪一個？實驗結果顯示，只有少數人會選擇 A，而大多數人都願意冒險選 B。

這時古典經濟學的「理性人」又要跳出來大喊選 B 是錯的，因爲 40,000 元損失的期望值（-40,000 × 80% ＝ -32,000 元）比選擇 A 的損失還要大。

然而，在實際情況中，當人們面臨損失時，他們通常不願意輕易接受，寧願承擔更大的風險來賭一把。換句話說，當預期會有損失時，大多數人會變得願意冒險。

反射效應在本質上是非理性的，在股市中更爲明顯：人們往往喜歡持有虧損的股票。統計數據顯示，與獲利的股票相比，投資者持有虧損股票的時間更長。許多投資者在股市中長期持有的股票，大多是因爲套牢而不願意認賠。

三是**損失規避**。路上撿到 100 元所帶來的快樂，難以抵銷弄丟 100 元所帶來的痛苦，本節一開始便談過，故不贅述。

最後來討論**參照依賴**。請試想以下情境來理解此一概念：在商品和服務價格相同的情況下，你有兩種選擇：

A 選項：其他同事一年賺 6 萬元時，你的年收入是 7 萬元。

B 選項：其他同事年收入爲 9 萬元時，你一年賺 8 萬元。

康納曼的調查結果出人意表：大部分人選擇了前者。

這反映了我們的收入滿意度，通常來自於與同事之間的比較和競爭。人類的嫉妒和比較意識往往是基於他人的狀態，英國現代哲學之父培根（Francis Bacon）曾說，皇帝通常不會被人嫉妒，除非對方也是皇帝。美國作家門肯（Henry Louis Mencken）的話也揭示了這種心理：「你只要比小姨子的丈夫一年多賺 100 美元，就算是有錢人了。」（Wealth. Any income that is at least $100 more a year than the income of one's wife's sister's husband.）

古典經濟學認爲金錢的效用是絕對的，但行爲經濟學告訴我們，金錢的效用是相對的。這就是財富與幸福之間的悖論。比如，年收入 20 萬元對某人來說可能是一大喜事，但如果他的目標是 100 萬元，那麼這個數字可能會讓他感到失望。

這顯示了我們對於得失的判斷基於一個參照點，而這個參照點會因人而異。我們的滿意感和幸福感在很大程度上取決於我們與他人的比較，而不僅僅是我們所擁有的絕對數值。這就是所謂的「參照依賴」。

人爲什麼喜歡賭博？

除了上述四個結論之外，展望理論還發現了一個非常奇特的非理性行爲，那就是迷戀微小的機率。

買樂透賭的是自己會走運，買保險則是賭自己會倒楣。不論中樂透或倒大楣，發生的機率都很小，但人們卻十分熱衷。

何謂機率微小的事件？就是幾乎不可能發生的事。

譬如，天上掉禮物的機率就很小。掉下來的是禮物固然很好，但如果掉下來的不是禮物而是陷阱呢？這當然也是機率極小的事件。

在機率微小的事件面前，人類對風險的態度是矛盾的，一個人既可以喜好風險，同時也能厭惡風險。古典經濟學無法解釋這種現象。

面對機率微小的獲利，大多數人是風險喜好者。

面對機率微小的損失，大多數人是風險厭惡者。

事實上，很多人都買過樂透，雖然贏錢機率微乎其微，彩金有99.99%的可能是用於社會公益和推對體育運動發展了，可還是有人心存僥倖，想要以小博大。

同時，很多人都買過保險，雖然機率很小，卻還是想要規避倒楣、發生意外的風險。這種傾向，是保險公司得以經營的心理基礎。

展望理論也指出，在風險和獲利之前，人的心是「偏的」。涉及獲利時，我們是風險的喜好者；關乎損失時，我們又是風險厭惡者。

但涉及機率微小之事時，風險偏好又會發生離奇的轉變。所以，人們並非討厭風險，他們在自認合適的情況下非常樂意賭一把。

歸根究柢，人們真正憎恨的是損失，而不是風險。

這種損失厭惡、而非風險厭惡的情形，在股市中時常可見。譬如說，我們有一檔股票沒有在高點拋出，然後一路下跌，跌勢深不見底。這時賣出該股票才是明智之舉，交易費用與預期損失相比，根本微不足道。

捫心自問，如果你手頭上有現金，還會不會買進這檔股票？很可能不會再買了是吧？那爲什麼不趕緊賣掉、改買其他更好的股票呢？或許你擔心、或者應該這麼說，無法接受賣掉它之後，損失就成爲事實了吧。

敝帚自珍也符合經濟學

行爲經濟學還有一個比較重要的理論，那就是「稟賦效應」（endowment effect）。

康乃爾大學（Cornell University）進行的一項實驗生動地展示了此一效應。在這個實驗中，經濟系的學生被隨機分成兩組。第一組的每個人都得到一個印有學校校徽的馬克杯作爲禮物，而第二組學生則沒有收到任何禮物。實驗旨在研究剛剛收到馬克杯的第一組學生願意以多高的價格賣出杯子，以及第二組未收到杯子的學生願意支付多少錢來購買這個杯子。

儘管這些學生主修經濟學，應該對價格有較爲合理的判斷，但實驗結果卻顯示出明顯的差異。第一組學生不願意以低於 5.25 美元的價格出售馬克杯，而第二組學生則不願意以高於 2.75 美元的價格購買。這種差異反映了稟賦效應的存在，即當人們擁有某物時，他們對該物品的價值評估，明顯高於未擁有時的評估。

稟賦效應告訴我們，人們對於自己已擁有的東西通常會給予比實際價值高出許多的評價，這與我們所謂的「敝帚自珍」有著異曲同工之妙。行爲經濟學認爲，已擁有的物品的價格通常會比未擁有該物品的人所認定的價格高出兩倍。一旦某物成爲我們的所有，我們就會高估它的價值，而失去它時則會感到特別的不舒服。這是許多人都具有的一種普遍心理。

稟賦效應也在行銷策略中發揮著重要作用。商家利用這種心理效應，設計出能夠直接命中消費者心理的推廣活動。

例如，某些商品會提供限時免費試用期。在免費試用期間，客戶逐漸形成對該商品的依賴或喜愛，這是稟賦效應的一種表現。當試用期結束時，由於已經習慣了擁有該商品，消費者會感到不捨，這種心理作用增加了他們購買該商品的可能性。

汽車經銷商的策略也反映了稟賦效應的運用。許多打算換車的人對「舊車能值多少錢」或「舊換新服務能折抵多少錢」非常在意。車主往往會高估自己舊車的價值，車商正是利用這種心理，提出高價收購舊車的方案，讓顧客感覺自己做了划算的交易。這樣一來，顧客對新車的價格就不那麼敏感了。車商通過這種方式，即使在收購舊車上多付出了一些，也能在賣出新車時賺回成本甚至更多。

稟賦效應反映了人們在決策過程中往往偏向於「避害」而非「趨利」。即使在理論上購買新產品可能更有利，但人們因爲對已擁有的物品過於珍惜而不願意輕易放棄，這種心理狀態在許多不同的消費決策中都有體現。

錢在人心裡有不同的歸屬

稟賦效應仍然假設每個決策者都會試圖將偏好放到最大，只不過要考慮到一個參照點，亦即稟賦（所有權的最初分配）。

1980 年，理查．塞勒也提出了心理帳戶（mental accounting）理論，這個理論在某種程度上更偏離了主流經濟學的理論框架，但同時也更貼近現實生活的情境。根據心理帳戶理論，人們習慣於對物品進行分類，同樣地，對於金錢和資產也會進行分類，並在腦海中爲它們建立各式各樣的帳戶，來管理和控制自己的消費行爲。這種行爲通常是在不自覺中完成的，因此人們會在心裡進行記帳，以實現他們的目標，這是一種普遍存在但當事人往往未察覺的心理狀態。然而，人們如何將收入和支出分類，實際上會直接影響他們的消費決策。

心理帳戶理論中有一個經典的實驗例子：

假設一：假設你花了 50 元買了一張電影票，但就在驗票入場時卻發現電影票丟了。如果你想看電影，就必須重新買票，你會再買嗎？

假設二：你打算去電影院看電影，準備花 50 元買票，卻發現錢包少了 50 元現金。如果你想看電影，就需要再拿出 50 元來買票，你會買嗎？

對一個理性的經濟人來說，丟掉 50 元的電影票和丟掉 50 元現金在本質上是相同的。然而，實驗結果出乎意料：在第一種情況下，只有 46% 的人選擇再買票；而在第二種情況下，則有 88% 的人表示會再買票。這種差異的原因是，我們心中對電影票和現金有不同的心理帳戶，這兩種帳戶中的資金是不能相互替代的。在第一種情況中，再買一張電影票意味著電影票帳戶需要額外支出 50 元，讓看一場電影的成本提高到 100 元，這在心理上顯得不划算。

在心理帳戶理論的假設二中，現金帳戶的 50 元和電影票的 50 元在心理上是分開的。再拿出 50 元買電影票，對消費者來說，只是從現金帳戶支出 50 元來看一場電影。

事實上，每個人的生活都有多個不同的心理帳戶，例如生活必需開支的帳戶、家庭和個人發展開支的帳戶、維繫感情的帳戶、享樂休閒（吃喝玩樂）的帳戶等。雖然這些帳戶都屬於你，但它們在心理上是相互獨立的。每個人對這些帳戶的餘額都有自己獨特的判斷和價值觀。

例如，你可能對音樂非常熱愛，對於價值數萬元的昂貴樂器非常嚮往，甚至願意爲之花費大筆金錢。但在享樂休閒的帳戶中，你可能認爲 30 元一杯的網紅店奶茶太貴，寧願選擇更便宜的選擇。

這也解釋了爲什麼一些人在使用外賣時會等待優惠券，但對於價值兩個月薪水的名牌包包卻能毫不猶豫地購買。因爲這兩種消費屬於不同的心理帳戶，人們對它們有著不同的價值判斷和消費行爲。心理帳戶理論深入揭示了人們的消費決策背後的心理機制，這些機制常常與傳統經濟學中的「理性行爲」模型有所不同。

爲什麼會出現心理帳戶呢？塞勒（Richard aler）指出，這與我們的自我控制機制有關。我們之所以會把錢分配到不同的心理帳戶中，實際上是爲了防止自己過度或無目的地消費。

基於心理帳戶理論，塞勒進一步提出，消費者的效用由兩部分組成：一部分是獲得效用，即從購買的商品和服務中獲得的滿足感；另一部分則是交易效用，這與交易的價格有關。交易效用與消費者心中預期的「公平價格」和實際交易價格之間的差異有關。若消費者認爲交易價格高於心中的「公平價格」，即使購得心儀已久的商品，也不會感到滿意。

這正是許多行銷策略的核心，運用心理帳戶的概念，使消費者更易於接受看似昂貴的價格。舉例來說，鑽石產業巨頭 De Beers 於 1947 年提出的廣告語「鑽石恆久遠，一顆永流傳」，深入人們對愛情和婚姻的觀念中，暗示沒有鑽戒的婚姻是不完整的。雖然價格昂貴，但被認爲具有永恆價值且能體現深情。這種消費屬於情感維繫心理帳戶，從這角度看來，購買鑽戒似乎就變得合理。

又如哈根達斯的廣告語「愛她／他，就帶她／他去吃哈根達斯」，儘管價格不菲，卻被定位爲與心愛之人共享的奢華體驗，屬於情感維繫心理帳戶，從這個角度出發，高昂的價格似乎變得合理。

同樣地，爲何蘋果的手機售價比其他品牌更高，卻依然有眾多追隨者？華倫．巴菲特（Warren Buffett）曾指出，「iPhone 像是 See's CANDIES（時思糖果），都能帶來美好的感覺。」若你是加州男孩，帶一盒時思糖果去女友家，可能會獲得一個吻作爲回報。在這種情況下，對價格的敏感度自然會降低。我們眞正需要的，是能帶來美好感覺的產品。蘋果生態系統就提供了這樣的獨特體驗。

從這些例子可以看出，人性遠比傳統經濟學中所假設的「理性人」要複雜得多。人類不是完全理性的存在，而是具有有限理性，並受限於有限的意志力。

你之所以會衝動消費，並不是因爲還沒修煉到理性人的高度，而是因爲你是活生生、有感情的人類。對於人來說，完美的理性並不存在，絕對的正確也不是我們能夠完全控制的。

我們能做的，就是擦亮眼睛，對自己的認知有更深入的瞭解，對世界的看法更準確一點，在或衝動、或理性的人生中，活得更灑脫、更自在一些。

06 經濟學的偏誤

我爲什麼不是理性經濟人？

細數人生中的那些經濟學偏誤

讀者提問專欄

Zumbo：

謝謝你讓我可以替自己的「不理性」解圍，同時還學到了新知識——行爲經濟學。只不過，我覺得雖然行爲經濟學提出了「我們並非理性經濟人」這個事實，但無可否認的是，如果我們能知道自己到底有哪些地方不理性，並設法變理性一些，生活會不會變得更好呢？

‧‧‧‧

行爲經濟學是主流經濟學的一個分支，自 2002 年丹尼爾‧康納曼榮獲諾貝爾經濟學獎後開始受到社會大衆關注。

行爲經濟學家最初的靈感，來自於在某些特定情況下，傳統經濟學的核心理論無法解釋大多數人的行爲。這些結果並不符合理想的人類行爲模型，且誤差大到無法解釋，甚至與理論結果完全相反。所以，行爲經濟學就是對這些「偏誤」進行研究。瞭解這些偏誤，有助於我們對抗自己的不理性，讓生活變得更好。

傳統經濟學的「理性人」並不存在

舉例來說，你預訂了一張演唱會門票，票價 2,000 元，付完錢收到門票後悉心珍藏。等到演唱會當天要出發前，卻怎麼也找不到票了。你查了一下演唱會官網，發現現場還能買票。但是，你願意多花 2000 元買票入場嗎？

先前聊過了類似的案例，雖然我們可能已經知道「損失厭惡」是不對的，但是一旦面臨到類似的問題，大多數人恐怕還是會沉浸在找不到票的痛苦之中。如果要再掏出 2000 大洋買票，對於早已受傷的心靈無疑是雪上加霜，因此會寧願留在家裡懊悔失去的那張票，而無法徹底放下「損失厭惡」，趕緊去現場買票，開心觀賞演出。

這種心理，多少有悖於傳統的經濟學理論。因爲，按照傳統經濟學對「理性人」的假設，身爲「完全理性」的經濟人，我們應該忘掉找不到票的痛苦，因爲這已是沉沒成本（詳參 P194），不應對當下的決策產生影響。倘若我們對這場演出期待已久，既然可以臨時買票，當然要第一時間衝到現場。

但是事實上，我們卻無法做到這麼理性。傳統經濟學理論之所以會與現實世界產生矛盾，是由於現實生活中的人並不符合理論上對經濟人的設定。相較於絕對理性的「經濟人」，我們更符合心理學對「行爲人」的定義。我們的行爲不會永遠理性，更容易受到外界環境、經歷、個性、情感等非理性因素的影響。

這些因素引發的主觀和客觀上的認知局限，會導致我們並非嚴格遵循經濟學中最優原則進行決策，從而無法達到理論上的理性預期。

如先前所述，行爲經濟學是講求實用的經濟學，將行爲分析理論與經濟運行規律、心理學與經濟科學互相結合，以發現當今經濟學模型中的錯漏，進而修正主流經濟學中基本假設的不足之處，包括人的理性、自利、完全訊息、效用最大化、偏好前後一致等。

行爲經濟學衍生出了很多對人性的認知，像是「確定效應」、「心理帳帳戶」、「定錨物」等先前皆已介紹過，這裡不再贅述。不過既然你想問如何利用行爲經濟學來對抗自己的非理性行爲，我就再介紹一些典型的認知偏誤。

我們或許無法也不該把自己訓練成冷酷的「絕對理性的人」，但是知道「非理性」行爲會導致我們做出反常、不合邏輯的決策，有助於更清晰地認知這個世界，將來再做決策時，就能比過去的自己、比別人更爲精準一點。

很多時候，就是這樣的「一點」優勢，爲我們帶來了無盡的好處。

歸因偏誤：強調客觀因素，還是主觀原因？

先來舉個例子吧。

有個女生交了男朋友，經常約會。但相處幾次後，女生發現男友人品有問題，於是跟閨密抱怨：「他根本不在乎我，每次約好要吃晚飯，他總是遲到，哪怕早就反覆確認過時間，約十次還是有八次會遲到。理由不是工作太忙身不由己，就是臨時有任務而沒辦法脫身，但我覺得他就是沒把我放在心上。」

閨密問：「那他有解釋自己為什麼遲到嗎？」

「有啊，找了一堆藉口，一直說自己工作特殊、忙到無法脫身，老闆又很愛快下班丟工作給他……總之都是別人的問題，身不由己，聽得我一肚子火。」

閨密瞭解情況後，對這個沒見過面的男生下了結論：「老是遲到還理由一堆，說明這人沒有時間觀念，也沒有遵守約定的精神，不懂得尊重他人，我看他就是人品有問題。」

確實，約會總是慣性遲到實在不好。從小處看，代表此人不尊重女友，沒有把女友放在心上；而往大處著眼，說明了此人人品有問題，沒有守約的精神。但是，這位男生是不是眞的沒有把女朋友放在心上呢？也許他其實很想如期赴約，只是老闆臨時安排工作，身爲員工也只能遵命照辦，他也無可奈何？

這就是典型的基本歸因偏誤（fundamental attribution bias）。歸因偏誤是指在對人類行爲進行觀察、分析和解釋時，高估內在傾向作用（如性格）而忽視情境因素作用的一般傾向。簡言之，是指個人歸因多於或強於情境歸因的現象，也就是無法區別看待一個人實際的特質，與其所處環境條件所致的行爲，而傾向於認爲行爲是個人特質造成的結果，而非環境等客觀因素始然。

那麼，爲什麼人們會產生「基本歸因偏誤」呢？一般而言，有兩種解釋：

首先，人們傾向於強調行爲的個人因素，而忽視情境因素，可能是因爲個人特質比情境因素更顯眼，更容易引起注意。這種將行爲結果歸因於行爲者的個人特質，反映了人們在認知他人行爲時，往往以固定的思維模式爲主。

其次，社會文化的影響也不容忽視。在強調個人責任和成功的社會中，人們在成長和生活過程中，經常被鼓勵要對自己的行爲負責。這種強調個人權利和義務的社會標準，促使人們更傾向於忽視環境因素，而將行爲歸因於個人。

此外，基本歸因偏誤也源於行爲者與觀察者之間的認知差異。研究發現，行爲者通常會強調情境的影響，認爲自己的行爲主要是受外部原因驅動的，卽外歸因；而旁觀者則傾向於強調並高估行爲者自身的內在因素。這種偏差主要出於雙方的角度和出發點不同。旁觀者往往站在一個理想的角度，從常規的邏輯出發。譬如，認爲人必須說到做到，在約定的時間準時到達，借東西就該如期歸還，朋友理應互相幫助等，一旦發現不合常規，就歸因於行爲者的個人因素。而實施行爲的人則多會從具體情況出發，強調實際行爲的特殊情境。如借東西未還是因爲太忙沒時間，遲到是因爲有急事走不開等。由此可見，歸因偏誤是造成人與人之間矛盾的一個因素。

但觀察者卻往往從行爲者自身去尋找行爲的原因，進行內歸因。比如，有些醫療糾紛起因於患者認爲自己病情很嚴重，卻發現看病的醫生非常冷漠，甚至沒有按照患者本身想要的方式給予「認眞」的治療。實際上，這恰恰忽略了醫生此一職業的特點，醫生每天接觸大量病人，對於形形色色的大小病痛已經習以爲常，而且其職責是正確診斷，而不是對患者的病情表示同情。

由於人們在歸因的時候，往往站在自己的角度，或可說是會以對自己有利的角度去認知，所以經濟學家也提出了一個概念——自利偏誤（self-serving bias）。

「自利偏誤」是指人們傾向於將自己的成功歸因於內在因素，如努力或才智，而將失敗歸因於外部因素或他人。例如，一名成績優異的學生可能將好成績歸功於自己的努力，而成績不佳時則可能歸咎於老師教學不佳或考試範圍超出預期等。

事實上，影響考試成績的原因可能包含多個方面，如考試難度、個人的努力程度和運氣等。我們在進行歸因分析時，可以將這些因素分爲不同類型：穩定性（如智商或考試難度）和不穩定性（如努力程度或運氣）、可控性（如個人努力）和不可控性（如考試難度或智商）。

因此，在對事件進行歸因時，理解哪些因素是穩定的、內部可控的，有助於提升我們的積極性，進一步強化自己的優勢。同時，瞭解哪些因素是不可控的，可以幫助我們接受那些超出個人能力範圍的情況，保持自信，並能夠堅韌面對那些非我們所能掌控的挫折。

就像前例，在感情中，歸因偏誤經常是導致雙方矛盾的起點，尤其在一段戀情結束後更爲明顯。在解釋感情失敗的過程中，人們經常不會完全遵循邏輯思維，這是由於歸因偏誤的作用。

首先，行爲者與觀察者的歸因偏誤源於雙方角度不同。戀愛中的人往往從具體情況出發，強調情境的影響，如遭遇第三者、發現對方的秘密等，而將問題歸因於特定的事件或變故。相反，旁觀者可能從戀愛關係本身出發，假設個體在戀愛和生活中的行爲一致，因此當問題出現時，會將其歸咎於個體的個人特質，如性格、態度等。

其次，自利偏誤也在感情失敗的解釋中扮演重要角色。失戀者爲了避免感情失敗對自己形象的負面影響，往往會將錯誤全歸於對方。這一方面是基於情感需求，將失敗歸因於對方有助於從情感低谷中走出；另一方面也是爲了維護自尊心和良好形象，讓自己在他人眼中保持正面的印象。

與自利偏誤形成對比的是，有些人在感情失敗後會將原因完全歸咎於自己。這類人通常在感情關係中比較依賴，對伴侶充滿依賴感、敬畏心和崇拜心理。一旦感情破裂，他們首先會感受到極度的痛苦，隨後開始質疑自己的能力，認爲是因爲自身不夠優秀才會被對方拋棄。在這種情況下，他們可能會卑微地祈求對方回頭，甚至不惜作出各種讓步。

然而，這兩種歸因方式都不是最理想的。雖然從感性角度出發，歸因偏誤或許難以避免，但如果我們能意識到自己可能存在這樣的偏差，就可能從行爲者的角度跳脫出來，以旁觀者的視角看待自己的行爲。這樣的自我反思有助於我們更準確地理解自身，正確看待感情關係，並理解事件發生的眞正原因，從而促進自我成長，成爲更好的自己。

現成偏誤：你記住的，未必是全部

大家覺得坐飛機、火車和汽車，哪個更危險？

許多人可能認爲搭乘飛機比其他交通工具更危險。然而，實際上的情況可能出乎意料。根據國際航空運輸協會（IATA）2020 年發布的航空安全報告，事故數量相較於 2019 年有所減少。該報告指出，2020 年航空事故從 52 起降至 38 起，致命事故也從 8 起降至 5 起。事故發生率爲每百萬次航班 1.71 起，略高於過去五年的平均值，但這數據顯示航空旅行的風險仍然極低。以平均數據來看，一個人即使每天搭飛機，也需要超過 461 年才可能遭遇一次飛行事故，而致命事故的機率更是低至每 20,932 年一次。

反觀道路交通安全，情況則截然不同。世界衛生組織（WHO）的數據顯示，從 2002 年到 2018 年，全球每年因車禍而喪生的人數約爲 125 萬，平均每天約有 3,500 人死於交通事故。這等於每天可以塡滿十架波音 747 飛機的乘客數。這些驚人的數據也意味著每年有成千上萬人因車禍受傷或致殘。

此外，以下是一組數據，顯示每十億公里搭乘不同交通工具時的平均死亡人數：飛機爲 0.05 人，公車爲 0.4 人，火車爲 0.6 人，小貨車爲 1.2 人，海運爲 2.6 人，小汽車爲 3.1 人，步行則高達 54.2

人。因此，若以發生機率衡量，搭乘飛機實際上遠比開車安全。

但爲何我們依然會覺得搭飛機較爲危險呢？想像一下，假如你原本計劃今日搭飛機出差，卻在出發前看到新聞報導了一起嚴重的空難，飛機墜毀，機上 280 人無一生還。這樣的新聞報導及其震撼的畫面，無疑會讓人對飛行產生恐懼。面對這種情況，你會不會考慮取消行程，改搭其他交通工具呢？

原因正在於此。因爲媒體更傾向於報導罕見且震撼的事件，如空難。空難雖然發生機率低，但一旦發生，媒體會進行廣泛報導，並通過生動的圖片和影片來吸引觀衆。這種報導方式會在觀衆心中留下深刻印象，從而影響他們對飛行安全的感知。

人們通常會根據一件事情容易被想起的程度來判斷其發生的可能性。因此，相對於那些不太引人注目的事件，鮮明且容易記住的事情似乎發生得更頻繁。這種心理上的認知偏誤即是「現成偏誤」（availability bias）。

舉例來說，當你開車送朋友去機場，這時你可能會對朋友說「一路平安」，儘管你開車回家的風險實際上可能比朋友搭飛機更高。這種由於鮮活效應所造成的錯覺，讓人們更容易關注那些媒體大量報導的罕見事件。

同樣地，在大型天災發生後，人們購買相關保險的行爲也會增加。以美國加州爲例，即使某個城市發生地震的機率很低，一旦發生地震，當地居民購買地震險的比例就會明顯上升。然而，隨著時間的推移和記憶的淡化，人們購買保險的行爲又會回歸正常水平。

在職場中，年度績效考核也常受到這種偏誤的影響。主管在評估員工時，往往會過度依賴員工最近幾個月的表現，而忽略了更早之前的成績。

儘管鮮活效應在理論檢驗上可能無用，但在實際生活中，這種效應經常被過度強調。大多數人仍然容易被這種效應所迷惑，在做決策時產生現成偏誤。這也解釋了爲什麼頒獎典禮、演講比賽，以及創業者的故事會如此吸引人。

作爲理性的思考者，我們應當關注科學證據和客觀數據，而非僅憑印象來做出判斷。這樣我們才能避免受到鮮活效應的影響。

選擇偏誤：以個人喜好推斷行爲

在人類認知過程中，「選擇偏誤」（selection bias）是一個普遍的認知錯誤。這種偏誤顯示出人們在分類事物時傾向於創建某些典型分類，並在估算事件的發生機率時過度強調這些典型的重要性，而忽視其他可能的證據。因此，人們常在看似隨機的資料序列中錯誤地辨認出某種模式，這導致了系統性的預測偏差。

特別是在投資領域中，選擇偏誤經常源於投資者的認知資源有限。1974 年，經濟學家特沃斯基和康納曼提出，投資者無法同時處理所有資訊，因此他們會選擇關注少數特定訊息，這可能使得這些訊息在他們心中顯得格外突出，導致不全面的結論。

例如，很多投資者認爲「好公司就是好股票」，這實際上是一種選擇偏誤的體現。這意味著投資者將好公司的股票與優質投資機會混爲一談。但實際上，如果一家好公司的股票價格過高，它就可能成爲不理想的投資；反之，一家表現不佳的公司若股價過低，則可能成爲有吸引力的投資選擇。

確認偏誤：從結果中找原因

不知道你有沒有這種經驗。當你剛從大學畢業、經歷多輪面試後，戰勝衆多競爭者，滿心期待在職場大放異彩之際，卻發現自己似乎成了上司和同事針對的對象。起初，這只是一種模糊的感覺，沒有太多實質證據。但隨著你越來越在意這個問題，似乎有越來越多的「證據」浮現，證明你的感覺是對的：比如，上司對你的態度冷淡、給你的工作任務過重，同事間的互動看似將你排除在外等等。

但這其實可能是「確認偏誤」（confirmatory bias）在作祟。一旦人們對某件事形成了特定的看法，他們在處理相關訊息時往往會不自覺地尋找支持自己看法的證據，同時忽略或貶低與之相反的資訊。這導致個人過度確信自己的判斷是正確的，並且一旦形成看法，便很難改變。

在「幻覺相關現象」（illusory correlation）中，這種偏誤尤爲明顯。當人們認爲兩種因素之間存在某種關聯時，他們更容易注意到並記住支持這種連結的資訊。這種期待扭曲了人的知覺和記憶，使得人們認爲這兩種因素之間的關係比實際上更緊密。

例如，當我們認爲某人具有外向性格時，會更加注意對方展現的外向特質，同時忽視與外向無關的行爲。類似地，人們依據社會刻板印象來評價他人時，往往也是爲了證實自己頭腦中既有的形象。

確認偏誤主要源自於人們的預設立場。當人們對特定事件或觀點有了代表性的看法時，他們往往會選擇性地記住和搜集有利的細節，同時忽視那些不利或與之矛盾的資訊，從而支持自己已有的片面解釋。這種偏誤在感情問題和傳統觀念上尤爲明顯，人們往往更傾向於支持自己原本的觀點，並對那些模棱兩可的事實進行有利於自己的解釋。

心理學家進行的一項實驗便是很好的例子。在實驗中，研究人員讓一些男性與他們不熟悉的女性進行電話交談。A 組的參與者被告知他們將與外貌漂亮的女性談話，而 B 組則被告知將與外貌平凡的女性談話。結果顯示，A 組的談話比 B 組更爲熱烈，這是因爲男性對「漂亮」女性的預設態度使他們更加熱情，而對方也做出了相應的回應，儘管事實上，這些女性的外貌並未如參與者所想。

在投資領域，這種問題也非常嚴重。當你一旦買入了某公司的股票，特別是在投入大量心血研究、分析後進行的決策，對該公司就容易產生確認偏誤。在關注和收集資訊時，他們可能更傾向於選擇和相信對公司有利的消息，而對不利消息持拒絕或反感的態度。有時甚至會在言語上對持不同觀點的人進行人身攻擊。

正確的做法應該是理性地看待正反兩種不同的觀點和訊息，對反面觀點保持警惕，分析其可能性及潛在危害。保持開放和警覺的態度，才能避免選擇偏誤。

說了這麼多，各位是否覺得生活中有太多誤解，都來自認知上的偏差？

也許你會問，該怎麼做才能改變自己的認知，避免出現偏差呢？

可惜的是，認知偏誤基本上是無法徹底根除的，因爲無論是有限的經驗，還是無法擺脫的主觀因素，都導致了人的認知必然有所局限。抑或可以這麼說，人只能擁有「有限理性」，認知的誤差無法完全消除——雖然在某些領域經過長期訓練，可以盡量減少這些誤差的影響。但這些偏誤往往在我們潛意識中發揮作用，所以我們很容易不自覺地受其影響。

有認知偏差並不可怕。眞正可怕的是偏見盲點（bias blind spot），即我們無法察覺到自己存在的認知偏誤。正如一句諺語所說：「無知並不可怕，可怕的是不知道自己的無知。」

有偏見盲點的人大抵有這些特徵：不知道自己有認知偏誤；認爲自己因認知偏誤出錯的程度低於他人；或者誤以爲自己已經完全克服了認知偏誤。

雖然我們難以完全避免認知偏誤，但我們可以透過避免偏見盲點，時刻提醒自己要警惕偏誤的存在，並以多元和客觀的角度去理解自己和周圍的世界。這樣一來，認知偏誤的威脅就可以降到最低。

07 資訊不對稱

為什麼掌握的資訊越多，這個世界的訊息鴻溝就越深？

掌握認知差異，才能站在人生的制高點

讀者提問專欄

Zumbo：

最近有很多廣告都主打「不讓中間商賺差價」，不禁讓我注意到生活中有很多交易都必須透過中間商來完成。

網路不愧為這個時代最偉大的發明，不僅讓每個人得以擁有無窮無盡的知識和訊息，很多事都變得輕而易舉。既然我們隨時隨地都能獲取各種訊息，中間商就無法賺差價了吧？

希望這種「去中間商」的平台越來越多，讓我們老百姓更省錢。

你覺得呢？

．．．．

「買房子爲什麼要找仲介？」「公司年報完成後爲什麼必須請會計事務所查核？」

正如你所說，生活中總是充滿了各種不符合經濟效益的現象，仲介業的出現，似乎憑空增加了我們的成本，那爲什麼不要徹底拒絕仲介服務呢？

中間商搬運的是訊息

我先來講個故事吧，很多人應該都知道，《左傳》有個《田父得玉》的寓言故事。

魏國有一名農夫，在犁田時突然聽到腳下傳來一聲異響。他刨開土層一看，原來是犁頭撞上了一塊光澤碧透的異石。

農夫不知是何物，於是請鄰居來看。鄰居一看，知道這是塊罕見的玉石，有心據為己有。於是對農夫說：「這是不祥之物，留著它遲早會生禍患。你不如把它扔掉。」

農夫猶豫了一會兒，還是決定把玉石拿回家去，先擺在屋內觀察看看到底是怎麼回事。

夜裡，那塊玉光芒四射，整間屋子明亮宛如白晝一般。農夫目睹這種神奇的景象驚呆了，又跑去找鄰居。

鄰居趁機嚇唬他：「這就是石頭裡的妖魔在作怪，只有馬上扔掉才能消災避禍。」

農夫急忙把玉石扔到野外，尾隨其後的鄰居乘機把玉石帶回家。

第二天，鄰居把玉石獻給了魏王。

第三天，魏王召集工匠評估，玉工一見玉石大吃一驚，對魏王說：「恭喜我王，這是一塊稀世珍寶，難以用金錢計算它的價值。世上萬千玉石之中，沒有一塊能與之媲美。」

魏王聽後大喜，隨即賞給鄰居千兩黃金，還賜他終生享有上大夫俸祿的待遇。

故事到此結束。狡猾的鄰居因騙到玉石而獲得豐厚賞賜，農民卻被蒙在鼓裡。

這故事講的不就是中間商賺差價嗎？

不過請大家想想，鄰居爲什麼能將玉石騙到手？那是因爲鄰居具有鑑別玉石的專業知識，但農民沒有。以經濟學術語來說，這就是資訊不對稱（information asymmetry）。

在市場經濟活動中，「資訊不對稱」是一個關鍵概念，它描述了市場參與者對於關鍵訊息掌握程度的差異。通常，擁有更多訊息的一方會在市場上占有優勢，而資訊較少的一方則處於較不利的位置。

該理論進一步指出，市場中的賣方通常比買方更瞭解產品的各種訊息。因此，資訊豐富的一方可以通過向資訊缺乏的一方提供可靠訊息來獲得市場優勢。在買賣雙方之間，擁有較少資訊的一方往往會努力獲取更多資訊。此外，市場信號也是市場參與者用來彌補資訊不對稱的一種方式。

在交易市場上，如果訊息不透明，就會出現資訊不對稱的情況。這不僅增加了交易成本，也創造了交易機會。因此，需要透過代理機制等方式來解決由於資訊不對稱所帶來的信任問題。

資訊不對稱無法消除

在古典經濟學中，「理性人」（rational individuals）和「完美訊息」（perfect information）是兩個關鍵的前提條件。這些假設認為訊息是完全對稱的，換句話說，每個人都擁有並瞭解相同的訊息，這些訊息是公共的常識或共識。

然而，在現實世界中，訊息往往並非完美。市場中充斥著不完全的訊息，導致決策並非總是在得知完整資訊的情況下進行。芝加哥大學（University of Chicago）的經濟學家對這個問題進行了深入研究。他們一開始的研究重點是生產者和消費者如何搜尋和獲取促進交易的訊息，但後來他們發現了更多深層的結論。

喬治·約瑟夫·史蒂格勒（George Joseph Stigler）是資訊經濟學（Information economics）的創始人之一。他的研究起源於他在大學時因為缺乏訊息而常選錯課程的經驗。史蒂格勒從價格歧視（price discrimination）的研究中獲得靈感，發現在交易中「知識」的成本導致了價格的差異。例如，在購買汽車時，人們可能需要花費大量時間訪問多家汽車經銷商來比較價格。因此，他指出訊息的獲取不僅不是免費的，甚至可能需要付出高昂的代價。1961 年，史蒂格勒發表了他著名的論文《資訊經濟學》（*The Economics of Information*），首次提出資訊經濟學這一新概念。

資訊不對稱在經濟學領域占有重要地位。2001 年，麥克・史賓賽教授（Michael Spence）來自史丹佛大學（Stanford University）、喬治・阿克勞夫教授（George Akerlof）來自加州柏克萊大學（University of California, Berkeley）和約瑟夫・史提格里茲教授（Joseph Stiglitz）來自哥倫比亞大學（Columbia University），因在「資訊不對稱市場分析」方面的創新研究而共同獲得諾貝爾經濟學獎。

所謂的資訊不對稱，簡單來說，就是不同的人對相同訊息理解的程度不一樣。這裡的「理解」不僅指學識和閱歷，更涉及到能夠獲取的資訊。如果某人在資訊不對稱的情況下擁有優勢，即擁有比他人更豐富的資訊，那麼這個人就有可能從中受益。

然而，現實世界中，大多數人其實都處於資訊較不對稱的弱勢一方。這意味著他們在獲取和辨別資訊方面可能會落後，從而成爲市場中的弱勢群體。

資訊豐富不等於資訊對稱

大家可能會疑惑，網路發展了這麼多年，想要什麼訊息都可以在網上搜索得到，爲什麼還會出現資訊不對稱呢？

雖然網際網路使得獲取訊息變得更爲容易，我們也時時刻刻都在接收新的訊息，但這並不意味著我們能夠接收到更多或更眞實的訊息。實際上，隨著網際網路上訊息的多元化，人們更容易陷入

「訊息繭房」（information cocoons）和「回聲室效應」（echo chamber effect）。

「訊息繭房」一詞於2006年由芝加哥大學教授凱斯．桑思汀（Cass R. Sunstein）提出。桑思汀在其著作《網路共和國》（*#Republic: Democracy in the Age of Social Media*）中闡述，公衆往往只關注能帶來愉悅的訊息，而逐漸形成自我封閉的訊息接收模式，好似蠶繭一般。他描述了「我的報導」（Daily Me）的概念，卽人們根據自己的喜好訂製個人化的新聞內容。

隨著網路技術的進步和資訊量的激增，人們在瀏覽海量訊息時，傾向於只選擇自己感興趣的話題，從而進一步加劇了訊息的個人化和隔離。長期處於這種自我定製的訊息環境中，人們可能失去接觸和理解不同事物的機會，從而在不自覺中爲自己打造了一個「訊息繭房」。

在數位時代，資訊服務平台鎖定了個人化的需求，其中「演算法推薦」是一個典型例子。許多人對某些應用程式（App）的精準推薦感到驚奇，認爲這些應用非常瞭解用戶需求，並因此上癮。實際上，這些推薦系統是利用先進的演算法和網路爬蟲技術來分析用戶的行爲習慣，進而推薦他們感興趣的內容，滿足「千人千面」的個性化需求。

然而，僅僅因爲某些內容讓我們感到舒適，並不意味著它們就是最適合我們的。在大量訊息之中，人們往往會優先選擇自己喜愛的內容，並在演算法主導的訊息分發下，容易忽略那些不感興趣或不認同的訊息。這種「只看我想看，只聽我想聽」的現象，就像是精神上的鴉片，讓人沉浸於自己熟悉和喜歡的內容中。這種狀態會逐漸導致知識和訊息的單一化，使人對其他領域變得陌生，難以接受不同的觀點，從而形成了「回聲室效應」。

所謂的回聲室效應，指的是在一個數位空間裡，人們只接觸與自己觀點相似的訊息，從而形成一種錯誤認知，認爲自己的看法代表了主流。正如法國社會心理學家古斯塔夫．勒龐（Gustave Le Bon）在《烏合之衆》（*The Crowd*）中所描述的「非理性」群體現象，人們在這種回聲室中，往往對不同的聲音選擇性忽視，甚至認爲與自己觀點不同的聲音是無稽之談。如此形成的群體關係緊密，難以被打散。因此，一旦進入自己的回聲室，人們的觀點和訊息接收就會趨向極端化。

連結到擁有共通觀點的其他用戶時，就會出現意見傳染（opinion contagion）和情緒傳染（emotion contagion）的情形。例如，臉書（Facebook）上的用戶訊息牆（可看到朋友動態、評論、影片、圖像，與各種網站連結的頁面）如果正向內容的比例較高的話，用戶就會傾向於發表更爲正向的內容，同樣地，負面的訊息較多，用戶就容易生成更加負面的內容。

看到這裡，相信大家應該能理解美國前總統川普及其追隨者爲什麼上次大選後始終不承認敗選了？

由此可見，越來越發達的網路，資訊流通理應更爲均等，但訊息資訊不對稱造成的認知落差非但沒有縮小，反而持續加大。誠如法國 16 世紀著名小當我們在社交媒體平台上與擁有共同觀點的其他用戶連結時，往往會出現意見傳染（opinion contagion）和情緒傳染（emotion contagion）的現象。以臉書（Facebook）爲例，當用戶的訊息牆上正面內容較多時，他們更傾向於發表正向的內容；相反地，當負面訊息較多時，用戶則容易產生更多負面的反應。

這種現象有助於理解爲何美國前總統川普及其追隨者在上次大

選後始終不願承認敗選。儘管網路越來越發達，訊息流通理應更均等，但由於訊息資訊的不對稱，認知落差不僅沒有縮小，反而持續擴大。

正如法國16世紀著名小說《巨人傳》(*La vie de Gargantua et de Pantagruel*)中所述，世上一半的人永遠不知道另一半人的生活方式，眞理似乎早在千百年前就已被闡述。而那些試圖打破次元壁、擔任不同觀點之間橋樑的人，往往面臨著被嘲笑和誤解的挑戰。

資訊不對稱可以創造價值

資訊不對稱的根源在於人們所擁有的知識差異，這裡的知識不僅包括學術上的知識，還涵蓋了工作經驗、社會關係，甚至對某些產品或技術的瞭解。這種知識上的不同，造成了資訊的不平衡。

既然資訊不對稱是普遍存在且無法消弭的，我們就應該正視並理性認識其可以爲我們帶來的價值。

廣義來看，一切販賣知識優勢的行爲，都是利用「你知道，別人卻不知」所造成的訊息落差來獲利，比如大家所熟知的仲介，就是利用自己掌握的訊息優勢來撮合買賣雙方達成交易，從中抽取佣金。

各位只要細想一下生活中大小事，就會發現利用訊息資訊不對稱獲利的例子比比皆是。掌握訊息差異的良性生意大有可爲，比如仲介服務商、資訊整合服務業者、投資業等。若說房地產仲介是最尋常可見的資訊販賣者，那麼投資銀行可說是集結了「通過層層考驗的菁英中的菁英」，雖說服務範圍和對象各異，但本質上都是利用自身掌握的訊息優勢來賺錢。

在商業領域，利用資訊不對稱的策略大致可以分爲兩類：

首先是依靠傳遞訊息獲利，這有助於塡補並縮小訊息鴻溝（information gap）。例如，在護膚化妝品領域，美妝部落客從衆多產品中篩選出最有效的選項並分享心得，同時批評不良商家。這不僅幫助塡補了訊息鴻溝，也獲得了消費者的信任，進而吸引業配廣告，從中獲利。

其次，是仰賴資訊壟斷獲利，透過設置門檻來控制有用訊息的流通，並選擇性地隱瞞眞相。以葡萄酒行業爲例，在網際網路尚未普及的時代，消費者難以獲取關於葡萄酒的國際價格或其他酒商的報價（天然門檻）。這使得業者有機會提高價格。然而，隨著網際網路的發展，這種資訊壟斷的影響力減弱，葡萄酒價格因而降低。

提高訊息辨識和訊息處理能力

我們如何消除資訊不對稱，提高處理訊息的能力呢？

從接收資訊的角度來說，就是設法找到好的資訊來源，爲自己打造優質資訊管道。這就好比你如果想瞭解財經知識，就不能只看當紅 YouTuber 的影片，而是應該多涉獵國際知名權威報章媒體，甚至可以參考金融證照考試所需的教科書，這些都能有效避免接收片面、錯誤的訊息。

同時，要能夠識別和避免垃圾訊息。想提升訊息獲取和識別能力，必須大量地學習和實踐，付出相對的代價。

最基礎的代價，就是時間。想獲取知識，就需要花時間去找書、看書、上網搜尋、問人、親自實踐……付出許多時間成本。

最普遍的代價，就是金錢。所謂知識付費，即出錢購買高密度的訊息。想要節省時間，最直接的就是付出金錢。

而終極代價，就是投身其中。從一個行業最小的「蝦米」，一路摸索成爲行業大佬，付出時、金錢、精力、情感、腦力和創造力……投身於一個行業，成爲業內菁英，拿最頂尖的訊息，獲最大的利。

唯有不斷弭平訊息之間的鴻溝，才能一點一滴向上提升，達到更高的層級——這就是學習的意義。

那麼，我們是不是只要努力學習和實踐，就一定能解決訊息資訊不對稱的問題呢？我可以跟各位打包票：不能。

這是因爲資訊不對稱對每個人而言都是公平存在的。你或許擁有他人所沒有的資訊，但成功並不僅僅依賴於訊息的品質，更關鍵在於個人的認知高度。換句話說，你對這個世界的理解能力決定了你能走多遠、飛多高。

個人教育程度，看世界的廣度，體驗人生的厚度，都能決定此人的高度，站在不同高度的人，看到的世界就是不一樣。認知層次越高的人能看到更多別人看不到的事物；反之，層次較低的人由於視野受限，所見所知相對表面和淺薄，處理事情的方式也比較單一和固執。

具有訊息辨識和處理能力的人，相較於普通人，有什麼明顯的區別嗎？這就牽涉到「向下相容」的概念。也就是說，高認知水準的人能夠理解並接納不同階層的人。他們懂得從他人的角度看問題，即使別人的認知有限或邏輯思維不夠精準，他們也會選擇包容和理解。如果你有一位特別懂得你的朋友，那麼這可能意味著對方的認知和思維能力超越了你。

能夠向下相容的人，可以包容來自不同階層的人，即便別人的認知有限，他們也能理解，即便別人的邏輯思維有錯，也會選擇包容接納。

如果你有一個特別懂你的朋友，總能準確接收到你的想法，請明白這個道理：不是你和此人頻率相同，也不是你表達能力強，而是對方的認知和思維能力超越了你。

承認自己的無知，接受我們常受認知偏誤影響，是擴大認知視野、提升思維高度的必要前提。只有當你願意走出自己的舒適區，才能體驗到更豐富多彩的人生樂趣。

我很喜歡步行，對我理解認知差距影響頗大。因爲，我大都是在半山腰徒步行走，過程漫長而艱辛。往下看，層巒疊嶂，所有汗水點滴閃現。後方來者的行蹤清晰可見，彷彿可以一一指點他們未知的旅程。

往上看，樹影斑駁間，頂峰彷彿就在眼前，走在前面的人身影若隱若現，似乎也沒走多遠。加快腳步趕趕路，卻好似永遠都到不了頂峰，追不上前者的腳步。

看起來唾手可得的月亮，大部分人卻永遠無法企及。

我們以爲的一臂之距，事實上卻遙不可及。

只有那些一路奔波而去的人，才知道未知的路途有多麼遙遠。

只有一步步踏踏實實地走到了頂峰，才能看到來路經過了多少曲折，歷經了多少泥濘。

敬畏未知，才會努力。

第2章

用經濟學解答人生困惑

為什麼「別人家的孩子」都比我們家的優秀？

畢業後，我該留在家鄉安穩度日，還是去大城市闖一闖？

我實在不懂男友為什麼很愛在虛擬遊戲中砸大錢買道具？！

08 機會成本

我該待在小城鎮安穩度日，還是到大城市闖一闖？

算清楚機會成本，就知道該怎麼辦了

讀者提問專欄

女孩 A：我大學畢業兩年後，遵循父母的期望回到家鄉，在一家事業單位當了一名職員。雖然收入穩定，生活也安逸，但我心裡一直嚮往大都市的繁華和挑戰。看到同學們在大城市打拚得如魚得水，尤其是看到電視劇裡的職場場景，總是讓我心生嚮往。

我曾向父母提出想要到大城市發展，但他們堅決反對，認爲在體制內工作更穩定，人生會更幸福。現在，家裡的長輩們甚至開始給我介紹對象。我很猶豫，擔心一旦談戀愛，就眞的無法離開這個小城市了。我該怎麼辦呢？

・・・・

女孩 B：今年是我和男友在一起的第十年。畢業後，我一直在北京生活。兩年前，男友離開北京回到了家鄉，我們異地戀了兩年後，我決定搬到他所在的四線城市，一個我完全陌生、沒有朋友的地方。

我們在一起的時間太長了，處於已經沒了熱情、更像是親情的階段。我選擇回到他的家鄉，是因爲他對我眞的很好，是個合適的終身伴侶。

但作爲一個喜愛熱鬧、對外界充滿好奇的人，我在這個小城市的頭幾個月一直不開心。我不喜歡這裡的生活方式，覺得工作太安逸、薪水太低，而且很難找到共同話題的人。在這裡，我無法看到太多的發展機會，擔心未來的生活會變得單調乏味。

目前，我一直在嘗試說服他和我一起回到北京，但這個希望似乎非常渺茫。他在這裡有穩定的工作、房子、家人和朋友。所以，我們的未來，眞的很難預料。我到底該怎麼選擇呢？

筆者連續收到好幾個類似的私訊提問。這兩個女孩的問題比較一致，A 煩惱的是要不要離開父母去大城市闖蕩；B 則是糾結離開首都跟著男友回故鄉後會不習慣。算是同一類的問題，我們一起來聊聊吧。

．．．．

人生充滿了選擇，不同的選擇會造就不同的人生。有時，甚至一個看似微不足道的決定，也能對我們的人生路徑產生深遠的影響。

A 和 B 兩位女孩正站在人生的十字路口，仔細思考自己接下來的路該如何選擇。她們的抉擇不僅對自己負責，也對家庭承擔著一定的責任。在人生的這個階段，她們必須衡量自己的願望、家庭的期望，以及個人價值觀，從而作出最適合自己的決定。

人生沒有兩全其美

在《藝文類聚》中，有這樣一個趣味故事：

在齊國，有家人的女兒即將成年，同時吸引了兩位求婚者。東邊的男子雖然相貌平平，卻家財萬貫；而西邊的男子貌美如花，卻一貧如洗。

面對這樣的抉擇，父母無法決定，便問女兒的意見。他們對女兒說：「如果說出來不方便，就露出一隻手臂來告訴我們你的決定。」

女兒卻露出了兩隻手臂。

父母感到困惑，問其原因。女兒回答：「我想在東家吃飯，在西家過夜。」

這個故事雖是一個笑話，卻道出了一個深刻的道理：我們對生活有著美好的憧憬，但很少有選擇能夠完美無缺。

有人說，大都市機會多、發展空間廣闊，能讓人的思維更開闊；但也有人抱怨，大都市加班繁重、壓力山大、競爭激烈。另一方面，有人讚賞小城市的穩定、親近家庭的安逸；但也有人指出小城市的人際圈子狹窄、發展機會有限。

正是這種對未來的不確定和對選擇後果的擔憂，讓A和B感到猶豫不決。他們擔心一旦做出選擇，就無法回頭，怕將來會後悔莫及。無論他們最終選擇哪條路，似乎都難以避免某種形式的遺憾。這份遺憾將在無數個夜晚中煎熬著她們，無論是選擇了大都市的繁華還是小城市的安逸，都可能會羨慕另一種生活的可能性。

既然魚和熊掌不能兼得，那麼我們就可以從經濟學的角度出發，嘗試做出相對更佳的選擇。這就牽涉到經濟學中一個重要概念：機會成本（opportunity cost）。

機會成本是指為了從事一項活動而放棄另一項可能帶來收益的活動。換句話說，當我們使用有限的資源去獲得某種收入時，所放棄的另一種收入或利益就是這個決策的機會成本。

透過對機會成本的分析，我們能夠在面對多種選擇時，做出更明智的決策。這個決策依據的原則是：實際獲得的收益必須大於機會成本，從而實現資源的最佳利用。

例如，在「魚和熊掌不能兼得」的情境下，如果你選擇吃魚，你應該考慮的不僅僅是魚的價格，而是你放棄熊掌所能帶來的愉悅——這就是選擇吃魚的機會成本。相對地，如果你選擇吃熊掌，你需要考慮的成本不是熊掌的價格，而是魚能給你帶來的愉悅——這是選擇吃熊掌的機會成本。

當吃魚給你帶來的滿足感超過吃熊掌時，你的選擇應該是吃魚，反之則選擇熊掌。

要深刻理解機會成本，我們需要明白以下三個關鍵概念：

只要有選擇，就一定有機會成本

機會成本的本質，在於因選擇某個方案而放棄了其他可能帶來收益的選擇。這種成本的產生，是基於資源的多樣用途，當資源只有單一用途時，我們無需考慮機會成本。但一旦資源具有多種可能用途，機會成本的考量就顯得必要。

這就意味著，只要是有選擇的情況下，就一定會存在機會成本。比如：

假設有名男子可以選擇在老家務農，每月收入 2,000 元，也可以選擇外出上班，每月收入 10,000 元。若他決定回家種田，那麼他放棄的每月 10,000 元收入，就成了他的機會成本。

但如果這名男子回家種田是由於年齡增長，在城市中找不到合適的工作，那麼每月 10,000 元的收入就不再是他的選項之一。在這種情況下，由於缺乏其他選擇，機會成本便不復存在。

此外，我們還要瞭解，只有在必須做出選擇時，才會產生機會成本。

網路上流傳著一個個幽默說法：「小孩子才做選擇，成年人全都要。」當資源足以覆蓋所有可能性、不需要做出選擇時，機會成本也就不存在了。

假設這位農民其實是從事軟體開發的工程師，也就是所謂的程式設計師，即使年齡和地點都不會影響他每個月賺進 10,000 元的收入，他也完全有可能選擇回家鄉，一邊種田，一邊透過遠端工作賺取額外收入。但實際上，我們都知道資源通常是有限的。我們經常需要在自己能力範圍內的有限選擇中，做出最好的決定。爲了把握某個機會，我們通常需要放棄其他可能的選擇，這正是所謂的機會成本。

很多時候，即使是我們認爲不需要付出代價的收益，其實也隱藏著機會成本。著名經濟學家傅利曼（Milton Friedman）曾說：「天下沒有免費的午餐」。比如，一家新開的餐廳提供免費的大餐，你可能會以爲這頓大餐不需要付出任何代價，但實際上，你爲了去這家餐廳所花費的時間就是一種成本。你本來可以利用這段時間來完成更多的工作，或是去圖書館學習新知識，甚至有機會遇見未來的伴侶。這些都是你享用免費大餐所放棄的機會，也就是這頓大餐的機會成本。

機會成本不是讓你選的，而是你要放棄的

剛剛的討論可能讓大家覺得機會成本很好理解，但日常生活中總會有很多複雜情境，讓我們無法痛下決心。

先用一個簡單的具體例子來分析一下。

假設你大學畢業時面臨三個選擇：回家鄉當公務員、和同學一起創業或到大公司當白領。這三個選擇各自的機會成本是什麼呢？

如果你選擇進入大公司當白領，從經濟學的角度來看，這個決策的成本並不是你爲此付出的努力（這是會計成本），而是你放棄的機會——也就是如果你選擇當公務員或創業所可能獲得的更高收益中的較大者。

簡單來說，如果你面前有兩個選項：M 和 N，那麼選擇 M 的機會成本就是 N 的收益，選擇 N 的機會成本則是 M 的收益。好的決策就是要使機會成本盡可能低。

有人可能會問：這不是還是要比較 M 和 N 哪個收益更高嗎？這樣一來機會成本似乎就沒那麼重要了。但是，如果你已經擁有選項 M，而此時又面臨選擇 N 的機會，這時候就需要考慮 M 的機會成本了。

舉例來說，如果你正在考慮是否要跳槽換工作、是否要結束一段感情或是否要投資另一支股票，這些情境下，很多人都容易忽略他們目前擁有的選項所隱含的機會成本。

假設你現在在一家公司工作，年薪是 20 萬元。這些年來，你存了 100 萬元，而這第一桶金因爲理財得當，能爲你帶來 10 萬元的收益。今年，有個朋友向你提出了一個創業計畫，想找你一起開一家餐館，你們兩人各出資 100 萬元，預計每年能分紅 30 萬元，年報酬率高達 30%。

那麼，你的機會成本和收益會是多少呢？

從這個創業計畫本身來看，年報酬率達到30%確實非常吸引人。不僅可以自己當老闆，且分紅高於當上班族的收入，似乎是一個很好的選擇。但在決定是否開餐館之前，請不要忽視自己目前工作帶來的年薪和用於創業的資金所產生的理財收益。

如果你選擇辭職創業，你將失去工作帶來的20萬元年收入。同時，當你投入100萬元創業，就代表你將損失每年10萬元的理財收益。全部加起來，你的機會成本總計是30萬元。

這樣算來，創業的實際收益可能並不如預期那麼理想。

由此可見，進行選擇的時候，不僅要考慮你所選擇的是什麼，更重要的是思考你爲此放棄的東西。你放棄的每一個機會並沒有眞正地消失，而是變成了你未來衡量利益得失的重要標準——這就是機會成本的核心所在。

記住這一點，我們就不會像《權力的遊戲》（*A Game of Thrones*）中的珊莎．史塔克（Sansa Stark）那樣悔恨：「當初我只在意自己想要什麼，從未考慮到自己已擁有什麼。」

面對同一個選擇，每人的機會成本都不一樣

在中國電視劇《我的前半生》中，有段劇情描述羅子君在離婚後帶著孩子，三餐常以外送打發。她的朋友賀涵得知後，主動提出每週幫她送三次飯菜，以減少吃外送的頻率。羅子君覺得這樣可能會

給賀涵帶來不便，但賀涵則表示，如果母子二人因爲外送吃壞肚子而住進醫院，那才是眞正的麻煩。

這個情節雖然可能隱含著情感上的關懷，但如果從機會成本的角度來看，這裡的選擇呈現出了不同的價值。

在劇中，賀涵身爲社會菁英，對他來說，時間的價值遠超過幾餐的費用。賀涵如此精明，送飯對他而言損失的是最小的機會成本，因爲如果羅子君母子生病，他得花費的時間遠比送吃的還要多。

而對於當時的羅子君來說，身爲剛剛失去經濟能力的前豪門貴婦，她的時間成本遠低於賀涵，所以對她來說，節省一些開支，避免因生病而浪費時間，具有更高的價值。

因此，對不同的人而言，即使面對相同的選擇，機會成本也大相逕庭。

從這個故事中，我們可以看到，擁有高機會成本的人，如賀涵，其選擇所帶來的影響並非總是正面的。機會成本越高，找到具有正面收益的選項就越困難。比如，從頂尖大學畢業進入知名公司工作的人，再次跳槽的可能性可能比從普通學校畢業進入一般公司的人更低，因爲要找到比現有公司更好的機會難度很高。

實際上，高機會成本也恰恰驅使我們去追求更有價值的事物，這是每個人成長過程中不可或缺的一部分。我們剛才談到的是不同人對相同選擇的機會成本存在明顯差異，這種差異很容易被察覺。然而，有些選擇的機會成本卻難以衡量，這些才是最令人猶豫不決的。

我們再回到最初的問題：

放棄親情、愛情的機會成本有多高？

穩定工作的機會成本是什麼？

良好的發展環境又該如何衡量？

這些選擇不僅無法量化，且因人而異。

讓我們深思：選擇了闖蕩江湖的你，會否後悔錯過了安穩的現實生活？享受著平靜日子的你，又會否悔恨未能策馬奔騰？愛情和夢想，哪個更重要？爲了夢想，你是否願意在大城市咬牙打拚？又或者爲了安穩，寧可接受一成不變的生活？

每個人的背景、心態和世界觀都不同，因此認知和感受自然也會有所差異。小城市的生活可能更專注於當下和安逸，而大城市的奮鬥則體現著對明天的希望。有志向的人或許會選擇留在大城市追夢；而追求安逸生活的人則可能選擇小城市或鄉下，過著家庭溫暖的生活。

我想對 A 和 B 說，不論你選擇大城市還是小地方，都沒有絕對的對錯。最重要的是，這是你在權衡所有機會成本後，自己做出的決定。沒有人能爲你做出選擇，答案其實早已在你的心中。

正如日本作家東野圭吾在他的小說《解憂雜貨店》寫道：「通常諮商者心裡已經有了答案，找人諮商的目的，只是爲了去確認這個答案是正確的。」這句話深刻地展現了選擇的本質。

我自己的經歷也印證了這一點。我曾在一個二線城市的體制內奮鬥多年，最終決定辭職自立門戶，拿到了該單位史上首份「辭職批准書」。

如果你問我是否後悔，我會說：也許之後的路有過苦，有過汗，但這是我自己的決定，一開始我就知道自己內心的選擇，所以，我願意爲它負責到底。

佛教有句話：「衆生畏果，菩薩畏因」。當你理解了機會成本的概念，你就會明白人生選擇的眞正意義所在。

09 倖存者偏差

爲什麼「別人家的孩子」都比我們家的優秀？

這就是倖存者偏差，眼見未必爲憑

讀者提問專欄

Zumbo：

你好！

我來自上海，今年剛從一所知名大學畢業，終於擺脫了父母的嚴格監督，但這並沒有讓我感到快樂。原因在於，從小到大，父母總是拿我與「別人家的孩子」作比較。

「看看人家隔壁的孩子多自覺學習！」「我同事的女兒都考上了頂尖大學，你爲什麼就做不到呢？」

從小到大，這些所謂的「模範孩子」就成了我心中的對手。雖然我從未見過他們，但在父母的比較下，我似乎總是不夠好。

終於畢業並脫離了父母的嚴格管控，但我發現，這些年來對「別人家的孩子」的比較，已經在我的心中留下了陰影。無論是人際交往還是工作表現，我總覺得自己不如別人。即使有人給予我肯定，我也無法眞正自信。

直到交了一些朋友後，我才逐漸認識到自己並非如想象中那般平庸。然而，多年的自卑感已經深植我心，改變似乎已不再可能。

雖然我已經認淸了這一點，但父母對我的期望仍未停止。他們總是提及別人的孩子在工作上的成功和私生活的幸福，讓我不禁思考，該如何向父母解釋我與「別人家孩子」之間的差距。

・・・・

許多父母習慣用「別人家的孩子」來激勵自己的孩子，希望他們樹立目標並努力奮鬥。然而，即使這些「模範孩子」是眞實存在的，這種教育方式也是有問題的。讓我們看看以下幾個幽默的小故事：

在一輛旅遊遊覽車上，導遊正點名：「沒來的請舉手。」當然沒人舉手。「很好，人都到齊了，我們出發！」
快過年之前，一位記者在高鐵上採訪乘客：「您買到車票了嗎？」乘客回答：「買到了！」記者又問另一位：「您也買到了？太棒了，看來今年車票不難買了！」
爲什麼媽媽從不挑食？因爲買菜時她已經挑選過了！
爲什麼賣降落傘的店都是好評？因爲出問題的人沒法給負評！

這些故事看似有趣，但實際上暴露出了邏輯上的漏洞。這和父母經常說的「隔壁王阿姨的女兒留學歸來年薪百萬、劉叔叔的兒子考公務員，娶了銀行職員，現在有了雙胞胎」一樣，似乎合理卻又說不通。

這就是所謂的倖存者偏差。倖存者偏差，意味著我們只看到某種篩選後的結果，卻忽略了篩選過程中被淘汰的關鍵訊息。這種偏差的其他名稱還包括「沉默的數據」或「死者無言」。

訊息往往藏在暗處

「倖存者偏差」（survivorship bias）的概念源自於一個廣爲人知的第二次世界大戰故事。

> 當時，盟軍（allied forces，第二次世界大戰中與軸心國對抗的國家聯盟）空軍的戰機在戰鬥中經常被擊落。為了解決這個問題，盟軍邀請了一組由物理學家、數學家和統計學家組成的專家小組來研究如何降低戰機被擊落的機率。
>
> 當時的軍事統計顯示，返回基地的戰機多在機翼部位中彈，而機身和機尾則較少中彈。基於這些數據，有人建議應加強機翼的裝甲防護。然而，這一建議被美國哥倫比亞大學（Columbia University）的統計學家亞伯拉罕．瓦爾德（Abraham Wald）教授駁斥。他的分析得出了相反的結論：加強機身和機尾部位的防護。
>
> 瓦爾德教授的分析基於以下三個事實：
>
> 1. 統計中的樣本僅包括成功返回的戰機。

2. 即使機翼多次被擊中，這些戰機依然能安全返航。

3. 機身和機尾很少發現彈孔，這並非表示這些部位不易中彈，而是因為一旦這些部位中彈，戰機安全返航的機率極低。換句話說，成功返航的戰機是倖存者，僅依靠這些倖存者的數據做出判斷是不科學的。

瓦爾德教授認為，應該加強那些「看不見」的致命部位的防護。這一建議被軍方採納，隨後證明了它的正確性：加固了機身和機尾的戰機被擊落率顯著降低。

「倖存者偏差」這一概念，起源於上述案例，後來廣泛應用於經濟學中。這種偏差發生在分析問題時，人們往往依賴於顯而易見的訊息，而忽略或完全不考慮那些不那麼明顯或「沉默的」訊息，從而導致結論與實際情況存在顯著差異。

以二戰飛機中彈的案例來看，我們可以理解，在分析問題時，不應僅關注顯著的訊息，而應注意到那些隱藏在幕後甚至看不見的訊息。忽略這些訊息，我們得出的結論很可能與眞實情況大相徑庭。

這個理論在我們生活的各個方面都具有應用價值。例如，我們經常聽到一些著名企業家的成功故事，如比爾・蓋茲（Bill Gates）輟學創辦微軟（Microsoft）、史蒂夫・賈伯斯（Steve Jobs）輟學後打造了蘋果公司（Apple Inc.）、馬克・祖伯格（Mark Zuckerberg）輟學成立臉書（Facebook）等。這些故事常被當成心靈雞湯、勵志故事，用來宣揚「學歷不重要」或「讀書無用論」，導致一些年輕人桀驁不馴，以爲自己也能像他們一樣，未來很美好，輕輕鬆鬆就能登上美國商業雜誌

《富比士》全球富豪榜，不用學歷也能笑傲江湖。

然而，瞭解倖存者偏差後，我們會明白那些輟學創業並取得巨大成功的企業家僅是少數。實際上，許多成功的企業家都擁有穩固的學術背景和豐富的知識。即使是那些輟學的知名企業家，他們大多來自哈佛等名校，進入這些學府的本身就已是一種「倖存者偏差」的體現。

眞相，需要更多訊息佐證

倖存者偏差，總結成一句話，就是越認眞觀察眼前的眞相，你離眞相往往越遠。

爲什麼會出現這樣的問題呢？如果我們用統計學的概念來理解，就會容易很多。廣義的倖存者偏差用統計學的專業術語來解釋是「選擇性偏見」，即我們在進行統計的時候忽略了樣本的隨機性和全面性，用局部樣本代替了總體隨機樣本，從而對總體的描述出現了偏差。

用上述記者調查買火車票的案例來代入：A 爲全體想買火車票的人，A 包含了兩類人，A1 爲買到票的人，A2 爲想買但沒買到的人。火車上的人，具備的特徵是 A1，即已經買到票。記者在調查時，所取樣的樣本，全部都是 A1 中的一小部分顯性樣本，而不是隨機樣本，從而導致了統計的偏差。

有了這個框架，我們就能從實踐的角度理解這些倖存者偏差的具體案例了。

還記得2010年世界盃的「章魚哥」嗎？那屆世界盃最紅的明星不是某個球員，而是來自德國奧博豪森水族館的章魚保羅，牠神奇地連續7次百發百中地預測了世界盃德國隊的比賽結果，章魚保羅成爲那個夏天世界媒體熱情追逐的對象。然而事實上，它就是一次典型的「倖存者偏差」。那年夏天其實有很多動物都參與了世界盃的預測：菲律賓的猴子、墨西哥的羊駝、非洲的大象、保加利亞的乳牛，甚至還有中國的熊貓，只是因爲這些動物預測失敗了，於是並沒有媒體報導，而章魚保羅成了那個幸運兒。

成功故事值得仿效嗎？

在商業領域，倖存者偏差常導致人們對成功案例過度迷戀，而忽略了失敗經驗可能提供的寶貴教訓。以史丹佛商學院（Stanford Graduate School of Business）的知名講座系列「View From The Top」（顛峰觀點）爲例，該系列講座定期邀請全球知名的商業領袖和投資家分享他們的經驗，包括賈伯斯、比爾．蓋茲等人。然而，主辦方發現這些成功人士的分享對於創業者的實際幫助有限，原因包括：

1. 上台的講者多爲著名的成功人士，而失敗者則鮮爲人知。這可能讓聽眾高估了透過創業或投資獲得成功的機率。

2. 成功者在分享時可能難以保持客觀和理性，容易高估自身的能力，低估運氣的作用，並忽視當時的風險。

因此，不是所有成功經驗都可以借鑑，其普遍性有限。

倖存者偏差有時也被稱爲「死人不說話」，此一比喻源自醫療領域。在此情境下，只有治療成功存活的病人有機會分享他們的經歷，而那些不幸去世的病人則無法發聲。日常生活中，這種偏差常見於「我親戚吃這個藥就好了」、「我朋友去找了這位中醫」等說法。無論親友關係多緊密，他們的經歷並不能作爲客觀規律的證據。疾病和醫藥不會因個人關係而徇私。

這種心理現象讓人們將成功者視爲典範，認爲他們的行爲導致了成功。然而，這些成功者的行爲也可能是錯誤的，只是他們幸運地「倖存」了下來。那些沒有幸運倖存的人也許採取了相同的行動，只是沒有機會分享，或者即使分享了，也可能無人在意。

眞實的數據不代表全部眞相

在金融投資領域，尤其是基金市場，倖存者偏差是一個普遍存在的問題。當投資者瀏覽有關基金回報的統計數據時，若不進行細緻的篩選，很可能會受到倖存者偏差的影響。

基金行業本質上競爭激烈，優勝劣汰是其基本規則。隨著時間的推移，那些表現不佳或募資不足的基金，往往會被清盤或合併。這些基金一旦被清除或合併，常常會從基金數據庫中消失。這樣的情況反覆發生，導致最終只有「倖存者基金」被統計，從而過高估計了整個基金行業的平均回報。

根據美國先鋒集團（Vanguard Group）的數據，1997 年至 2011 年間，約有 46% 的基金被關閉或合併，即十五年後，大約一半的公募基金不復存在。

以 Lipper's 的數據庫爲例，1986 年至 1996 年這十年間，約四分之一的基金被關閉或合併，剩餘的約三分之二是「倖存者」。這對於基金回報的統計造成了本質的影響。若包括所有基金樣本，1986 年的平均回報爲 13.4%，但排除這四分之一的「失敗者」後，該年回報升至 14.7%。

在私募股權（VC/PE）領域，投資者同樣易受倖存者偏差影響。常見的是那些在公開場合宣傳自己投資洞察力的投資者，他們可能會強調自己如何早期就看好了京東（JD.com）、滴滴出行（Didi Chuxing）、今日頭條（ByteDance）等企業，並獲得了極高的回報。然而，這些成功案例可能僅是衆多投資中的少數幸運者。

聰明的讀者很快就能識破，這種常見的宣傳手法實際上是典型的「倖存者」推銷法。對於風險投資者來說，眞正的挑戰不在於事後回顧，而是要在衆多標的中預先發掘出那個蘊含萬倍回報的投資機會。

爲了找到這樣的投資金雞母，風險投資界的重量級人物可能投資了上百個標的卻未見成效。這些失敗的經驗往往被忽略，因爲這些大佬們並不會公開對自己不利的訊息。由於私募基金的資訊披露要求相對寬鬆，外界很難獲得這些投資商品的準確資訊，細節多半只爲投資者本人所知。

類似倖存者偏差這樣的統計問題，在我們日常生活和投資理財行爲中非常普遍。明智的投資者應該理解這種偏差產生的原因，以及其可能對統計結果造成的扭曲。我們應該用科學嚴謹的態度看待此一問題，避免讓這類統計手法迷惑我們的判斷，不讓自己淪爲這類銷售技巧的受害者。

「神準」背後的騙局

有些人將倖存者偏差理論運用於實際行動。《明代騙術全書》記錄了一個故事：有位道士自稱能用法術讓婦女生男孩，如果生的不是男孩就退錢。起初，人們半信半疑，但隨著時間的推移，這名道士的名聲越來越響。

實際上，這名道士利用的就是倖存者偏差。我們知道，生男生女的機率大致相當。當生下女孩時，他就退錢，這些家庭便不會再提及此事。反之，那些生下男孩的家庭則會大力推崇他。因此，大衆聽到的多數是成功案例，從而產生「這位道士法術靈驗」的錯覺。

在現實生活中，類似的操作模式屢見不鮮。比如，我們常收到手機簡訊，聲稱某位大師能精準預測股市漲跌。這些所謂的大師會將不同預測結果（漲與跌）分發給不同的人群。經過數輪篩選後，極少數人會連續收到正確的預測，從而相信大師的準確性，並願意付費追隨其股市操作。實際上，這僅僅是倖存者偏差的產物。

此外，我們也經常看到如研究所考試保證班、公務員面試必勝班等，宣稱「不過就退款」的服務。這些機構透過提供退款保證來吸引顧客，並收取高於其他類似機構數十倍的費用。他們不怕賠錢嗎？其實這都是利用倖存者偏差原理來操作，不過其中的門道我就不多做解釋了。

倖存者偏差的正確使用方式

談到偏差效應，人們通常會聯想到負面影響，但其實在商業領域中，如果運用得當，偏差效應同樣可以轉化爲正面的力量。其中一個例子便是指數 ETF 基金的運用。

指數 ETF 基金的概念，實際上是從倖存者偏差中獲得靈感，並將其轉化爲一種投資工具。這種基金不僅減弱了倖存者偏差的負面影響，反而創造出正向的收益。

舉例來說，道瓊工業平均指數（Dow Jones Industrial Average，簡稱 DJIA）是世界上最古老、也是最廣泛使用的股票指數之一，由查爾斯．亨利．道（Charles Henry Dow）於 1896 年創立，最初僅包括一些工業股票。時至今日，這個指數已經成爲全球最具影響力的股價指數之一。

爲了保持指數的活力和代表性，道瓊斯公司會定期對其成分股進行調整，淘汰那些失去代表性或表現不佳的股票，並加入新的、更具活力和市場吸引力的公司股票。這種做法使得指數能夠持續向上增長，反映出市場中最成功企業的表現。

如果投資者單純複製道瓊斯指數的最初成分股組合並長期持有，他們將面臨許多公司倒閉或表現不佳的風險。然而，如果投資者選擇投資追蹤道瓊斯指數的ETF基金，他們則可以免去手動調倉的麻煩，並享受到指數持續增長帶來的收益。

以標準普爾500指數（Standard & Poor's 500，簡稱S&P 500或標普500）爲例，追蹤該指數的SPY指數ETF在過去十年間的年化複合回報率達到9.9%，這一業績超過了90%以上的傳統公募基金。這顯示了倖存者偏差在商業應用中的正面價值，以及智慧運用偏差效應在投資領域的潛力。

小心誤判倖存者偏差

許多人對「倖存者偏差」這個名詞僅是一知半解，因而容易濫用。要警惕倖存者偏差，同時也要謹慎使用。

例如，有些人看到媒體報導的創業成功故事，便會輕視並一概排斥，認爲這些只是倖存者偏差的結果，忽略了眾多失敗的案例。但這種使用方式恰恰是對倖存者偏差概念的誤用。

就拿高鐵上記者調查買票的例子來說，倖存者偏差理論指出，記者僅在高鐵上進行調查來判斷所有人都買到票，這種方法是不科學的。但它並不能直接推斷出「所有人都買到票」這個結論一定是錯的。春運時，我們可以根據常識判斷，有些人可能買不到票。但在平常，高鐵的票通常是大家都能買到的。因此，不能因爲調查方法錯誤，就斷言結論一定錯誤。

警惕倖存者偏差濫用是非常重要的。關於第二次世界大戰中統計學教授瓦爾德的故事，實際上是被後人簡化了。事實上，瓦爾德教授對飛機擊落問題提交了八份詳細的報告。其主要論文《根據倖存飛機損傷情況推測飛機要害的方法論》（*A Method of Estimating Plane Vulnerability Based on Damage of Survivors*，暫譯）就有 80 多頁、上百個公式。這位《序列分析》的作者顯然是經過詳細嚴謹的分析才得出結論的。如果僅憑直覺就能成爲統計學家，那人人都是統計學家了。

令人遺憾的是，年僅 48 歲的瓦爾德教授在一場空難中與妻子一同遇難，未能成爲他研究中的倖存者。在命運的槍林彈雨中，眞的很難倖存下來。

正如那句流行的話：「愛笑的女孩，運氣不會太差」。沒錯，因爲運氣不佳的女孩往往無法露出笑容。

10 價值判斷

我實在不懂男友爲什麼很愛在虛擬遊戲中砸大錢買道具？！

切記，價值是很主觀的東西

讀者提問專欄 QA

Zumbo：

我跟男友交往三年了。剛開始，他對我非常溫柔細心，有空就會陪我逛街、看電影、追劇，還會主動打理家務、煮飯。但去年開始，他沉迷於電玩，每天下班回家後，除了打遊戲什麼也不做，常常玩到深夜。

不僅如此，我後來發現他還在遊戲上花了很多錢購買虛擬道具。過去三個月合計超過一萬元了，我實在無法理解，爲何要花那麼多錢在虛擬物品上。

我們因此吵了一架，最後他承諾每天只玩兩小時遊戲，並不再花錢購買道具。但這個承諾並沒維持多久，最近我發現他趁我睡後偷偷玩遊戲。雖然我幾次突擊檢查時都沒發現他又花錢，但我的直覺告訴我，他應該又買了，且花費不少。

我很困惑，男生到底怎麼想的？遊戲眞的有那麼好玩嗎？他明知一切都是虛擬的，爲何仍然願意花大錢呢？

· · · ·

問題的核心其實在於「個人價值觀的差異」。你不懂男友爲何可以對虛擬遊戲投入如此多，這和一些男性可能無法理解女性爲何花大價錢購買名牌包是一樣的道理。這背後的原因是每個人對於價值的主觀認知不同。

從經濟學角度來看，這種現象可解釋爲「價值主觀性」。

首先，想請你思考一個問題：許多女性喜愛購買昂貴的手提包，比如愛馬仕（HERMÈS）的柏金包（Birkin），這被視爲許多女性的夢想購物目標。一個 Birkin 包的價格可以高達數十萬美金。如果讓你購買，不考慮將來轉售價值，僅作爲使用，你會願意出多少錢？

再來看看你男朋友的情況。在網路遊戲中，爲了遊戲體驗，許多玩家會購買各種虛擬道具和皮膚。你知道遊戲道具最貴可以賣到多少嗎？《安特羅匹亞世界》（*Entropia Universe*）這款遊戲中曾出現過一個價值高達 600 萬美金的虛擬行星「卡羅普索星球」（Planet Calypso）。這個價格相當於上海一套高端河景豪宅的價格。但爲何一個虛擬星球會有如此高的價值？

原因在於「價值是主觀的」。對於不同的人來說，同一物品或體驗的價值感知完全不同。這就像是一些人願意花大價錢購買名牌包包，而另一些人則選擇投資於他們熱愛的遊戲或其他興趣。每個人對價值的評估基於其個人偏好、經驗和情感聯結。

因此，理解你男友對遊戲的投入，首先需要理解他從中得到的價值與快樂。他可能在遊戲中找到了某種層面的成就感或社交滿足，這些對他來說非常重要。對於不同的人，這種價值感知的差異是常見的，並不一定意味著某種選擇比另一種更好或更合理。

不同的人，有不同的價值判斷

卡爾·孟格是奧地利經濟學派的創始人，也是主觀價值理論的奠基者之一。他與英國的傑文斯和瑞士的瓦爾拉斯攜手合作，為古典經濟學貢獻了重要的邊際革命理論，並著有《經濟學原理》（*The Principles of Economics*）。

孟格提出的「價值是主觀的」理論，實際上挑戰了之前經濟學中普遍認為價值是客觀決定的觀點。在這種思想中，世界上的物品被認為具有客觀的、內在的、不隨人意志變化的價值，而價格則圍繞這個價值上下波動。

然而，孟格主張，人們對物品的價值判斷是基於個人的主觀看法，而非物品本身的客觀價值。每個人對價值的評估都是不同的，這取決於個人的偏好、情感、需要以及當時的環境和情境。

舉例來說，鑽石本身只是一顆閃亮的石頭，但由於某些人將其賦予了特定的情感和象徵意義（如恆久遠的愛情象徵），它才被視為寶貴並具有高價值。換句話說，價值的形成不在於物品本身，而在於對該物品做出評估的人，即在於主體對物品的主觀評價。

這一理論強調了個人主觀感受在價值形成中的重要性，顯示了經濟學中的主觀主義觀點。

自願交易，創造財富

主觀價值的魅力就在於此：只是透過交換和貿易，大家就能各取所需，達成共贏。例如，假若你與朋友外出時，發現自己更鍾愛對方的背包，而對方則偏好你的背包，那麼透過交換，兩人都能獲得更大的滿足，這正是價值主觀性的體現。

市場經濟的根源也在於此。假設一位小麥農與種植大米的農民互換作物，彼此便能享受到不同的口味。由於這種新口味帶來了更大的滿足感，所以兩方均從交易中獲益，實現了資源的更佳分配。這種「自願交換即共贏」的觀點，恰恰反駁了「交易爲零和遊戲」的看法。

零和觀念認爲，在市場經濟中，人們獲得利益往往是以犧牲他人爲代價。一個人的所得，就是另一個人的損失，如果一個人變得更富有，必然有其他人變得更貧窮。這種觀點背後常常隱藏著對富人的負面情緒，認爲他們的財富是建立在剝削窮人之上。

但事實並非如此。想想蘋果創辦人賈伯斯、籃球巨星勒布朗·詹姆斯（LeBron James）和著名歌手碧昂絲（Beyoncé），他們都超有錢，但他們是以犧牲他人利益爲代價而致富的嗎？完全不是。他們是透過絕佳的產品、運動天賦和音樂才華爲消費者帶來價值，進而獲得成功和財富。

「看不見的手」在引導交換

「自願交換的參與者必然會彼此受益」這個觀點極爲關鍵，無論如何強調都不爲過。其核心推論是：在一個自由競爭的經濟體系中，追求個人利益的人，似乎都被一隻無形的「看不見的手」所引導，進而無意間促進了他人的福祉。

爲何會如此？在一個自由的社會裡，與人互動並不是強制的。若你想從他人那裡獲取某物，就必須提供對方認爲更有價值的東西來換取。美國著名經濟學家暨喬治梅森大學（George MasonUniversity）教授瓦特．威廉斯（Walter Williams）如此說道：「在自由市場中，你是透過服務他人來實現自己的更多利益。你不必關心對方，你所需做的只是爲他們提供服務。」

這便是所謂的「看不見的手」原則。1776 年，亞當．斯密在影響深遠的著作《國富論》這麼闡述：儘管商人可能只會考慮自己的利益，但在許多情況下，他們就像受到一隻看不見的手所引導，無意中達到一個他們原本不想達到的目的，那就是促進公共利益。

而奧地利學派所強調的，則與我們先前所學的「客觀價值論」相悖，即「主觀價值論」：物品本身並無固有的、本質的價值，其價值完全來自於人對它的主觀評價。如果你認爲它有價值，那它就具有價值；反之，若你認爲它無價值，它便無價值。

那麼，面對這兩種截然不同的價值觀，哪一種對我們理解世界更有幫助、更爲實用呢？我們首先需要理解一個概念：個人估值（personal worth）。

個人估值決定價格

現代「產權經濟」學派一代宗師阿曼・艾伯特・阿爾欽（Armen Albert Alchian）對個人估值的定義是：一個人對某商品的個人估值，指的是他爲了獲得該商品而願意支付的其他商品的最大數量。

這是什麼意思？換句話說，你願意爲一件商品支付多少錢。

就這麼簡單？是的。但絕不可小覷其深遠含義，這包含三個層面。

首先，僅有個人具有行動能力。集體本身不會評估、思考、感受，也不會採取任何行動。我們經常說某家公司或某機構做了某事，但實際上這些行動最終都是由個人來執行的。公司、組織、機構等，不過是我們憑藉思維而建構出來的抽象概念。個人估值完全取決於個體，而非集體。這是第一個層面。

其次，所有的價值與估值皆起源於個人。對商品的估值完全主觀，不存在客觀估值。若無人賦予價值，所有物品將毫無價值，如同原本只是一塊石頭的鑽石。堅持這觀點的經濟學家認爲這是經濟學中一個重要的方法論，他們自稱爲「個人主義主觀價值論者」。這是第二個層面。

最後，個人行動是可以觀察並記錄下來的。個人估值基於行動，而非僅是出於願望。它始於個人的主觀判斷，並以具體的行動實現。旁觀者能夠觀察到這些行動，並能進行衡量、描述、計算和記錄，甚至從中發現自成一套規律。例如，商家在選擇代言明星時，會選擇大衆公認的美女，而不是自己心目中的女神。如果一家公司打算以 500 萬元請某明星代言，但未付諸行動，那家公司對該明星的個人估值就未能實現。但倘若該公司眞的出了 500 萬元，並拍攝了廣告，我們就能看到此一行動的結果，進而評估這筆投資是否值得，該明星的形象是否能促進銷售，以及預估類似的廣告投入預算等。這是第三個層面。

這三個層面構成了個人估值的概念。

這有什麼特別的含義嗎？

中國經濟學者薛兆豐教授指出，許多重要的經濟學原理和關鍵經濟政策都源自於堅實的「個人估值」概念。例如，消費者剩餘、賣方實行的價格差別化是否恰當、能否利用社會總體函數來支持政府針對房地產實施的購買限制等議題，這些關於政策的辯論，本質上都與我們對個人估值的理解息息相關。

個人估值並非僅基於人的願望，而是大量基於「他們願意放棄的金錢」來決定，以此作爲衡量的依據。這並非抽象的概念，而是實際可見、可測的現象。

主觀價值論不僅能夠解釋客觀價值論所能涵蓋的問題，還能解釋客觀價值論所不能解釋的問題。以廣告爲例，大明星與一般人吃同一款巧克力所拍攝的廣告，效果截然不同。從客觀價值論來看，兩者的勞動付出似乎沒有太大差異，難道是大明星的吃法更有技巧？但是，從付出的費用和廣告效果來看，兩者的確有著天壤之別。主觀價值論的解釋更是直接了當：因爲有更多人喜歡這位明星，所以有他參與的廣告更具價值。

價值和效用，關鍵在於稀少性

然而，並非所有主觀感受都能產生價值心理。只有當這些感受具體到對某物品產生估價心理時，才開始影響該物品的價值。

舉例來說，我們享受陽光，感受到的主觀舒適並不會轉化爲願意支付金錢購買陽光的心理。價值實際上是一種心理上的預期；如果沒有出價購買陽光的心理，陽光就不會被賦予價值。

從這個角度來看，主觀感受並不必然導致購買需求，因此也不一定產生價值。那麼，是什麼屬性促使人們產生價值心理呢？目前普遍的理論認爲，物品的效用和稀少性是構成價值的兩大要素，二者缺一不可。這一理論可以用下面的公式表達：

價值＝效用 × 稀少性

效用是一種心理現象，而稀少性同樣源於主觀感受。由於主觀意識的不確定性，這個公式的適用範圍非常有限，容易出現偏差。

因此，爲了提高準確度，有必要在效用或稀少性中加入客觀因素，將效用和稀少性分別區分爲兩類：主觀性和客觀性。

主觀稀少性實際上是主體感知力對客觀稀少性的影響。客觀上稀少的物品，我的主觀感知也可能認爲它稀少，舉例來說，鑽石是客觀稀缺的，而大多數人在主觀上也認爲鑽石非常珍貴。但是也有客觀上並不稀缺的物品，因爲我的主觀感知，而被認定是珍貴的，我可能認爲這個東西非常難得，因爲我喜歡它，所以我認爲它是獨一無二的。這就是主觀稀少性對客觀稀少性的影響和變異。

那麼，什麼是客觀效用呢？實際上，客觀效用就是我們傳統所說的價值，能爲我們的生活帶來實際的作用。客觀效用取決於物品本身的屬性，與主體對它的感知能力無關。舉例來說，空氣對人類有著客觀效用，無論你是否感知到其存在，空氣都實實在在地存在著。

而主觀效用則是人們對效用的主觀感受。一個物品是否有用，完全取決於我對「有用」的主觀評判。比方說，當我去山中散步、坐在小溪邊休息時，在多不勝數的小石頭中，我突然注意到其中一塊石頭，因爲它的形狀奇特、觸感舒適，我非常喜歡。如果我將那塊石頭放在書桌上，我相信可以大幅提升我在讀書時的舒適感，並提升我的書房品味。這時，我就會認爲這塊隨手撿到的石頭具有極高的主觀效用。

「價值＝效用 × 稀少性」的確有其局限，因爲它並未充分考慮到主觀因素。因此，有位經濟學者延伸得出了一個新公式，更全面地解釋了價值的形成：

價值＝客觀效用 × 主觀稀少性

這個公式揭露了一個重要的經濟學原則：一件物品對我們的價值，不僅取決於它的實際用途，還受到我們對它的偏好和稀有程度的影響。

舉例來說，如果某物品很實用、但對我們而言並不稀少，那麼它的價值就不會太高。例如，氧氣對每個人都是必需的，但由於它在我們日常生活中隨處可得，因此我們不會付費使用。然而，對於患有重度鼻炎的人來說，在高海拔地區（如青藏高原），氧氣的主觀稀少性便增加了。在這種情況下，即使氧氣本身的效用沒有變，但對鼻炎患者而言，它的價值卻大幅提升，甚至可能願意花數百元購買氧氣罐。相對地，對於一個呼吸順暢的旅伴來說，即使在相同的高原環境下，氧氣對他來說並不稀缺，因此不會願意爲此付出費用。

再來看另一個例子，2021 年小米換了新 Logo（公司品牌標誌），改變看似簡單，僅僅只是四邊由方變圓，設計費卻高達人民幣 200 萬元（約合新台幣 840 萬元）。此舉是否值得，引起了廣泛討論，也受到不少嘲諷。然而，若從主觀價值的角度來看，這種現象就更容易理解。不論改動的幅度爲何，小米新 Logo 的價值仍然體現在「客觀效用 × 主觀稀少性」上。首先，新 Logo 的發布引發了社會各界的廣泛討論，無論你是否喜歡小米，都能透過各種管道看到這個新 Logo，這種廣泛的曝光正是品牌渴望達成的目的。其次，新 Logo 是由全球著名的設計大師原研哉花了三年時間打造。即使我們可能無法完全理解大師設計的寓意，但至少在我們心中，這個 Logo 並非隨處可見的物品，而是具有一定的稀少性。因此，結合上述兩點，新 Logo 的價值便得以體現。

主觀稀少性，決定了價值是個性化的

現在回來談談本節最初的提問。

遊戲雖然僅存在於虛擬世界，似乎與現實生活無直接關聯，且在現實中還需花費金錢，但它對愛好者來說確實具有不可小視的價值。

對於遊戲愛好者而言，遊戲的主要客觀效用體現在心靈放鬆和壓力釋放上。經過一天繁忙的工作後，沉浸於遊戲世界中，體驗遊戲帶來的快感和挑戰，不僅能暫時忘卻工作的煩憂，還能讓身心得到重新充電。

從主觀稀少性的角度來看，許多遊戲玩家之所以願意在遊戲中投入大量資源，是因爲遊戲設計中包含了衆多稀有的道具和技能。這些元素通常需要透過持續升級或購買來獲得。在遊戲世界中擁有一件罕見的道具或掌握一項強大的技能，爲玩家帶來了極大的成就感和心理滿足。

如果這樣的解釋仍難以理解，不妨將「遊戲」比作女性購買包包的行爲。在許多女性看來，購買一個新的名牌包能夠爲連續加班的辛苦生活帶來慰藉，這種行爲在她們的主觀價值判斷中占有重要地位。同樣地，對於許多愛好遊戲的男性來說，遊戲就像是他們的

「名牌包」，提供了相似的心理滿足和自我獎勵。

透過這個比喻，或許就能更容易理解爲何有些人會在遊戲上花費大量資源。如果仍有困惑，不妨打開衣櫥，看看那些你所珍愛的包包和衣服，再思考這背後的價值所在。

投資中的價值判斷

我們現在明白了，價值是主觀的，並且與每個人的個體需求和稀少性感知有關。這一認識對我們的投資和日常生活決策有著重要的影響。

首先，在進行投資時，我們必須將大衆的價值觀念作爲參考標準，以避免個人的主觀價值判斷影響投資回報。爲什麼要這麼做呢？因爲交易的本質在於買賣雙方的協議。若想以更高價格賣出，就必須有人認同該物品的更高價值。如果僅有自己認同該價值，如同我在小溪裡撿到的一塊石頭，即使我認爲它非常珍貴，但若沒有人願意買，那麼它在投資上就沒有意義，只能成爲個人的收藏品。

例如，有位直男聽說品牌包除了自用以外，還具有保值、甚至是升值的潛力，因此計畫買一個包包送給女朋友。他最終選擇了H&M 的一款限量背包，卻發現並未達到預期的效果。爲什麼呢？因爲品牌如愛馬仕的柏金包在無數女性心中具有極高的共同價值認知，容易以高價售出。而那些未能在衆人心中建立起類似共識的品牌包包，自然只能作爲普通的消費品。

投資領域亦是如此。當你購買一支股票時，必須考慮該股票的市場流通性以及其他投資者對其價值的普遍認知。假如你認爲某股票價值 20 元，目前市價爲 10 元，於是買進。但倘若市場上大部分人認爲僅值 8 元，就算 10 元也乏人問津，那麼基於個人價值判斷的投資決策便可能導致損失。

其次，我們在銷售的時候，必須以消費者的個人價值判斷爲基準，才能打動消費者，實現銷售最大化。

這與投資的邏輯正好相反。投資面對的是整體市場，而非具體個人；但銷售則直接面對消費者，每一位都是獨立且具有個性的。消費者的主觀喜好和價值判斷，決定了他們對產品的價值認定和購買欲望，從而影響著交易的成敗。

既然價值源於「客觀效用 × 主觀稀少性」，其中客觀效用是產品固有且不可更改的特性，我們就應該在主觀稀少性上做文章。主觀稀少性源於個人喜好。如果銷售人員能一開始就把握住消費者的喜好，特別是他們對某類產品的重點關注，並有針對性地進行產品展示，不就能有效提升消費者心中的價值感嗎？

以一款高檔美容產品爲例，儘管其唯一缺點是價格昂貴（高品質往往意味著高成本），你應該怎麼賣？對於重視健康的消費者，就應該凸顯產品的天然原料，以及訴求由內而外的養顏功效；對於追求美麗的消費者，則強調其超越其他產品的煥顏效果；對於追求尊貴品質的消費者，則強調產品稀缺的來源和工藝品質保證；而對於那些不太注重品質、只想省錢的消費者，你可以勸說她們「女人要對自己好一點」。

感情也有價值判斷

雖然本節探討的是「能不能理解男朋友愛打電玩」，但要解決感情問題，光是理解對方打電玩的主觀價值並允許這種行爲，並不足以保障關係的長久和穩定。從你的描述中，我們可以感受到你們之間曾經的親密無間，而現在卻溝通不足。實際上，男女之間的感情問題，本質上也是一種主觀價值的判斷。

我們都知道，愛情的核心是吸引力，但這種吸引力的本質其實是價值觀的一致。這些價值可以是外在的，比如金錢、工作、學歷，也可以是內在的，比如個人魅力、情商、自信心。然而，這些價值的評判卻是主觀的。例如，有些人可能偏好財富較多的伴侶；如果你的長相出色，但與對方心中重視的價值不匹配，那麼你在對方眼中的主觀價值就可能不高。

就像有些網民所說，眞愛就是兩個長得奇醜的人，還生怕對方被別人搶走了。這就是客觀價值不高，但在雙方心裡主觀價值很高的情況。

《莊子 · 盜跖》:「尾生與女子期於梁下，女子不來，水至不去，抱梁柱而死。」在生存和愛情不可兼得的兩難中，尾生毅然選擇了後者。

那麼，在尾生的主觀價值中，愛情＞生命。

匈牙利詩人裴多菲（Sándor Petőfi）[13]則寫道：「生命誠可貴，愛情價更高。若爲自由故，兩者皆可拋。」在其詩作中表達出自身的價值排序「自由＞愛情＞生命，這反映了個人對不同價值的主觀評價。

剛開始戀愛時，大多數人會將主要的精力集中在伴侶身上，這是因爲在這個階段，對方在我們心中的主觀價值極高。爲什麼會這樣呢？從客觀效用的角度來看，戀愛關係相比單身狀態能帶來更多的滿足和快樂，這點是顯而易見的。而從主觀稀少性的角度來看，在相愛之初，兩人彼此深感珍惜，眼中只有對方，因此彼此的稀少性達到了極高的水平。

然而，隨著生活的進展，戀愛關係中的客觀效用可能開始逐漸遞減，日常生活中的瑣碎事務，如洗衣做飯，可能會逐漸削弱對美好生活的期待。在主觀稀少性方面，如果伴侶開始將注意力轉移到其他事物，如遊戲，則可能會感覺到彼此之間的特殊性和獨特性正在減弱。

在這種情況下，如何改善關係呢？若想提高自己在伴侶心中的價值，根據「價值 = 客觀效用 × 主觀稀少性」的公式，考慮到客觀效用可能難以改變，重點則應該放在提升自己在對方心中的主觀稀少性。

這個公式也揭示了愛情或婚姻經營的基本原則：雙方都應該致

13　19 世紀匈牙利最著名的詩人之一，裴多菲以其愛國主義詩歌而聞名，被視為匈牙利民族主義運動的代表人物。

力於提升自身的客觀效用，比如個人素質和愛的能力，同時努力增加彼此在對方心中的主觀稀少性。

有的愛情，即使始於顏值，也會終於內在價值觀的契合。但最美的愛情就是你很好，我也不差，兩個人勢均力敵，相互扶持和依靠。

11 機率與風險

爲什麼別人的人生都在開掛，我卻處處碰壁？

人生贏家都是機率贏家

讀者提問專欄 QA

Zumbo：

好久不見。

我一直都是那種乖巧又可愛的孩子，從小到大，從未給父母添麻煩，也沒讓師長生氣。我就讀的大學是父母爲我挑選的一流學府，主修當時前景看好的金融管理。完成了大學學位後又攻讀了研究所。畢業後，我進入了一家投資公司工作，薪水相當不錯，唯一的缺點就是經常需要加班。從外人看來，我的人生似乎一路順遂，我也一直覺得自己相當幸運。

但直到最近，我才意識到順利只存在於過去，我的好運似乎已經用完了。我一直勤勉工作、拚命加班，但最終晉升的卻是那個似乎沒做多少事、只是考上了 CFA（特許金融分析師）的同事。當我埋頭苦幹時，他卻專注於準備考試。我本以爲同事那種不認眞工作、只想考取證照的態度不可能受到公司的青睞，沒想到公司卻偏偏看重了他，因爲他持有 CFA 證書。面對這種情況，我感到十分無奈，甚至開始聯繫獵頭顧問，考慮換家公司了。

而家裡的情況也讓我焦慮不已。以往身體硬朗的爸媽最近開始頻繁出現健康問題。更糟糕的是，爸爸最近的健康檢查結果顯示他罹患了末期癌症。雖然基本的健康保險和重大疾病保險已經報銷了不少費用，但還有許多其他費用需要自掏腰包，目前已經花費了近 20 萬元，而且還不知道會在什麼時候結束。爸媽爲了培養我，沒有存下太多錢，爲了醫藥費我也拿出了部分積蓄。

更讓人頭痛的是，爸媽開始埋怨沒有購買更好的醫療保險。之前他們的朋友曾推薦一款香港的高品質醫療保險，聲稱可以在罹患重疾時提供直接賠付。當時我剛好完成金融管理的研究所學位，深知從機率角度來看，這類保險對個人並不划算，因爲它們利用了人們不懂風險來賺取利潤，所以我堅決反對父母購買。結果，機率這麼低的事件卻發生在我們家，讓我無法向父母解釋，眞的感到無比的不幸。

畢業幾年，以前在學校裡表現普通的同學，紛紛走上了人生的康莊大道，有的被公司送去哈佛繼續深造，有的一下子就連升兩級、薪水翻了好幾倍。跟他們相比，命運女神彷彿把我遺忘在了某個角落，滿身灰塵積成了陰霾，工作枯燥無味且升職無望，還一直單身、沒人可以依靠，回到家裡還得忙著照顧身體欠佳的雙親。爲什麼別人的人生一直在開掛，我卻處處碰壁，我該怎麼做才能扭轉命運的不公平呢？

· · · ·

是的，命運確實不公平。不是每個人都會歷經波折，在這起伏不定的人生過程中，許多人的生命軌跡似乎受到「隨機」所主導。對個人來說，時代的微小變化落在自己身上，都有可能成為沉重的挑戰。既然我們無法改變歷史的走向，是不是也無法改變自己要承受的重擔呢？未必如此。

你畢業於一流大學，擁有金融管理專業，進入了頂尖的投資公司且坐擁高薪，在許多人看來，你的生活是很令人羨慕的。你所認為的不公不義，其實是生活的常態，只是你之前未曾經歷過而已。

談到運氣，確實有些人在生命的某個階段似乎走得更順暢，接著卻是步步艱難、困難重重。很多人習慣將成功歸功於自己的努力，將失敗歸咎於運氣不佳。然而，身為瞭解經濟學的人，我們應該明白，這不過是機率的一部分。

你會用機率的觀點來解釋保險，卻把自身困境歸咎於運氣。似乎你所學的知識並未完全應用到實際生活中。讓我們一起從機率的角度來分析一下你所面臨的問題。

雖然這些都是你學過的知識，但請重新審視一次，希望能給你帶來新的體會與洞見。

你以爲你掌握了機率，其實你沒有

先從我們都熟悉的「賭徒謬誤」(gambler's fallacy) 開始討論吧。

想像一下，如果有一個拋硬幣猜正反面的遊戲，上一次出現的是正面，那麼這一次你會猜正或反呢？我猜你和我一樣，可能會選擇正面。因爲正反的機率都是一半，上次出現正面，並不表示這次就一定會是反面，所以大可隨意猜。如果有 100 個人來回答這個問題，我預估選擇正和反的人數大概會平均分布。

那麼，如果連續 10 次都是正面，下一次你會猜正、還是反呢？在確定沒有作弊的前提下、硬幣的正反面機率是一半、一半的前提下，「連續 10 次都是正面」的機率非常低。這時，100 個人中大概有 80 個會選擇反面，因爲大家都認爲，連續 11 次出現正面的機率會大幅降低，反面出現的機率似乎急遽上升，這時猜反面的贏面似乎比較大。

但我們都知道，下一次出現正面或反面的機率，仍然是各占一半。這時猜反面，勝算並沒有比較大。原因何在？大家熟知的機率，是統計學中的大數法則 (Law of large numbers)，意思是樣本越大，平均結果就會越接近眞實的平均值。但當人們判斷不確定事件的機率時，常常誤將大數法則適用於樣本小的事件，誤以爲樣本小的平均值也會趨近於總體的平均值，進而做出「11 次拋硬幣，正反面應該各占一半」的錯誤判斷。這種行爲偏差被行爲經濟學家康納曼和特沃斯基稱爲小數定律 (law of small numbers)，已經成爲行爲經濟學的重要洞見。

拋硬幣猜正反面的例子，正是小數法則的經典展示——賭徒謬誤的典型案例。

當人們重複拋硬幣時，如果連續幾次拋出同一面朝上，許多人會認爲下一次出現另一面的機率更高，因而增加賭注。根據大數法則也確實如此，如果拋硬幣的次數非常多，正面和反面出現的次數應該會接近相等。但在有限的次數內，此一統計規律並不適用。

舉例來說，如果連續拋 10 次硬幣都是正面，並不代表接下來的 10 次一定會拋出反面，除非硬幣能記憶前次的結果。實際上，第 11 次拋硬幣的結果與前 10 次的結果完全無關，因爲每次拋硬幣都是獨立的事件。

這個例子想告訴我們什麼呢？它說明了機率並不像我們想像的那樣。我們不該將「連續 11 次拋出正面」和「第 11 次拋出正面」混爲一談，這是兩碼子事，但我們仍經常搞不清楚。

就像你將「未能升職」和「父親生重病」這兩件獨立且無關的事情連結起來，當成自己運氣不佳的證據，這也表示你對「機率」這個概念的理解還有待加強。

事實上，人們在遭遇挫折時，往往難以接受自身的錯誤，也很難認同一切只是機率始然。爲了讓自己釋懷，人們常會歸咎於「運氣不佳」。而且爲了讓這個結論更具說服力，甚至會把多個彼此獨立且無關的事件串連在一起，以此證明一切遭遇都是「運氣」的問題。

一般人對機率的誤解遠不只如此。例如，很多人常常會把機率與確定性混爲一談。就像我們經常對天氣預報的準確性表示不滿，明明看氣象說會下雨，結果整天豔陽高照；或者預報是多雲時晴，結果卻是多雲，下雨又飄雪。

天氣預報眞的是「天氣亂報」嗎？事實上，現代的天氣預報技術，已經可以很準確地預測出 48 小時之內的天氣變化。但是，預報畢竟只是對未來天氣狀況的一種預測，並不是對已發生事件的精確描述。

當天氣預報做出「多雲轉雨」的預測時，通常意味著有 70% 的機率會是這種天氣。在所有預報「多雲轉雨」的日子裡，確實有著七成的準確率，但這並不意味著每一個預報的日子都會如此。

那我們爲什麼老是覺得天氣預報很不準呢？這正是我們之前談到的「選擇性偏誤」。我們傾向於記住那些令人印象深刻的事件，而忽略了普通平常的日常情況。因此，當天氣預報準確時，我們可能不會特別留意；一旦預報失準，我們就會記得很清楚，久而久之，就形成了「天氣預報不準」的印象。

現在，許多氣象主播會以「有 60% 的下雨機率」來播報。即便如此，我們仍可能會認爲，既然氣象說會下雨，那麼就應該要下雨。如果沒有下雨，我們就會認爲是預報出錯了。

所以，我們必須清楚區分：預測一個確定的結果和預測一個結果發生的機率，本質上是兩件完全不同的事情。在進行決策或預測時，我們很少會去計算事件發生的機率，因爲內心更渴望一個明確的結果，而不是一個模糊的可能性。例如，我們想知道今天股市會不會下跌，自己投資的股票在何價位賣出最合適，明天上司將宣布的晉升決定是否會落在自己身上，這次考試能否通過，明天的飛機會不會誤點，故事中的王子和公主最終是否幸福……

然而，事情的發展是由一系列事件組成的連鎖，每一個事件的發生都是隨機的，擁有不同的發生機率。每一事件雖然是獨立的，但它們組成的連鎖卻相互關聯且錯綜複雜。隨著事件的發展，未來的可能性才逐漸聚焦於某些特定的事件鏈上。我們需要不斷關注剩餘的事件鏈，以及這些事件發生的機率如何變化。最終，所有可能性都會匯聚到一條特定的事件鏈上，形成最終的不可逆結果。

在事情走向最終確定的過程中，所有的可能性都有機會發生。我們應該關心的是：每一事件發生的機率有多大，以及這些事件如何互相影響。

以升職爲例，你可能認爲自己是最佳人選，但在公司宣布晉升之前，都只是一種機率，而非確定性事件。也許你在各方面確實優於同事，但這點只是增加你晉升的機率。在考慮晉升人選的過程中，任何一件事都可能讓此一機率發生變化。如果你一開始就將晉升視爲必然，卻忽略了評估過程中的變化，從而錯失了應對和展示自己的機會，那麼這不就是對「機率」的又一次誤解嗎？

你應該關注的是不同事件鏈的機率。你無法預測結果，因爲結果只能隨機產生。如果你希望自己是最後微笑的人，不能只依賴對結果的預測，是而必須努力改變每起事件發生的機率，讓最終結果逐步朝你的預測值靠攏。

你以爲你有選擇，其實你沒有

由於機率的存在，我們的人生似乎充滿了無數的選擇，但其中一些選擇的機率可能非常低，甚至只有 0.0001%。這種情況下，我們是否眞的可以稱之爲「選擇」？

在學習機率論時，我們常犯的一個錯誤是將可能發生的事情視爲必然會發生。這樣，我們似乎掌握了很多有利的牌面。以你目前的情況爲例，你正在聯繫獵頭準備換工作。但在這之前，你是否考慮過：

現在公司給你的發展機會，業界還有多少家公司能提供？

到一個新公司，你需要多久才能適應新環境？而同樣的時間，你在目前的公司可以做到多少業績？

如果你考慮進一步深造，新的方向和學校都確定了嗎？你有多大的機會能找到滿意的選項？

深造後返回職場，是否眞能獲得更好的機會？

這些問題，你可能都還沒有來得及深入思考。未能如預期晉升讓你感到憤怒，你的第一反應是考慮跳槽或深造等其他選擇，似乎完全不受當前環境所限。

但是，這些選擇中有多少是眞正更好的選擇？新選擇經過一系列隨機事件後，最終的結果又會如何？即使你的行業中有許多公司，但能與你現在的公司匹敵的並不多。你或許能在這些公司中迅速找到一家，但作爲資歷尚淺的你，新公司能給予的機會未必比現有的更多。

你現在選擇離職去深造幾年，眞的就能得到更好的職位嗎？再次回到職場，是否又要重新開始？

這種現象可以稱爲「選擇的假象」。表面上看，你似乎有無數的機會和選擇，但實際上，你並不淸楚每個選擇的可能性和價值。有些機會看似美好，但實際可能性極小；有些機會可能性較大，卻可能沒有太大的價值，甚至可能帶來負面影響。

如果你不淸楚某個選擇的機會成本和實際價值，那這個選項其實根本就不應該被考慮。事實上，確切地評估每一個選擇的機會成本和價值並不容易，因爲我們的大多數決策都是基於不完全資訊而做出的。

如果我們確定選擇 A 能賺五元，而選擇 B 則一毛錢也賺不到，我們當然會選擇 A。這種情況下的決策是基於完全資訊的。但現實情況往往是，選擇 A 和 B 能賺多少錢沒有一個確切的數據，甚至還有可能存在其他我們不知道的選項。

在不完全資訊的情況下做出的決策，不僅僅依靠聰明才智或努力就能確保正確。即使你再聰明再努力，也有可能會做出錯誤的選擇，這種失敗的機率來自於資訊的不完全。

有時候，我們可能誤以爲自己掌握了所有的資訊，或者以爲已經考慮了所有的選項，但實際上並非如此。例如，你這次未能晉升，你眞的瞭解背後的原因嗎？對方是僅僅因爲考取了 CFA 而被選中，還是在其他方面有不可替代的優勢？對方看似工作輕鬆，是否因爲他工作效率更高、表現更出色？或者在某些你沒有觀察到的方面具有更出色的管理才能？

從你的描述來看，你並不是全然瞭解公司這次升職的標準。你將對方晉升的原因歸功於他多了一個 CFA 資格，這可能促使你也去考取 CFA，希望下一次能有機會晉升。但如果下一次升官的人沒有 CFA 資格，你又會如何評估這個情況？

即使你並未掌握所有訊息，也要問自己是否已經考慮了所有可能的選項。

你給自己的選擇是跳槽或深造，但爲什麼留在目前的公司就不是一個選項？向上司詢問提拔他人的原因，表達自己晉升的願望，或是與上司和同事討論自己的不足並加以改進，這些難道不也是可行的選擇嗎？

你的上司或許會告訴你，雖然這次沒有升你，但由於你工作表現出色，所以下個月計畫派你去總部培訓，所以這次沒有晉升。這樣一來，你的選擇權似乎既被高估又被低估了。

因爲你並未全面掌握訊息，在資訊不完全的情況下，你只能依賴直覺做出判斷。但是，直覺並不總是可靠的。雖然我們見過一些領域的天才能夠憑藉直覺做出決定並取得完美的結果，但我們沒有看到他們背後長期的訓練和準備。運動員的肌肉記憶、商業人士的商業直覺，這些都是基於長期積累的資訊和無意識的決策。成功者決策的背後，往往伴隨著大量的資訊收集、分析和推理。

此外，非黑卽白的思維方式也限制了你的思維格局。你認爲不是升官就是辭職不幹，但實際上人生並非總是要做出絕對的選擇。沒有絕對的對與錯，一切事物都有無數種可能的結果，每種結果都蘊藏著不同的機率。沒有任何一種結果是絕對的好或絕對的壞，你只能在盡可能收集更多資訊的同時，從中選擇最符合你期望的方案，即使它可能不是機率最高的選擇。

你以爲你學會了規避，其實你沒有

現在一起來看一個相當知名的經濟學案例：

你面前有兩個按鈕：一個紅色，一個綠色。
按下紅色按鈕，你有 100% 的機率獲得 2000 萬美元；按下綠色按鈕，則有 50% 的機率獲得 1 億美元。你會怎麼選擇？

許多人會選擇一定拿得到的 2000 萬美元，只是按下了紅按鈕，就代表你也放棄了期望值更高的另一個選擇機會，不過同時也避免了一無所獲的風險。這是最穩定但收益最小的選擇。然而，也有少數人願意冒險選擇有五成機率獲得 1 億美元的綠按鈕，他們勇於面對空手而回的風險，或者從更理性的角度來看，他們認爲按下綠按鈕的期望值（1 億美元 ×50% = 5000 萬美元）遠高於紅按鈕的 2000 萬美元確定值。對於個體而言，這是一場「一夜暴富」或「一無所有」的冒險。

雖然在日常生活中我們不常遇到「白白拿現金」的機會，但這種類型的選擇在許多場合都眞實存在。從選擇的傾向來看，選擇紅按鈕的人多半是上班族，而選擇綠按鈕的人則大多是創業人士。

這也揭示了爲什麼一般員工往往與財富無緣的原因。打工族和上班族很愛抱怨薪資過低，認爲自己爲公司創造了大量財富，但只分到了一小部分薪水。沒錯，企業的價值確實是由員工共同創造出來的，但爲什麼老闆的收入遠高於一般員工呢？因爲，高收益是對承擔高風險的補償。

企業的定義中提到：「企業是以盈利爲目的，運用各種生產要素，向市場提供商品或服務，實行自主經營、自負盈虧、獨立核算的組織。」這裡的「自主經營、自負盈虧」，正是區別老闆與員工的本質。

賺錢的老闆身價或許高達數千萬甚至數億，這只是大家看到的一面。人們看不見的是，也有無數老闆虧損經營，甚至以個人財產承擔風險。即使是盈利的老闆，一旦遇到業務下滑、行業衰退或其他非個人因素（如疫情），也可能面臨嚴重的財務危機。

而員工呢？即使公司破產清算，也是會優先支付員工薪水，可以說是「無論風吹雨打，薪水總能到手」。

近年來，創業逐漸成爲熱門話題。隨著網路經濟和共享經濟飛速地發展，許多創業者崛起得很快，短短幾年就能站上業界頂端，市值達數十億，造就了一批新的富豪。創業似乎變得越來越容易，成功儼然成爲理所當然。許多剛畢業的年輕人紛紛投入創業行列。

但是，創業眞的那麼容易成功嗎？根據相關數據顯示，中國中小企業的平均壽命僅有 2.5 年。賽富亞洲投資基金的首席合夥人閻焱在「亞布力中國企業家論壇」上表示，中國的創業成功率不到 1%。

爲什麼人們會高估創業成功的機率？一方面是因爲人們經常高

估自己的能力。例如，大多數司機認爲自己的駕駛技術優於他人。因此，許多人對自己創業成功抱持樂觀的預期。另一方面，人們也經常低估事情的難度，例如認爲某個行業容易成功，便紛紛投入，卻未能準確把握其中的風險和難度。

創業失敗的機率其實很高。那爲什麼還有許多投資人願意花錢投資新創公司呢？每一種創業都是成功率極低的高風險投資。然而，風險投資（Venture Capital，簡稱 VC）透過投資大量多元領域的創業對象，來規避單一投資失敗的風險。所謂成功的風投，你看到的是他們在某些投資上獲得了巨額報酬，但你沒有看到的是，他們爲了捕捉每一個可能成功的創業機會，投資了數以千計的公司或計畫，即使成功率僅有 1%。因爲一個成功的創投所帶來的回報，足以彌補其餘 99% 投資失利，甚至還能盈利。

創業的失敗率普遍較高，這是一個公認的事實。然而，我們經常看到許多風險投資公司依然積極投資於各種創業計畫或商品。爲什麼會這樣呢？每一個創業計畫本身可能都是高風險、低成功率的投資，但風險投資的邏輯是藉由大量投資來分散風險。

成功的風險投資公司不會因爲一兩種投資就期待巨大回報。事實上，他們可能會對成百上千個不同領域的創業計畫進行投資，每一個投資的成功率或許只有 1%。這種策略的優點在於，即使大多數投資失敗，只要有極少數成功，所帶來的回報就有可能補足所有失敗投資的損失，甚至還能實現盈利。

這就是風險投資的核心思想：透過大樣本投資來平衡風險。我們通常只看到那些成功案例，卻忽略了背後衆多不爲人知的失敗投資。這種投資策略之所以有效，是因爲它允許投資者在高風險環境下，透過多元化的投資組合來管理和分散風險。

因此，即使創業本身是一個高風險的活動，許多風險投資公司依然願意投入，因爲他們的策略是在大量的投資中尋找那些能夠帶來巨大回報的少數成功案例。這種方法在某種程度上就像是尋找珍珠，儘管需要翻開無數的牡蠣，但只要找到一顆珍珠，所有的努力和投資就都是值得的。

透過大樣本的機率思考，尋找回報機會，是面對高風險時的關鍵策略。在此，推薦你閱讀《莊家優勢：MIT 數學天才的機率思考，人生贏家都是機率贏》（*The House Advantage: Playing the Odds to Win Big in Business*）。這本書的作者馬愷文被稱爲「華裔賭聖」是美國麻省理工學院的高材生，也是計量分析的奇才，目前擔任微軟 Starups 副總裁。

20 世紀 90 年代中期，他加入了「麻省理工 21 點小組」。每逢週末，這個小組便攜帶 10 萬美元本金征戰拉斯維加斯和大西洋賭城，大玩「21 點」遊戲，憑藉精準的算牌（計算贏牌的的機率及複雜的暗號），竟然在賭桌上贏了超過 600 萬美元的鉅款，結果登上了全美各大賭場的黑名單。他這段經歷被改編爲好萊塢電影《決勝 21 點》（*21*），風靡全球的吃雞遊戲中那句「大吉大利，今晚吃雞！」（Winner winner, chicken dinner!），即來自《決勝 21 點》中的台詞，是馬愷文經常念的一句話，據說與賭場的雞肉飯有關。

馬愷文雖然在賭場上賺到了數百萬美元，卻始終不願意承認「21 點」是賭博。在他看來，這只是投資的另一種方式，並稱之爲策略投資（strategic investments），亦即一套集合機率論、賽局理論、腦力開發、心理調適等多門學科之大成的投資方式。具體來說，他把「21 點」遊戲視爲純粹的數學問題，並透過自創的算牌系統分析獲勝的機率，透過計算，和隊友配合能夠帶來的相對莊家優勢也只不過是 2%~3%，這種機率的優勢並不意味著你能連續獲勝，而意味著你投資 100 美元，大機率只能獲取 2%~3% 的利潤，有時甚至是虧損。但是這種優勢運用到大樣本之中，透過長期的堅持，將時間、次數拉長後，卻能消除、平衡機率的波動性，獲得確定的收益。

你以爲你處理了風險，其實你沒有

在談到風險與機率時，我們都希望能降低機率帶來的風險，甚至避免因機率而承受更高的風險和代價。舉例來說，你之前很清楚保險公司是利用人們對風險的恐懼來賺取利潤，因此你選擇拒絕購買保險。然而，當你父親生病時，你卻感受到了機率的慘痛打擊。

首先，我對你父親的病痛感到同情，希望他能盡快康復。同時，我也爲你過於精明的風險評估感到擔憂。沒錯，保險公司的利潤來自於樣本很大的疾病發生機率和繳納保費之間的差異，但我們需要認淸的是，風險不僅來自於發生的機率，更重要的是其所造成的影響。即使某件事發生機率很小，但一旦發生卻會造成巨大損失的話，仍屬於高風險。

保險眞正的價值在於能將我們無法承擔的風險轉移出去。透過支付一定的保費，我們實際上是將無法承受的風險轉移給保險公司，讓他們承擔可能的損失。這樣做雖然需要付出一定的代價，但考慮到潛在的風險，這是值得的。

再者，保險公司所收取的利潤並不全然是「割韭菜」，而是對於他們所承擔的風險的一種合理補償。保險公司利用大樣本來平衡風險波動性，對於我們這些無法用大樣本規避個人風險的人來說，這是一種有效的解決方案。

對於你個人來說，購買保險也非常重要。雖然你現在還年輕，可能認爲生病的機率較低，但你現在已是家庭的支柱。如果你生病或發生意外，無論是治療費用還是失去工作收入的損失，都可能對家庭造成更大的影響。因此，爲自己投保，即使需要支付一定的保費，也是對家庭未來安全的一種負責任的保障。

最後，作爲朋友，還是想關心一下你個人的生活，儘管我知道你很努力逃避。不過，你不是也跟我抱怨了一下「一直單身、沒人依靠」嗎？

你看，大學時你老是在圖書館苦讀，出社會後你躲在辦公室加班，平時除了工作還是工作，連好友都鮮少有機會見面聊天了。要是你不參加各種活動，不去豐富自己的生活，怎麼會有機率認識更多的異性，又怎麼有機會脫離單身生活呢？

是的，人生充滿了機率，也充滿了無數的選擇。

不管是工作還是生活，正確看待機率，努力去爭取美好事情發生的機會，精心化解不美好的可能性；看淡短期內機率波動這個被叫作「運氣」的東西，堅持積極而長期的決策思維，時間最終會送上鮮花和掌聲。

NOTES

12 賽局理論

作為一個「弱者」，我要如何在這個弱肉強食的世界活下去？

學好賽局理論，你就可以成為強者

讀者提問專欄 QA

公司最近聘請了一位大學剛畢業的年輕人，他在面試時充滿激情和抱負。但不久後，我注意到他的精神似乎有些萎靡，積極程度大不如前。我找他談話想詢問原因，他回了我以下這番話：

我感覺自己被生活重擊，工作後的現實與我想像的截然不同。學生時期我覺得自己還算聰明，參加各種比賽、活動都表現不錯，但工作後發現同事中有許多名校畢業生，他們的經歷和見識遠超我。同事們都很出色，工作效率高，我提出的想法總被駁回，讓我感到自己的創意遠不及他們。

工作才兩個月，我深感自己的不足。身邊的人都那麼優秀，我似乎是個弱者，隨時都可能被淘汰。

我一直在思考，在這個競爭激烈的世界裡，我這樣的人該如何生存？

．．．．

其實這樣的感受並不罕見。世界上並非只有強者，大多數人都像我們一樣，正在努力地生活著。但我也理解，進入一個全新的環境時，總會遇到未知的挑戰和陌生的事物，面對不熟悉的思維方式和邏輯，一時間難以適應，很容易感到力不從心，產生自卑心理，覺得自己的能力不足、資源有限，與身邊經驗豐富的人相比顯得毫無優勢。

這其實是一種被「優勝劣汰」觀念束縛的思維。一方面，你剛進入一個新環境，雖然看似一無所長，但實際上擁有無限的潛力和學習的空間；另一方面，即使你不如身邊的人那麼優秀，這並不代表沒有出路。只要你願意換個角度看世界，你會發現在這個世界上，勝利並非僅屬於強者，弱者也有自己的生存之道。

以田忌賽馬的故事爲例，我們都知道田忌的三匹馬整體上處於劣勢，但經過策略性的重新組合，最終戰勝了齊王處於優勢的馬匹。這正是賽局理論（game theory）以弱勝強的經典案例，展示了賽局理論在策略上的神奇作用。

賽局理論研究的就是以弱勝強

賽局理論，又稱博奕論或對策論，最初主要研究如象棋、橋牌等策略遊戲中的勝負問題。早期，人們對於博弈局勢的理解主要依賴經驗，尚未形成完整的理論體系。

1928 年，約翰・馮紐曼（John von Neumann）——曾參與研製原子彈、並被尊稱爲「計算機之父」及「賽局理論之父」的科學家——證明了賽局理論的基礎原理，爲這個學科的發展奠定了基石。

1944 年，馮紐曼與奧斯卡・摩根斯坦（Oskar Morgenster）合著了經典名著《賽局理論與經濟行爲》（*Theory of Games and Economic Behavior*），此書將賽局理論從「兩人博弈」擴展到「多人賽局」的架構，並首次將賽局理論系統性地應用於經濟學領域，從而爲這一學科確立了其基礎和理論架構。

自 1994 年起，共有七次諾貝爾經濟學獎授予賽局理論領域的研究者，顯示賽局理論已成爲經濟學中最重要的研究領域之一。

田忌賽馬的故事是一個以弱勝強的經典例子。然而，田忌的勝利關鍵在於能事先瞭解對手的策略並做出相應的決策。如果無法預知對手的策略，勝利就難以實現，這顯示了在掌握訊息優勢下的戰略重要性。

但如果處於完全沒有優勢的情況，甚至需要先出牌，那麼是否仍有以弱勝強的可能性呢？來看一個賽局理論中的經典案例：

在美國西部的小鎮上，三名曾是好友的快槍手因故反目，他們在街上不期而遇，氣氛緊張至極。每人手裡握著槍，知道一場生死決鬥即將發生。他們對彼此的實力了如指掌：老大射擊精準，十發八中；老二射擊不錯，十發六中；而老三射擊能力最弱，十發四中。根據決鬥規則，老三獲得首先開槍的機會。

那麼，身為實力最弱的老三，他應該瞄準誰開槍呢？

結果顯而易見，不管老三選擇瞄準誰開槍，如果他僥倖把對方殺死了，第二輪剩下一方必然瞄準他來射擊。 如果沒有把對方殺死，不管第二輪是由老大握老二來開槍，最理性的選擇都是瞄準對方，因爲一旦他們瞄準老三，第三輪該對方出槍了，必然是先把自己給殺了。無論他射擊的事誰，

在這個西部快槍手的情境下，老三實力最弱，他的選擇對生存機會極爲關鍵。讓我們來探討，如果老三第一輪開槍，不同的射擊選擇會導致什麼結果：

・瞄準老大並成功擊中：假設老三選擇瞄準老大，而且成功將他擊倒，那麼接下來老二有 60% 的機率將老三擊倒。這樣一來，老三的存活機會只有 40%。

・瞄準老二並命中：若老三瞄準老二並將他擊倒，接著將面臨老大的射擊，老大有 80% 的機率擊中老三，使得老三的存活機會僅有 20%。

從這個分析來看，如果老三首發射擊成功，那麼首先擊倒老大似乎是較佳的選擇。

那麼，如果老三第一輪射擊未能擊中目標呢？

老三有 60% 的可能性射擊失敗。在這種情況下，老大和老二會互相爲了降低被擊倒的風險而射擊對方。這意味著，老三在第二輪被擊中的機率降爲零。

因此，如果老三第一輪射擊成功，其存活機率分別爲 40% 或 20%；但如果第一輪射擊失敗，老三在第二輪的存活機率竟然達到 100%。

那麼，老三如何能確保自己第一輪射擊失敗呢？答案很明顯，那就是故意對著天空射擊。

結果眞是出乎意料，老三雖然是最弱的一方，但最理想的選擇竟然是放棄直接的射擊機會，讓老大和老二自行淘汰對方。如此一來，槍法最差的老三，反倒成爲了最有可能存活下來的人。

你可能會好奇，如果老三沒有首先射擊的優勢，情況會如何變化？這就需要老三運用更多策略思考，尋找生存的契機了。

那麼我們也來分析一下，假如三人同時開槍，讓我們來分析老三有多大的機率能夠活下來。

首先，我們來看看他們各自的最佳策略：

・對於老大而言，由於老二的威脅大於老三，因此他應該首先射擊老二。

・對老二來說，射擊槍法更精準的老大對他的威脅更大，如果他能成功幹掉老大，則與老三的對決將有較高勝算。

・而對老三來說，首要目標也是威脅較大的老大。

接下來，讓我們計算他們各自的存活機率：

・老大存活的機率，是老二和老三都沒射中的機率，即 40%×60% = 24%。

・老二存活的機率則是老大射中的機率，即 20%。

・而老三存活的機率在第一輪射擊中是 100%，因爲他並非首要目標。

因此，在第一輪射擊中，槍法最差的老三竟有最大的存活機會。

第二輪射擊的情況更爲複雜。老三可能面對以下幾種情況：

・老大和老二都存活：這種情況發生的機率是 24%×20% = 4.8%，即回到原始的對決情景。

・老大和老二都被幹掉：這種情況發生的機率是 60.8%，意味著老三直接獲勝。

・只有一人存活：若老二被幹掉，這種情況的機率爲 19.2%；若老大被幹掉，機率爲 15.2%。在這種情況下，老三的存活機率相對較低。

進一步分析第二輪的存活機率，我們發現：

・老大存活的機率＝（19.2%×60%）＋（4.8%×24%）＝ 12.7%

・老二存活的機率＝（15.2%×60%）＋（4.8%×20%）＝ 10.1%

・老三存活的機率＝（19.2%×20%）＋（15.2%×40%）＋（4.8%×100%）＋（60.8%×100%）＝ 75.5%

計算過後，我們驚奇地發現老三的存活機率達到了 75.5%，遠遠超過老大和老二。這似乎讓人感慨於「英雄創造歷史，庸人繁衍子孫」的眞理。

這個故事告訴我們，在強者林立的世界裡，弱者並不是無法存活，只要用對策略，反而是最有可能活下來的那個。比如這個例子，把自己置身事外，也是一種比較智慧的博弈手段。

弱者如何戰勝強者？

弱者如果不只滿足於活下去呢？賽局理論能夠讓弱者過上更好的生活嗎？

美國加州大學洛杉磯分校政治學副教授崔時英（Michael Suk-Young Chwe）在其著作《珍奧斯汀：一名賽局理論者》（*Jane Austen, Game Theorist*）中說道，在賽局理論的世界裡，弱者並不一定只能滿足於僅僅活下去。事實上，賽局理論不僅可以用來解釋像冷戰這樣的國際政治戰略，它也是社會中弱勢群體最原始卻有效的策略工具。那麼，弱者應該如何利用好這個「武器」來實現自己的逆襲呢？

來看一個賽局理論中的經典案例——智豬賽局。

豬圈裡有兩頭豬，一頭體型較大，一頭則相對較小。
豬圈的一側裝有一個踏板，每當踏板被踩下，遠端的食槽就會投放少量食物。這裡的關鍵在於，當小豬踩下踏板時，由於體型較大的豬動作更快，可以搶先吃到所有食物；反之，如果大豬踩踏板，小豬則有機會趁機吃到一些食物。
那麼，這兩頭豬會採取什麼策略呢？

答案出人意料：小豬會選擇安心地等在食槽旁，而大豬則不得不積極奔波於踏板和食槽之間。

爲何會發生這樣的情況？對小豬而言，踩踏板並無好處，因爲牠無法及時吃到食物。若選擇不踩踏板，就要面臨兩種可能：若大豬踩了踏板，小豬可以搶先吃到食物；若大豬不踩，則兩者都要挨餓，但至少小豬節省了體力。因此，對小豬來說，選擇不踩踏板是更有利的策略。

反觀大豬，若自己不踩，而是期待小豬踩下踏板，根據前述分析，這種情況幾乎是不可能的。故此，大豬面臨的選擇是：不踩踏板則餓肚子，踩了還至少能吃到一點食物。因此，大豬最終只能選擇自己踩踏板。

這種情況在經濟學上被稱爲「搭便車」現象。

搭便車現象，或稱搭便車效應，是指個人或團體在不支付任何成本的情況下享受他人的努力成果。這種現象通常發生於公共財或集體行動的情況中，其中一些人得益於他人的貢獻而自己不付出任何努力。搭便車現象的發生通常是由於所謂的外部性效應，卽一個經濟主體的行爲對他人產生的正面或負面影響。

外部性分爲正外部性和負外部性。正外部性發生在某個經濟行爲使他人受益，卻不需要他人承擔任何成本的情況下，例如一個人在自家庭院裡放煙火，不僅自己享受，周圍鄰居也能欣賞到煙火之美，而且完全不用支付任何費用。相對地，負外部性則是指某經濟行爲對他人造成損害，但造成損害的人無需爲此負責或支付費用，例如工廠排放污染物影響周邊環境和居民健康。

對於競爭中的弱者，直接與強者對抗往往難以取勝。因此，弱者應該尋找自己的最佳定位，耐心等待機會，透過跟隨策略和順應時勢，善用搭便車效應，從而爲自己尋找發展空間。例如，有些企業會選擇在偏遠地區開發商業地產，先建立文化城和購物中心吸引人氣，然後再開發地產，從而提高地價。這種戰略一旦成功，其他商家和房地產開發商就會跟進，享受先行者所創造的人氣和商機。

在利用跟隨策略時，弱者需要注意與強者的差異化，避免完全模仿，否則將陷入直接競爭。以京東和阿里巴巴爲例，雖然阿里巴巴先行一步成爲電商巨頭，京東卻透過提供差異化服務，如自營產品和自建物流，在市場占有一席之地。雖然京東無法完全超越阿里巴巴，但也成爲電商領域的重要玩家。

人生的強弱，不會一成不變

商業如是，個人亦如是。在這個充滿競爭的社會裡，即使處於劣勢，只要不失去信心，找到適合自己的位置，並堅持不懈，就有可能不僅站穩腳跟，甚至實現逆轉勝。像你們這些剛畢業的年輕人，雖然都剛開始職業生涯，但隨著時間的推移，每個人都將走出獨特的人生路徑。

一開始，變化可能不明顯，那些努力和堅持的人似乎沒有得到更多回報。相反，那些迎合和變通的人似乎更快適應了嚴峻的職場環境，好像他們很快就摸清了生活的規則，找到了成功的捷徑。但這種早期的成功可能導致誤解，誤以為人生就這麼簡單，自己已經掌握了成功的秘訣。

但實際上，這些早期的成就可能只是冰山一角。眞正的人生挑戰和機遇像冰山下的部分一樣，龐大而複雜。只有經過長期的努力和不懈探索，才可能逐漸揭開它的面紗。

時間是個偉大的篩選器。當人們到達30至40歲時，差異開始顯現。那些一開始就適應良好的人可能仍然過得不錯，但他們對人生的理解、知識的積累、能力的鍛煉可能停滯不前。隨著時間的推移，他們的成就和榮耀可能逐漸被年輕一代取代，產生一種無法進步卻又不願放棄的困境。

這可能是他們改變的最後機會，但有幾個人能夠放手一搏，重新開始？同時，那些一開始默默無聞卻堅持不懈的人，可能已經悄無聲息地成長並開始超越同輩。

面對這種情況，許多人可能會埋怨命運不公，甚至急於尋找捷徑。但是，人生沒有眞正的捷徑。所有看似捷徑的路徑，只是對他人努力的誤解，或是為自己的懶惰畫的虛幻夢境。

因此，人生之路，在起步後開始分岔。有人閃耀著光芒，成為佼佼者；有人則停滯不前，甘於平凡；還有人不甘平淡，經歷起伏。

這一切，從哪裡開始的呢？

從踏出校門面對社會的那一刻開始。

你怎麼對待人生，人生就怎麼對待你。

而人生的回饋，總是緩慢而執著。

我想對那些剛踏入或剛離開大學校園的年輕人說，人生可能與你們預想的有所不同，但請別放棄努力和堅持。你們身邊一定有這樣的人：懂得投機取巧、巧言令色、侃侃而談，他們似乎收獲頗豐，受到領導的重視，收入也更豐厚。然而，請深信，人生絕非如此膚淺。

當別人在職場上如魚得水、一帆風順時，我希望你能夠持續堅持，遇到挑戰不輕言退縮，面對困境也不輕易放棄，不斷地汲取新知與能量。請記住，只有長時間的積累，才能走得更遠。

如果你以爲 18 歲考進大學就意味著學習的終點，那麼讓我告訴你，即使我的年紀早已超過了兩個 18 歲，我依然在持續學習，完成了一個碩士學位後又繼續攻讀另一個，並在 12 門課程中以 11 個 A 的成績獲得了「優秀畢業生」的榮譽。

知識的累積或許不能立即應用，但它會賦予你面對變化的信心。你不會再擔心被淘汰，因爲你擁有自我增強的能力；你不會害怕所在行業的顛覆，因爲你有學習新知識的能力；你不必忍受不合意的上司，因爲你有隨時轉換跑道的能力；你不需要依賴任何體系或個人，因爲你擁有獨立自主的靈魂。

請相信，人生會對那些努力的人格外眷顧，但所有的眷顧，都源自於自己的努力。

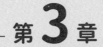

第3章

當情感碰上經濟學

我這麼優秀，爲什麼還是單身？

爲什麼老是找不到比初戀更好的另一半？

明明擁有幸福的婚姻，卻一直放不下前女（男）友，該怎麼辦？

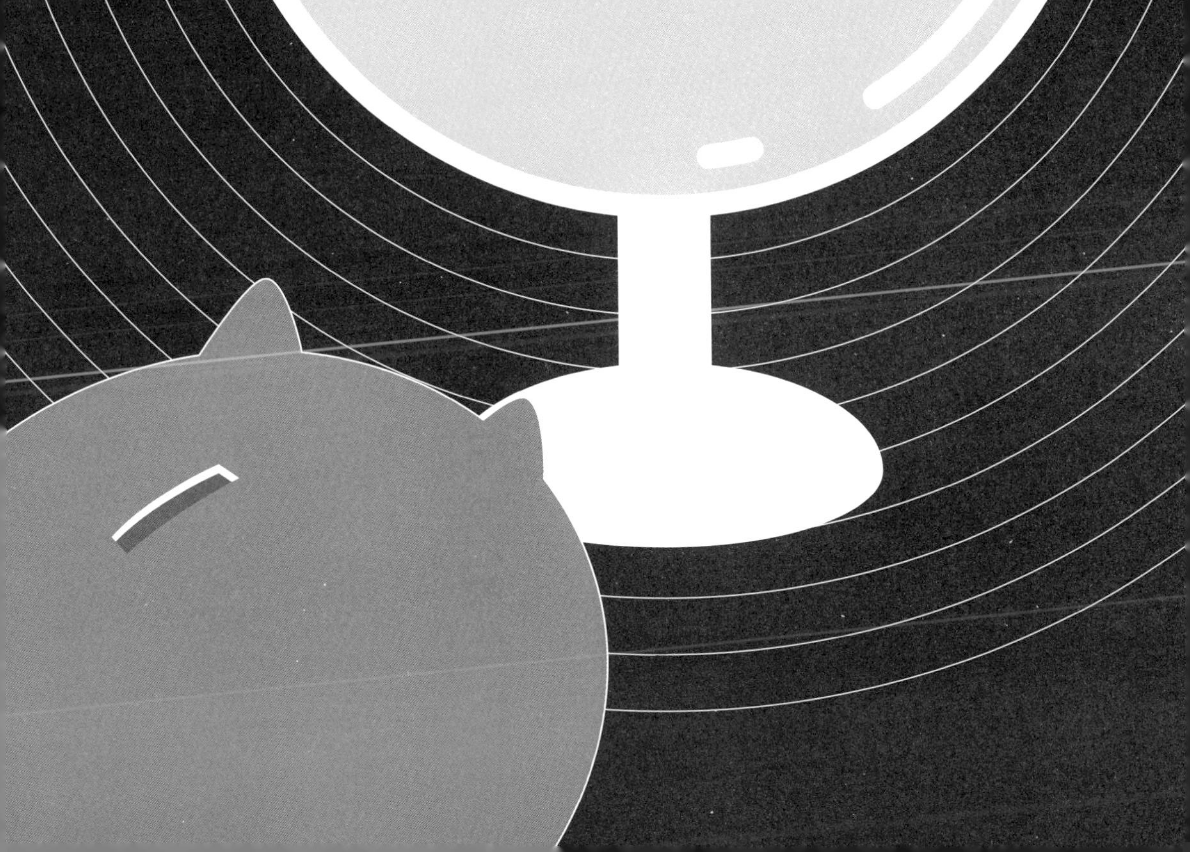

13 定錨效應

為什麼老是找不到比初戀更好的另一半？

這種現象在經濟學上，稱為定錨效應

讀者提問專欄

Zumbo：

想請教你一個愛情的問題，雖然我知道這並非你專長的領域。

我自認為是一個溫柔又可愛的人，成長於一個相對富裕的家庭，因此從小到大都過得相當順遂。我的父母對我的教育非常重視，他們為我提供了一切所需的優質生活條件。不過，他們對於我的交友尤其嚴格，總是強調女孩子要謹慎選擇交往對象，因此我直到大學畢業後才有了第一任男朋友。

他是我工作中遇見的人，來自知名大學，知識淵博，待人接物極為溫和。他曾在海外留學，遊歷過許多國家，這對我這樣幾乎沒有離開過家門、生活觀念較為單純的女生來說，具有極大的魅力。他經常跟我分享世界各地的風俗民情，以及他對各種議題的看法。他對事情的處理總是游刃有餘，對各種現象都有自己獨到的見解。我很快就深深地愛上了他，被他的魅力所吸引。他也表示，從未遇到過像我這般純真的女孩，願意用一生來保護我這份純真與可愛。

交往半年後，我介紹他給我的父母認識。雖然父母對他本人很滿意，但他們希望我們婚後能留在他們身邊，並願意提供資源支持他的事業發展。然而，他卻想到更大的城市發展自己的職業生涯。這段時間我感到非常矛盾：一方面不想違背父母的期望，另一方面又無法說服他留下。經過幾次爭執，我們最終決定分手，從此就沒有再聯繫。

之後，我也相親過幾次，認識了幾個男性朋友，但都沒有初戀男友給我的那種強烈情感吸引力，因此都無法進一步發展。我知道我無法與初戀重續舊情，也不太可能找到一個與他完全相同的人，但我就是放不下這段感情，每當嘗試一段新戀情時，總會不自覺地拿對方和初戀做比較，導致找不到合適的人選。

請問，我該怎麼辦呢？

．．．．

雖然愛情問題不是我的專業領域，我還是願意嘗試從我的知識領域出發，給你一些建議。

感情上的困惑，其實在經濟學裡也能找到某些相似的解釋。當作是學習經濟學知識吧，或許這能幫助你解開心中的疑惑。

別輕易被「定錨」

在我們之前的討論中，提到了一個概念，稱爲「財富的定錨物」。這個概念指的是，在通脹的情況下，爲了避免資產縮水，我們需要找到一種在波動市場中能穩定資產價值的定錨物，以此來保護我們的財富不受市場波動的影響。

這不僅適用於投資領域，「定錨效應」也是經濟學中常用的一個概念。這個效應指的是當人們需要對某個事件做出估計時，會以某些特定的數值作爲起始點，這個起始點像錨一樣影響著我們的估計值。在做決策時，人們往往會不自覺地過分重視最初獲得的資訊。舉例來說：

當你去餐廳用餐，打開菜單的第一頁，如果前幾道菜的價格都特別高，均價達到 1000 多元，你就會有印象這家餐廳是高檔餐廳。如果繼續翻閱，發現某道菜如魚子醬只賣 300 元，看起來就特別划算，這時你可能就會決定點它。當你在商場逛電視專櫃，首先看到門口擺放的一台最先進、配置最豪華的液晶電視，標價 2 萬元，沒有折扣。這可能會讓你覺得電視的行情都在 2 萬元左右。走進專櫃內，看到一台原價 1.8 萬元，折扣後僅售 1.5 萬元的電視，你可能就會覺得很划算而萌生想買的衝動。

但實際上，你在進入商場之前眞的打算買一台 1.5 萬元的電視嗎？這種「便宜」的錯覺，其實是因爲你已經被門口那台 2 萬元的電視所定錨。這正是行銷中典型的定錨銷售策略。早在 20 世紀 90 年代，商家就開始運用這種策略——故意在門口擺放昂貴且先進的產品，但並不是眞的要賣出去，而是用來給顧客下錨，先鉤住顧客的心。

人的認知需要參照物

爲什麼會有定錨效應呢？這是因爲當人們遇到新的事物或需要做決策時，通常會依賴已有的訊息來協助理解和判斷。我們容易受到這些訊息的影響，並以它們作爲參考依據。這種影響通常在無意識中發生，即使事後被告知這些訊息與實際結果或科學根據無關，人們也往往不願承認自己受到了這些無關訊息的影響，寧願相信這是自己的獨立判斷。

那麼，定錨物在我們的認知中扮演什麼角色呢？

首先，定錨物具有**啟發作用**。當我們接觸一個陌生的事物時，往往需要透過一些熟悉的事物來獲得啟發，快速建立對新事物的認知。即使這些參考物是完全不相關的，它們也能幫助我們在一定程度上理解新事物。隨著獲得更合理的參考標準，我們可能會建立新的定錨。這個過程通常不需要更深入的思考，而是在潛意識中自然完成。

例如，假設你之前從未見過海棠果。如果有人用專業的百科知識來介紹：「海棠果，海棠樹的果實，原名紅厚殼，拉丁文是 Calophyllum inophyllum L.，果皮色澤鮮紅，果肉黃白色，味道酸甜香脆」，你可能會感到困惑。

但如果改用這樣的介紹：「海棠果的外觀類似縮小版的蘋果，表皮鮮豔紅色，果肉黃白色，其形狀和大小都與蘋果相似，味道也酸甜香脆」，你就很快能建立起「海棠果很像蘋果」的印象。

這就是定錨效應在日常生活中的實際應用，它幫助我們在面對新事物時快速建立起初步的認識。

除了啟發作用之外，定錨效應還具有**調整區隔**的作用。這是指利用一個定錨值作為起點，透過各種例證來闡明兩者之間的差異，從而明顯區分兩者，使我們對某事物的認識遠離定錨值，進而建立新的標準或觀念。

舉例來說，我們都知道香菸對健康有害，其主要有害成分包括焦油、尼古丁等。如果我們要說明某款電子菸與傳統香菸相比不是那麼有害，就需要拿出各種證據來展示兩者的差異，特別是在尼古丁、焦油等有害物質的含量上。如果無法在這些方面提供明顯的區分，我們就難以將電子菸與傳統香菸區隔開來。

感情中也存在「定錨效應」

在感情方面，定錨效應同樣存在。例如，當一位女性的初戀男友表現非常出色時，她很可能會延後結婚，因爲她對男性的評價標準往往源於初戀男友，初戀成爲了她選擇伴侶的基準。許多女性可能會將後來的男友與初戀男友進行比較，若沒有遇到更出色的對象，她們可能會陷入對過去的遺憾與後悔之中：爲什麼要與一位分數較低的新伴侶交往，而不是當初得分更高的初戀？

不斷的思考與比較，最終的結局可能取決於她何時能夠走出最初的定錨效應，建立一個新的評價標準。

這些例子展示了啟發式定錨和區隔式定錨在日常生活中的應用，幫助我們理解這些心理現象如何影響我們的認知和行爲。

當一位女性在某次感情中受傷後，她可能會將具有類似特徵的男性統統排除在外，並將這些特徵納入她的定錨效應中，作爲受傷的象徵。即使受傷的原因不完全是因爲這些特徵，她也會由於這次傷害而對相關特徵特別敏感。只有與這些特徵明顯不同，甚至相反的男性，才能吸引她的注意。

這說明了定錨效應是人在情感歷練中不可或缺的一部分。每個人都會透過定錨效應來瞭解自己在感情中尋找的對象，以及自我認知。

然而，定錨效應也可能帶來一些困擾。正如你提到的，對初戀男友的定錨效應讓你對之後的戀愛對象抱有更高的期望。你可能會將自己的認知標準提升至與前男友相同的水準，從而認爲自己應該找一個與他類似的人。

但實際上，你可能與你的初戀男友在本質上是不同的人。他擁有你所不具備的眼界和經歷，也有你所缺乏的追求和事業心。你對他的迷戀反映出你自己所缺少的部分。你們的關係更多是基於他的主導，而你可能無法眞正理解他想要獨自挑戰世界的意圖。因此，當他決定離開時，你選擇了分手。

你希望與家庭共享舒適的生活，而他則渴望探索世界。這種本質的不同，而非僅僅是家庭的壓力，才是你們分手的眞正原因。如果這段感情持續了更長時間，你們之間的這些差異可能會變得更加明顯。眞正能使兩人長久相守的，是心靈的契合，而不僅僅是外表或其他表面因素。

因此，將你的初戀男友視爲一個啟發式定錨物，實際上應該是一個區隔式的定錨。要找到眞正適合的愛情，你需要打破這個定錨帶來的誤解，回歸到自己的內心深處，明確自己眞正渴望的生活方式，並尋找那個眞正願意與你共度這種生活的人。

定錨效應遍布人生

定錨效應不僅在情感領域中發揮作用，在其他人性的層面也同樣適用。當人們自認爲找到了最高價值的時候，其他較低價值的事物往往會被忽視。

在投資領域中，定錨效應對於成敗具有關鍵性的影響。例如，假設你以每股 500 元的價格買入股票，你可能就會自然而然地認爲這個股票的價值就是 500 元。如果股價上漲到 550 元，你可能會有賣出的衝動，認爲已經超過了它的本質價值。但實際上，這支股票可能只是在低谷時被你買入，其眞正的價值可能遠超過 1,000 元。

更嚴重的情況是，如果你在股票高峰期以 2,000 元的價格買入，即使你事後知道這支股票的實際價值只有 1,000 元，且股價已經跌至 1,800 元，你可能仍然不會選擇立即賣出以止損。因爲你心中的定錨價格已經超越了理性的判斷，你會希望股價能夠回升至 2,000 元以上再賣出。這種心理定錨讓投資者難以接受或認淸眞實的市場價格，最終可能導致損失。

這就是爲什麼經常有人說投資是一個反人性的過程。投資者應該努力戰勝人性中的這種定錨效應，不要讓起標價成爲投資陷阱。眞正的投資應該基於企業的財務報表、經營數據和企業歷史等客觀資訊來作出判斷。

然而，我們也必須認識到，每個人都有自己獨特的思考方式和投資理念。一旦形成某種思維定式，就很難去接受其他的觀點。正如巴菲特的黃金搭檔查理．蒙格（Charlie Munger）喜歡引用的古諺語所言：「對於只有錘子的人而言，每個問題都像是一個釘子。」這反映了人們的思維在某種程度上被定錨的現象。

除了投資領域，生活中的許多場合都可以見到定錨效應的影響。

我們都可能聽過這個經典故事：

有一家賣煎餅的小店，店裡有兩名員工，銷售業績天差地別，其中一位每個月的業績都明顯高於另一人。為了找出原因，老闆暗中觀察兩位員工的服務方式。他發現，業績較好的員工在顧客點餐時總是這樣問：「先生（小姐），您需要加一個雞蛋還是兩個？」結果，大多數顧客都會在一個和兩個之間做出選擇，很少有人選擇不加。而另一名員工則是詢問：「您需要加雞蛋嗎？」顧客的思考範圍因此被定錨在「要加、還是不加」雞蛋這個選項上，這種提問方式讓顧客很少考慮到要加蛋。

再來看看職場中的情況。爲什麼我們通常需要靠跳槽來加薪？在現有的工作崗位上，你的薪資往往與之前的收入緊密相連，老闆很難接受大幅度加薪，一般而言，每年能漲 5% 的薪水就很不錯了。但是，跳槽後的新老闆在確定你的薪資時，比較會參考市場上同樣員工的薪資水準，因此有可能給你更高的薪水。

在職場中，爲什麼越能幹的人越容易被老闆批評？當面對同樣的工作表現時，爲什麼有些人會得到老闆的稱讚，而那些平時表現出色的人卻遭到批評？這是因爲老闆對每個員工的期望值不同。對於能力較強的員工，老闆定下的期望值通常較高。期望效應，也被稱爲「皮格馬利翁效應」（Pygmalion effect），指的是對自己或他人的期望會影響最終行爲的結果。老闆對於能力值高的員工期望值較高，一旦這些員工未能達到老闆心中的期望，就容易受到批評。相反地，對於那些能力較弱的員工，老闆的期望值較低，只要他們沒有犯大錯，通常就會得到讚揚。

聊到這裡，我們都明白，雖然定錨是我們認知世界的一種方式，但它同時也是阻礙我們更正確理解世界的「障礙」。那麼，我們該如何打破這種慣性思維呢？

法國社會心理學家曾說過一句深刻的話：衡量一個人智力是否卓越，可以看他能否在腦海中同時容納兩種相反的思想，而且不影響其處世行事。這句話的意思是「思想可以相互對立，但行爲必須相輔相成」。

這意味著，無論是在感情、購物、求職等生活領域，我們都應該擁有開放的思維，主動獲得各種方面的相關資料，避免被單一資訊來源所「定錨」。只有透過多角度、多方面的資訊收集和思考，我們才能避免被定錨效應誤導，從而更加眞實和全面地認識這個世界，特別是更正確地認識自己的價値。

14 損失厭惡

明明現在很幸福，卻一直放不下前任，怎麼辦？

別自我欺騙了，你這不叫愛情，叫損失厭惡

讀者提問專欄 QA

Zumbo：

我大學畢業後才開始談第一次戀愛，那段感情持續了五年多，可以說是我將青春中最美好的時光都投入到那段關係中。我全心投入，滿懷希望這段感情能走向婚姻的彼岸。但是，在交往近五年時，我感覺到他逐漸變得冷淡，然後發現他出軌了。

當時，他極力向我道歉，求我原諒，考慮到多年感情，我決定給他一次機會。隨後，我們開始著手籌備結婚大小事，包括購買房子和車子，也見過彼此的家長，他的父母對我也非常好。

然而，在訂婚不久後，我再次發現他有外遇。雖然我依然愛他，但我無法接受這樣的背叛，最終決定和他分手。

經過兩年的時間來療癒傷痛，我遇到了現在的伴侶。他非常疼愛我，我們也已經開始準備結婚。

但我仍然放不下對前任的感情，總覺得與他共度的那些時光是我人生中最美好的回憶，這些回憶的痛苦結局讓我難以釋懷。每當想起這些事，我經常會在深夜落淚，無法安眠。

我明白現任對我非常好，我不應該留戀過去，但心裡卻始終跨不過這道坎，感覺自己仍然愛著前任。

請問，我該怎麼樣才能放下過去，開始一段新的美好生活呢？

．．．．

從感情上來說，每個人都有過各種美好或痛苦的回憶。這些回憶或許深刻難忘，也可能隨時間逐漸淡化。顯然，對你來說，初戀既帶來了快樂也留下了痛苦，且這些回憶難以磨滅。

要完全忘記過去並非易事，但我可以從經濟學的角度來幫助你接受這段歷史，包括其中的得失、痛苦和快樂，讓你與過去和平相處，不讓過往的羈絆影響現在的生活。

人人都有「損失厭惡」

經濟學中有個概念叫做「損失厭惡」（loss aversion），這可以解釋爲何過去的痛苦難以消失，並一直影響著我們。即使現在的生活很幸福，我們仍然難以忘懷過去的傷痛。

根據行爲經濟學的「展望理論」，人們對損失和獲得的感受程度是不同的。損失所帶來的痛苦通常大於相等量的獲得所帶來的快樂。當我們失去某樣東西時，感受到的痛苦遠大於得到它時的愉悅。

損失厭惡揭示了人們在面對損失和獲利時的風險偏好是不一致的。當涉及到獲利時，人們傾向於風險厭惡，但在面對損失時則可能表現出風險尋求的行為。

讓我們進行一個小實驗，以幫助我們更深入理解損失厭惡的概念：

想像兩個不同的場景。

場景一：有人給你一個蘋果。

場景二：有人給你兩個蘋果，但當你吃完第一個、準備開始吃第二個時，突然被告知要多給你一顆蘋果，而你正準備吃的那顆必須歸還。

問問自己，哪個場景比較讓你滿意？

我猜多數人會選擇第一個，而對第二個感到不滿。這個實驗中，兩個場景的結果都是一樣的——你最終只得到了一個蘋果。但在第二個場景中，由於得而復失，你失去了一個蘋果，這種經歷嚴重影響了你對得到一個蘋果的幸福感。

這正是損失厭惡的實質——失去的痛苦通常比得到的愉悅來得更強烈。再來想像另一個情境：假設你靠著一筆生意賺了 10 萬元現金，將這筆錢裝在包裡帶去銀行存款。但當你存錢時，發現銀行少給了你 100 元，而你當時並未注意到。

在這種情況下，你會有什麼感覺？

我猜想，許多人會記住這100元的損失所帶來的不悅，甚至對對方的失誤或不誠實感到憤怒，無論這是有意還是無意的錯誤；但卻忘記了自己透過這筆交易賺得了10萬元現金。

損失厭惡會讓損失越來越大

我們爲什麼會有損失厭惡的傾向呢？進化心理學家認爲，這與人類的進化過程息息相關。

許多人對蛇感到害怕，或者有廣場恐懼症，這些其實都是人類進化過程中的「適應性記憶」。這種記憶就像一個適應器，幫助我們在進化中提高生存和繁殖的成功率。損失厭惡也是這類適應器之一。在人類長期的進化過程中，我們不得不面對惡劣的自然環境和殘酷的生存競爭。那些對損失更加敏感的個體，展現出更強的適應性。

損失厭惡，實際上是深植於我們內心的一種人性。我們通常會爲了避免100元的損失而付出比獲得100元更多的努力。這意味著，相較於追求利益，我們更傾向於避免損失的風險。

當這種心理反映在感情上時，我們往往過分關注自己在戀愛中的損失——在伴侶身上投入的時間、精力和金錢。我們不願意接受這些投入變成了損失，因此難以放手。即使內心深處知道感情已無法挽回，我們也往往自欺欺人，認爲還有愛，還有挽回的機會，從而繼續維繫著這段關係。

這種不願輕易放棄的損失厭惡心理，並不能將「損失」轉化爲「非損失」，反而讓損失持續累積。

幸運的是，你已經做出了果斷且理智的決定，及時將自己的時間、精力和金錢轉移到新的方向。儘管你的決策非常明智，但依然無法逃脫損失厭惡的影響。即使現在的伴侶更加優秀，也難以完全彌補失去初戀的痛苦。失去一段曾經深愛的感情，即使你已經不再愛了，依然會帶來沮喪和痛苦。

敢於放棄沉沒成本

爲了從損失厭惡的心理中走出來，我們首先需要瞭解，爲何會有這種心理傾向。當你將前一段感情視作「損失」時，就產生了損失厭惡的情緒。你認爲自己投入了許多感情和精力，這些本應帶來某些回報，但最終卻化爲損失。

但如果你把這些投入視作與收益無關的成本，你的感覺可能會有所不同。在經濟學中，做出決策需要考慮經濟效益，也就是收入減去成本後的正向收益。然而，經濟學在計算收益時，並不會把所有成本都考慮進去。其中一類成本就是「沉沒成本」（sunk cost），在決策時不會被納入考慮。

什麼是沉沒成本呢？沉沒成本指的是那些已經發生、不可收回、與當前決策無關的成本。當我們做決定時，不僅要考慮這件事對自己是否有利，還會考慮過去是否已經在這件事上投入了時間、金錢和精力。這些已發生且不可追回的支出就是沉沒成本。

2001 年諾貝爾經濟學獎得主約瑟夫．史迪格里茲（Joseph Stiglitz）曾指出，理性的人會忽略沉沒成本。他說：「如果一項支出已經發生，且無論做出何種選擇都不能收回，那麼理性的人就應該忽略它。」他還舉了看電影的例子來解釋這一觀點。

將這一概念應用於感情上，當一段戀愛走到終點時，我們經常過分關注自己的損失，例如投入的時間、精力和金錢。然而，這些投入實際上是沉沒成本，無論你如何選擇，這些都已經發生且不可追回。認識到這一點，可以幫助你理性地看待這段過去的感情，並讓你更容易放手，朝向新生活邁進。

損失厭惡會左右我們的決策

在投資理財領域中，避免陷入「沉沒成本」的誤區是關鍵。一個實用的方法是問自己：如果手中沒有這支股票或基金，或者有另一筆資金可供選擇，我還會選擇購買它嗎？如果答案是否定的，那麼最好的選擇可能是賣掉它。我們不應該僅因爲被套牢，就爲了避免帳面上的虧損成爲現實而做出錯誤的決定。

然而，人們常因損失厭惡心理，而將投資決策導向完全相反的方向。舉例來說：

假設你手中持有兩支股票，一支漲了 100 元，另一支跌了 100 元。現在你急需用錢，必須賣掉其中一支。你會選擇賣掉哪一支呢？

調查顯示，大多數人會選擇賣掉漲價的股票，因爲漲價代表了收益，似乎應當立刻落袋爲安。然而，這種選擇忽略了這支股票未來繼續上漲的可能性。相對地，對於下跌的股票，由於損失讓人難以接受，許多人都希望它能回升。但如果賣掉了目前正在跌的股票（賣價低於買價），那麼「損失」就成爲了不可挽回的事實。

實際上，正確的決策應該是根據哪一支股票未來有更多增長的潛力來決定。通常情況下，已經爲你獲利的股票更有可能繼續帶來收益，應該持有；而處於虧損的股票，如果看起來未來仍有可能繼續下跌，就應該及時止損。

同樣的道理，對於一支已經讓你虧損很多的股票或基金，如果短期內其基本面沒有改善的跡象，而你又持續期待它回升，這種行爲可能不是最明智的選擇。與其無休止地等待，不如接受沉沒成本的現實，重新選擇投資對象，開始新的投資旅程。

由於損失厭惡心理的存在，消費者在做出消費決策時並非總是理性的。這種心理特性也被廣泛應用於行銷領域，影響著消費者的行爲。例如：

想像一下，你在網購時同時看中了 A、B 款兩件衣服，但只能買一件。

A 款售價爲 90 元，需另加 10 元運費；而 B 款售價爲

100 元，免運費。

在兩件衣服差別不大的情況下，大部分人傾向於買 B 款；即使 A 款的運費降到 8 元，仍有許多人選擇 B 款。根據「市場是理性的」此一假設，當兩款衣服加上運費的總價相同時，選擇 A 款和 B 款的人數應該相近；而 A 款總價更低時，應該會有更多人選擇 A 款。

那麼為何在實際購買時，大多數人還是會選擇 B 款呢？對於有網購經驗的人來說，產品若不包含免運費，心裡往往會覺得不太愉快；而產品若包郵，即使總價略高，也覺得比「產品價格＋運費」來得更可接受。

消費者都明白，免運費的產品實際上是將運費計入商品價格中，但運費另外計算會讓消費者感到不滿，有時甚至會在結帳時猶豫不決，或直接放棄購買。

這種現象的背後原因是什麼呢？這是因為另算運費觸發了消費者的二次損失厭惡感。換句話說，消費者感覺自己像是付了兩次錢，從而產生了「虧大了」的感覺。

接受失去，才能擁抱未來

「曾經有一份真摯的愛情擺在我面前，我沒有珍惜，等失去的時候我才後悔莫及，人世間最痛苦的事莫過於此。」

《西遊記之大話西遊》中的這段經典台詞，曾打動許多人的心，但你有沒有想過，如果至尊寶眞的珍惜了這份愛情，擁有圓滿愛情給他帶來的愉悅，和失去愛情的悲愴相比，是具有同等分量的嗎？

不放下過去，就無法繼續前行。如果孫悟空沒有決心離開，就無法完成西天取經的偉業。用通俗的話來說，若難以割捨已經失去的，只會失去更多。

沉沒成本就像是已經潑出去的水，是無法收回的。既然不能收回，就不應該再糾結於此。我們不應停留在失去的痛苦中，而是應該忘記這些沉沒成本，展望未來。

理解了沉沒成本的概念，你就應該明白，失去的愛情就是一種沉沒成本。它代表了付出，而非眞正的損失。如果你無法放下，只會讓自己更加痛苦。

因爲不肯放棄一段不適合的感情，你可能會錯過開啟新戀情的機會。眞正的損失是失去擁有更好的新戀情的可能性。

希望你能調整自己的心態，珍惜曾經擁有的愛情，並感激那些付出。當初所有的投入都是基於愛情，無需求回報。只要你在付出時感到快樂，那麼這一切都是值得的。

儘管你的上一段愛情沒有結出美滿的果實，但在這個過程中，你學會了成長和成熟。最終，你獲得了現在更加美好的愛情，這本身就是一種收穫。

15 檸檬市場

我這麼優秀，爲什麼還是單身？

這眞不是你的錯，瞭解一下「檸檬市場」吧！

讀者提問專欄

Zumbo：

你好！

我算是人稱的「大齡單身女性」吧，在一家頗具知名度的大型企業工作。我的同事男女比例相當平均，而且都是才華橫溢、風采出衆的人。但我發現，我們公司似乎大齡單身的女性比較多。在我的女性同事中，大約一半享受著幸福婚姻，另一半則是享受著單身的自在。

爲什麼越是優秀的女性，似乎單身的比例就越高呢？

以我自己爲例，我已經單身四、五年了。這其中既有我的主動選擇，也有一些被動的無奈。許多跟我處境相似的女同事都在討論這個話題：我只是想找一個三觀合得來、能夠談得來的男性，爲何這麼難？是我的標準太高，還是我有其他的問題？

．．．．

每個人獨身的原因都是獨一無二的，但如果從經濟學的規律來分析，我們會發現一個有趣的現象：最優秀的資源有時並不能得到最佳的分配。

換句話說，身邊許多優秀的女性仍然單身，並不是她們自身的問題，而是一種大概會發生的結果。這並非個人錯誤，而是在某種程度上反映了社會、文化和經濟結構中存在的配對與分配的規律。

最佳選擇算得出來嗎？

我們來分享一個由麻省理工學院的知名經濟學家丹．艾瑞利（Dan Ariely）在其著作《不理性的力量》中提到的有趣實驗。

實驗邀請了 100 位大學生參加，男女各半。實驗者爲每位參加者製作了一張寫有 1 至 100 的數字卡片，並貼在他們的背後。實驗規則如下：

．參加者共 100 人，男性分配到單數編號，女性則是雙數編號。

．編號範圍爲 1 至 100，但參與者不知道數字的最大值和最小值。

· 編號貼在背後，每個人只能看見其他人的編號，而無法看見自己的。

· 參加者可以進行任何對話，但不得告訴他人自己的編號。

· 每位男性需尋找一位女性配對，女性有拒絕的權利。成功配對的雙方數字總和越大，獎金越豐厚。

· 配對時間有限。

這個實驗的目的是在不知道自己價值的情況下，盡可能找到數值較高的異性，以最大化合併效益。在透露結果前，我們不妨先思考，如果是自己，會怎麼做？市場將呈現何種局面？

由於每個人都不清楚自己的數值，僅知道其他人的，對於個體而言，選擇數值最高的異性是最佳選擇。那麼，擁有最高數字的女生和次高數字的男生是否將擁有最大的選擇權，迅速配對成功？

對於那些數字較小，甚至是 1 或 2 的人，是否就無法找到配對的異性？而不清楚自己數值的人，是否可能偶然配對到一位高分值的異性？

實驗結果相當有趣。

首先，這個實驗顯示，絕大部分人的配對對象背後的數字相差不大，超過 20 分的情況非常少見。例如，一位編號爲 55 的男性參與者，他的配對對象有很大機率是分數在 50 至 60 之間的女性。這揭示了兩個重要的觀點：

一是儘管大家都不清楚自己的確切數字，但透過配對過程中的互動和策略，大家能夠大致判斷自己的數值所處的範圍。這好比在婚戀市場上，人們能夠意識到自己在市場中的受歡迎程度。

二是一旦認清自己在市場上大致排在哪裡後，大部分人會選擇與自己分數相近的異性配對，而非追求遠超自己數值的異性。這在某種程度上反映了傳統觀念中的「門當戶對」。

接著，讓我們看看擁有 100 號的女性參與者最終與誰配對。有趣的是，她並未與 99、97 或 95 號的男性配對，而是選擇了 73 號的男性，兩人相差 27 分，這是個罕見的大分差案例。

這種情況的出現是因爲在一開始「男追女」的過程中，大家都傾向於追求分數較高的女性。100 號女性成爲衆多追求者的對象，但由於她不知道男性中的最高分數是多少（實驗規則設定參與者不知道最高數值），即使 99 號男性來追求她，她也不確定對方是否是異性中的最高分。等她意識到這一點時，許多高分的男性已經配對成功，她只能從剩下的男性中選擇分數最高的，也就是那位幸運的 73 號。

這個實驗不禁讓人聯想到婚姻配對市場的現象。

資訊不對稱造成逆向選擇

這種現象出現的一個主要原因是資訊不對稱。在婚姻配對過程中，你無法立即完全掌握所有潛在伴侶的一切資訊，只能在逐步交往的過程中逐漸瞭解對方。這個過程涉及到時間、金錢、精力等投入的成本，而一旦配對失敗，投入的成本就難以回收。

這種情況不像商業競標，沒得標可以取回預付款，只需損失一些手續費。這類配對更像是一種賭博遊戲：假設我有一個價值 100 元的紀念品，起標價是 1 元。如果沒有更高的出價，那麼 1 元就成交了。但如果有人出價 2 元或更高，你最初出的 1 元是拿不回來的，這時你要嘛再主動提高出價，要嘛就是放棄並損失那 1 塊錢。

這種遊戲可能導致驚人的結果。我在讀香港中文大學會計學碩士時，《博弈論》（又稱「賽局理論」）教授夏大慰就曾在課堂上現場展示了這種現象，拍賣一張面額 20 元的普通紙幣，最終竟然拍到了 100 元。

這種現象稱爲逆向選擇（adverse selection），指的是由於訊息不對稱導致的市場資源配置扭曲。美國著名經濟學家喬治·阿克洛夫（George A. Akerlof）在其《檸檬市場：品質不確定性和市場機制》（*The Market for Lemons: Quality Uncertainty and the Market Mechanism*）論文中首次提出了此一概念。他也因爲在非對稱資訊領域的貢獻與其他兩位經濟學家共同獲得了 2001 年的諾貝爾經濟學獎。

「檸檬」在美國俚語中代表「次品」或「不中用的物品」，因此「檸檬市場」（The Market for Lemons）也被稱爲次品市場，即阿克洛夫模型。這個市場的特點是，由於買賣雙方對商品的眞實價值認知不一，買家只能依據市場的平均價格來判斷商品的平均品質。結果是，優質商品受損，劣質商品得利。

在《檸檬市場：質量、不確定性和市場機制》一書中，作者以二手車市場這個最爲經典的例子來說明這個現象：

假設在二手車市場中，你大概只知道市場上的好車和壞車各占一半，你願意爲好車支付 4,000 元，爲壞車支付

2,000 元。

但如果你無法判斷一輛車的好壞，怎麼辦呢？

那麼你可能會按照期望支付的方式進行，也就是 2,000×0.5 ＋ 4,000×0.5 ＝ 3,000 元。在這種情況下，賣家如果擁有好車，卻只能按 3,000 元的價格出售，這明顯低於好車的眞正價值；反之，壞車賣家則能因此獲利。

這種資訊不對稱所引發的「劣幣驅逐良幣」現象，不僅適用於商業市場，也廣泛存在於生活的各個領域。在婚姻配對市場上，由於每個人的基本條件不一，訊息不完整，市場呈現的是非均質和非均價的特點，與「檸檬市場」的特性相似。

這種現象顚覆了傳統的「優勝劣汰」定律，取而代之的是「劣勝優汰」，在這樣的市場中，價值不高的物品或人才可能會將價值較高的物品或人才擠出市場，影響整體市場的健康發展。

怎麼解決資訊不對稱問題

訊息經濟學爲我們提供了兩種對應資訊不對稱的方法：篩選（screening）和訊息傳遞（signaling）。

首先，篩選是指在資訊不對稱的情況下，缺乏訊息的一方主動設計不同的交易方案或合約，從而促使擁有關鍵訊息的一方透過自我選擇來揭露這些訊息。這樣做的目的是讓缺少訊息的一方能夠最大化自己的交易收益。舉例來說，在二手車市場上作為買家，你可以提出這樣的方案：「如果你的車能提供兩年免費保修，我願意支付 4,000 元；否則我只能支付 2,000 元。」這樣一來，車主若對自己的車有信心，便會接受這一提議，從而獲得較高的收益；而車況差的車主則只能接受較低的價格。

其次，訊息傳遞則是指擁有關鍵訊息的一方藉由承擔一定成本來表明自己的屬性，進而實現自身利益的最大化。例如，在二手車市場上作為賣家，如果你知道自己賣的是好車，你可以主動提出願意提供保修，但需要買方支付 3,500 元。這樣，品質差的車主由於無法承擔這樣的成本，就無法發送同樣的訊息，從而使好車脫穎而出。

在日常生活中，我們可以找到許多破除資訊不對稱的策略。例如，建立品牌可以解除消費者對產品品質不高的顧慮；實行「三包」承諾有助於解除消費者對於產品維修成本高的擔心；在求職前取得專業資格證書，如註冊會計師證書，可以減少雇主對求職者能力的疑慮。顯然，要解決訊息不對稱的問題，不僅需要有效地傳遞訊息，還可以透過提高傳遞成本來增強訊息的可信度。

為什麼優秀的女性更容易保持單身呢？情感專家分析，女性在選擇伴侶時，普遍期望男性在年齡、學歷、收入等方面都高於自己一個層次，這種「45 度向上」的擇偶要求導致了擇偶過程中的訊息錯位，最終使得這些優秀的女性難以找到符合自己期望的男性。

除了訊息不對稱導致的資源錯位，以及檸檬市場中「劣幣驅逐良幣」的現象外，根據行政院性別統計資料庫數據統計，2022 年單獨居住在一個處所、獨立生活的「單獨生活戶」人口變化，台灣六都除了台南之外，獨立門戶的女性普遍比男性高，尤其以北部最明顯，而台北獨活女性比獨活男性多了約 3.4 萬人，顯見越是都會區，女性獨立意識越強，經濟自主能力也高，主動選擇單身已是明顯的趨勢。

常有人說，「城市是女性的堡壘」，賦予女性更多自我保護的能力，讓女性們不再單純依賴於婚姻。因此，在現代都市中，女性的獨立性日益增強，結婚年齡普遍較晚。這也意味著，現代都市女性越來越獨立，越來越晚婚或不婚，原因除了是適婚的單身男性數量有限，也可能是男女之間在擇偶觀念上的差異，同時也是個人理性選擇的結果。

儘管如此，如果你想找到合適的伴侶，並不是沒有方法。例如，根據資訊不對稱的原理，主動釋放訊號是一種有效的策略。目前，市場上有許多高級交友軟體或婚姻介紹機構，由於加入門檻較高，通常需要較高的會費。這樣做的目的是為了減少會員對其他參與者素質參差不齊的擔憂，讓會員能夠更直接、更方便地接觸到相似背景的人群，從而縮短尋找伴侶的過程，降低訊息篩選的成本，並減少不確定性。

那麼，在減少戀愛、婚姻等日常生活中的資訊不對稱方面，你採取了哪些措施？為此付出了多少成本，又從中獲得了哪些益處呢？

16 次佳選擇

等了 30 年，只想找到最完美的心靈伴侶，我錯了嗎？

最好的選擇，未必是最好的選擇

讀者提問專欄

Zumbo：

你好！

雖然知道你是財經方面的專家，但還是想問一個關於感情方面的問題。

你不是說生活中的一切問題都可以在經濟學找到答案嗎？這個問題困擾我很久了，希望能從你那裡得到一個完美的答案。

掐指一算，我已經 30 歲了，且單身已有五年之久。這段期間，我曾嘗試找人陪伴，但感到非常不自在，且不想玩弄別人的感情。我對待感情的態度十分理想主義，一直追尋的是「靈魂伴侶」。

在我的理解中，戀愛應該是心靈與心靈的相通，是理解與呵護的深度共鳴，是毫無保留的關懷和支持。這種愛是無私的，是心靈深處的相互牽掛和欣賞。就像詩人徐志摩所說的那樣，一次深刻的相遇，勝過千言萬語的表達。

我也清楚，即使是最美好的愛情，最終也需要扎根於日常生活中。但生活本身已經充滿挑戰，只有當兩個靈魂深深依賴彼此時，才能共同度過這些困難。這世上，沒有什麼比彼此的靈魂相依更爲溫暖和眞實。

但我發現，在這個世界上，很多人似乎無法感知自己的靈魂，這也意味著他們無法體驗到靈魂層面的愛情。只有當一個人學會付出愛，他們才有可能遇見眞正的靈魂伴侶。

我就是那個還未找到靈魂相配的人。在這個世界上，我的存在彷彿一個漂泊於無盡黑夜的孤魂，無處安放。這種孤獨和無存在感，時時刻刻在我的心底蔓延。

在這麼廣闊的世界，衆多的人群中，爲何難以找到那個能走進我內心的人？即使家人和朋友們認爲我的想法過於空洞，我依然堅定我的信念，正如我最喜愛的詩人徐志摩所言：我將在茫茫人海中，尋找那唯一的靈魂伴侶。

哪怕一生都未能找到，我也不願妥協。畢竟人生短暫，我不想只是爲了過日子而活。我這樣的選擇眞的錯了嗎？

．．．．

經濟學的確可以解答生活中的一切問題，只不過答案都是迂迴的。所以，在回答你這個問題之前，請讓我也先迂迴一下。

回顧 2020 年，對許多人來說，這可能是進入 21 世紀以來最具挑戰、最艱難的一年。新冠肺炎疫情自2019年底開始，迅速蔓延至全球各地，到2020年底，全球感染人數已達驚人的數字，死亡人數更是令人心驚。疫情波及了許多國家的領袖，包括英國、巴西、美國和法國等國的政要。

這場疫情廣義而言直接定義了2020年的全球局勢。全球經濟遭受嚴重打擊，許多國家的財政支出接近戰時水平。面對這場前所未有的災難，各國都在摸索中尋找合適的應對策略。

以中國爲例，該國採取了極爲嚴格的防疫措施，如延長假期、延後復工、大規模檢測等。這些措施在短期內對經濟和日常生活產生了影響，但長期看來則有效地控制了疫情的擴散。有人批評這些措施過於嚴苛，可能對經濟產生負面影響，但也有人認爲，疫情控制是重中之重，其他問題都能延後再說。

相較之下，許多西方國家在疫情初期採取了相對寬鬆的防控策略。這反映了西方對個人自由和經濟活動連續性的重視。輕症患者在家自我隔離即可，而醫療資源緊縮導致死亡率居高不下。甚至在疫情嚴重時，實施局部封城，一旦情況好轉又迅速開放，導致疫情處於反覆波動狀態。

面對新冠肺炎，不同國家的應對策略各異，這反映了各自政治體制和社會結構的差異。在評估哪種策略更加有效時，我們需要考慮到疫情的嚴重性、醫療資源的配置、公衆的合作程度等多方面因素。長遠來看，有效控制疫情、降低死亡率，同時盡可能維持經濟活動的策略，較有可能被視爲更成功的作法。

不同的疫情防控，基於不同的「次佳選擇」

對於某些西方社會對於亞洲國家「過度防疫」的批評，復旦大學經濟學院院長張軍教授在紐約非營利組織「評論彙編」（Project Syndicate）發表文章指出，過度防疫雖非最佳解決方案，卻是在迅速反應必要時的較佳選擇。

張院長解釋，這些措施是因爲當時無法立即滿足最佳反應所需的條件：至少需要一段時間才能確認是否有感染源，以及是否有能力識別和控制這些感染源。當所有人都需要時間來弄清楚這些問題時，各地都會採取較爲極端的預防措施。從局部來看是最佳選擇，但從整體來看則成爲次佳選擇。

隨著時間推移，情況逐漸明朗。經過一段時間的隔離和防護，有些地區的新感染病例數開始下降。於是，從中國中央到地方的政策開始強調差異化，允許各地根據自身疫情狀況逐步復工並調整措施，同時也強調不得妨礙交通運輸和物流，並鼓勵學校錯開開學日期等。政策權力逐步下放給地方，允許根據當地情況，對之前的統一政策進行調整。

至於某些西方國家的防疫策略，中國人民大學國家發展與戰略研究院研究員馬亮指出，有些決策看似草率，但也絕非毫無根據。西方國家的防疫策略反映了其醫療資源的限制，是一種迫不得已的選擇。這種策略確保有限的醫療資源優先用於重症患者，避免醫療系統崩潰，實際上是一種在兩難情況下的取捨選擇。

從這次事件中，我們可以看到理想與現實之間的差距。大家都明白理想中的最佳解決方案應該是什麼：精確地找到可能的感染者進行隔離，以避免對多數人及社會經濟造成更大的影響。

然而，這只是理想狀態，在當前技術條件下難以實現。理性分析的結果就是我們無法達到這一最佳狀態，只能在次佳方案中做出選擇。這正是專家在分析亞洲與西方國家疫情防堵策略時，不約而同提到「次佳選擇」的原因。

亞當・斯密提出的「看不見的手」，讚揚以自利為動機的資本主義制度，認為這種制度能實現資源的最優配置。西方個體經濟學認為，在一個完全競爭的市場經濟中，如果每個消費者都追求自身的效用最大化，每個生產者都追求最大利潤，則會不自覺地使社會達到資源配置的最佳狀態。但現實經濟無法達到這些條件，結果真的能達到柏拉圖最適境界（Pareto optimality）[14]嗎？

西方學者承認，市場經濟中存在諸如壟斷、外部性、公共物品等導致市場失靈的因素。他們認為，透過合適的微觀經濟政策可以修正這些不足之處。例如，美國首位諾貝爾經濟學獎得主保羅・薩繆爾森（Paul Samuelson）指出：「現實中存在許多情況，使市場達不到完全競爭狀態。其中最重要的三種是不完全競爭（如壟斷）、外部效應（如污染）及公共物品（如國防和公路）。在這些情況下，市場失靈會導致生產或消費效率不足，政府則可以有效地介入以解決這些問題。」

---

14 意指生產效率、交易效率 與配置效率同時達成，已達到社會整體經濟的最佳效率狀態。

這意味著，國家透過個體經濟政策的執行，可以彌補現實經濟與完全競爭模型之間的差距，讓經濟達到或接近柏拉圖最適境界。然而，20 世紀 50 年代在西方出現的「次佳理論」證明了在無法完全滿足完全競爭模型所要求的條件下，即使個體經濟政策成功地彌補了現實與理想之間的差異，政策的執行仍然無法保證柏拉圖最適境界的實現。

次佳選擇是一種現實選擇

1956 年，經濟學家李普西（R. G. Lipsey）與蘭卡斯特（K. Lancaster）總結了前人的理論分析，創立了所謂的「次佳理論」（The Theory of Second-best）。

具體而言，次佳理論的含義是這樣的：假設達成帕累托最優狀態需要滿足十個條件，如果這些條件中有至少一個無法滿足，那麼，僅滿足其餘九個條件而得到的次佳狀態，並不一定比只滿足其中部分條件的狀態更接近於完全滿足所有條件的帕累托最優狀態。

經濟學理論的探討常常顯得有些枯燥，但它反映了現實生活中的重要觀點。那麼，什麼是「次佳選擇」呢？

美國經濟學家、1970 年諾貝爾經濟學獎得主主賀伯 · 賽門（Herbert Simon）是第一個反對「最佳解決方法假設」的學者。他提出了「有限理性」的概念，認爲理性總是受到限制的，而所謂的「最佳」或「最有利」只是一種理想狀態。在實際生活中，人類往往只能做到

「次佳」。

賽門曾經舉了兩個日常生活中的例子來說明這一點：

- 買針的時候，沒有人會要求挑選最尖的針。人們通常會隨意挑幾根看看，然後選擇一根購買，主要也是因爲不想浪費太多時間。這就是次佳選擇的體現。
- 女士購買圍巾時，也不會堅持只買「最好的」。大多數人會在數家店裡逛逛，然後選擇一條看起來還不錯的圍巾。她們的滿意度來自於「還不錯」的選擇，而不是最佳的。

次佳選擇的經濟意義在於使用有限的資源獲得令人滿意的結果，而不是不計代價地追求最佳結果。經濟活動，即是資源配置的活動。由於時間和空間的限制，人們面對的選擇不僅僅是有限的資源來滿足無限的需求那麼簡單。

人們在做選擇時，受到時間、空間及資訊溝通的限制。經濟學家對這方面的研究認爲，理想中的「最佳解方」並不是現實中的「可行解方」。換言之，實際可行的方案往往是次佳選擇。

次佳選擇是能實現的「最佳選擇」

次佳選擇，有時也被稱爲「最不差的選擇」，在無法找到最佳解的情況下，選擇造成的損害最小的方案，即俗語中所說的「兩害相權取其輕」。

法國作家伏爾泰（Voltaire）說：「完美是善的敵人。」（The best is the enemy of the good.）人們總是期待理想中最完美的事物實現，但在現實生活中，受到各種條件的限制，「天不遂人願」的情況常有發生。追求最理想的結果，設定過高的期望值，往往會以失望告終。實際上，我們都在無意識中實踐著次佳選擇。

舉個例子，大學入學考試測驗（學測、指考等）就是一種次佳選擇。雖然大考並非選拔人才的最佳方式，存在著一定缺點，例如過分重視分數、缺乏個性化考量等，但考試仍是至今「最不差的制度」，因爲它相對而言更公平。

地區發展不平衡是一個實際問題。如果採取其他評價方式，落後地區的學生可能會面臨教育機會不足的困境，致使教育失去促進社會流動、保持社會活力的目的。大學考試，作爲一個相對客觀的標準，在最大程度上保障了大部分考生的機會平等。

相較之下，研究生考試採用了更多元化的評價標準，如面試、推薦、保送等，選拔機制更加人性化和個性化，但同時也存在著「關係」和「潛規則」的問題。

再來看一個例子：車票價格過低，其實也是一種次佳選擇。經濟學者薛兆豐曾提出，中國春節期間火車票價格過低會導致全國性的資源浪費，因此應當提高票價。他認爲，解決春運期間的長時間排隊、黃牛賣票、車站混亂等問題的唯一方法就是提高票價。

在薛兆豐教授看來，任何商品的需求都是無窮的，因此只要價格太低，就會出現供不應求的情況。而消除這種短缺的唯一方法就是提高價格。從經濟學的角度來看，這是一個基本原理。價格上漲，需求自然會下降，這符合經濟學的基本法則。但這種緩解問題的方式是以增加特定群體的返鄉成本爲代價的。在現行的制度安排下，儘管旅客可能會感到辛苦，但他們至少能在不增加票價的情況下回家過年。鐵路運輸雖然不能完全滿足所有旅客的需求，但總體來看，運輸收入還是可以實現顯著增長，而且由於不提價，還贏得了良好的口碑。因此，不提高火車票價其實是基於公平與效率的充分博弈後形成的一種均衡，雖然不是最佳選擇，但相比於大幅提價，卻是「最不差的選擇」。

這是否意味著，既然無法實現最佳選擇，我們就不需要再努力追求完美的生活了呢？首先，「次佳」不代表是差的選擇，它是在無法達到理想狀態下的次優選擇，並不表示容易實現，也不代表不需要努力。其次，雖然我們經常讚美那些追求完美的人，但所謂的「完美」往往也隱藏著許多無奈和取捨。在實際生活中，「次佳」可能更符合現實情況，也更能達到平衡和諧的結果。

許多傑出的人物常被冠以「完美主義者」的稱號，但這並不完全準確。更貼切的描述應該是「他們持續努力接近完美」。

例如，好萊塢導演詹姆斯・卡麥隆（James Cameron）經常被視爲對完美有著無止境的追求。確實，他的努力和能力都是顯而易見的。在完成《鐵達尼號》（*Titanic*）後，他爲了《阿凡達》（*Avatar*）的拍攝投入了 14 年的準備時間。爲了達到他理想中的 3D 效果，他與日本索尼公司合作，投資了 1400 萬美元來開發拍攝設備。在正式開拍《阿凡達》之前，他還先拍攝了《地心冒險》（*Journey to the Center of the Earth*）作爲練習。

即使他之前的作品《魔鬼終結者》（*The Terminator*）系列大獲成功，但在拍攝《鐵達尼號》期間由於預算嚴重超支，他不得不放棄片酬、只拿版稅，以換取更多資金來完成電影。《鐵達尼號》的成功，奠定了他後來拍攝《阿凡達》的資金和實力，只是整個過程耗時了 14 年。

另一位大導演克里斯多福・諾蘭（Christopher Nolan），同樣被視爲「完美主義者」。爲了追求《全面啟動》（*Inception*）的完美效果，他準備了 10 年。在此之前，他連續拍攝了《蝙蝠俠：開戰時刻》（*Batman Begins*）和《蝙蝠俠：黑暗騎士》（*The Dark Knight*），以此來確保自己能夠掌控宏大的場面，然後再去追求《全面啟動》的完美效果。

然而，即使是這樣的傑出導演，他們也會不斷在不同場合重申：「電影是缺憾的藝術。」事實上，沒有人能夠達到完美，我們最多只能盡力接近完美。在進行任何事情時，我們都必須忍受各種不完美的存在，否則任務根本無法完成。即使最終完成，結果也往往充滿缺憾。再進一步來看，生活本身就是不完美的。沒有人的生活能夠一帆風順，沒有人在生命結束時不帶著一絲遺憾。這就是現實，我們只能接受。

完美的人生是否存在？

那麼，我們現在可以回到本節一開始的問題了。

確實，雖然經濟學能對生活中的許多問題提供洞見，但並不總是能給出完美的答案。生活本身就充滿不完美，生命本就帶著某種殘缺的美。

有位哲人曾說，生命之中的裂縫是讓光照進來的地方。如果我們無法接受自己、他人，甚至這個世界的不完美，那麼對一切事物的過度追求完美，只會帶來更多的痛苦。

阿里巴巴前 CEO 衛哲曾在演講中提到：F1 賽車的發動機技術能夠達到 500 公里的時速，但實際使用時並不超過 300 公里 / 時。原因並非安全或人為限制，而是超高速度後無法迅速剎車。對於那些全心研發發動機的人來說，這是何等的不公平。他們的努力雖然成功，卻因成功過頭而失敗。

世界並非充滿完美的故事，努力並不總是意味著收穫，成功也不是必然。有時，即便付出了極大的努力，結果卻是無影無蹤，如石投大海。

人生是一連串的遭遇和相遇。其中真正有意義的事情，值得深交的人，可能只占一小部分。時而幸運，時而不然；時而順利，時而艱難；有時遇到好緣分，有時則誤入歧途。這些都是人生的常態，是漫長人生旅途中的大數定律。

因此，當遇到一點小挫折就感嘆「世界欠我的」，以為一切都應該完美無瑕，這其實是對這個世界的誤解。世界的真實是這樣的：十件事中有兩三件事順利已經是幸運的了。其他七八件事的波折和挫敗，都是非常正常的，只是這個世界在展示它的真實面目。

理解了這一點，就會接受世界的不完美，從而能夠從局部抽身，放眼全局。

林語堂在《人生不過如此》中也有類似觀點：「不完美，才是最完美的人生。」生活就像是一座花園，充滿交錯的小徑，沒有人知道哪條路最終會通往芬芳的玫瑰。只有用自然眞實的眼光、開闊的胸懷和包容的心態去面對不完美，用欣賞的眼光發現和感悟不完美之美，生活才會充滿光明和色彩。

靈魂伴侶得之我幸，不得我命

關於「靈魂伴侶」，我想講一個故事給你聽。

古希臘哲學導師蘇格拉底的三個弟子曾求教老師，怎樣才能找到理想的伴侶。蘇格拉底沒有直接回答，卻要他們去走麥田，而且只許前進，只給他們一次機會選擇一枝最大最漂亮的麥穗。

第一個弟子沒走幾步就看見一枝又大又漂亮的麥穗，高興地摘下了。但他繼續前進時，發現前面有許多比手上這枝更大又更漂亮的的，只能遺憾地走完了全程。

第二個弟子吸取了教訓。想要摘下麥穗時總會提醒自己，後面還有更好的。然而，當他快到終點時，才發現已經錯失了所有機會。

第三個弟子記取前兩位的教訓。當他走到三分之一時，先分出大、中、小三類；再走三分之一時驗證是否正確；等到最後三分之一時，他選擇了大類之中最美麗的一枝麥穗。雖說，這不一定是最大最漂亮的那一枝，但他滿意地走完了全程。

而關於靈魂伴侶的存在，這是一個長久以來被討論的話題。雖然有些人堅信靈魂伴侶的存在，但現實往往比較複雜。經濟學家米爾頓．弗里德曼曾經提出，如果我們認爲某個人是我們唯一的伴侶，那可能是對偶然性的一種誤解。這意味著，所謂的靈魂伴侶可能更多是經過時間考驗和相互理解而逐漸形成的深厚關係。

對於許多人來說，愛情並非一見鍾情就能建立的，它需要時間去培養和深化。在感情中，我們需要避免兩種極端的心態：一是急於求成，怕失去好機會；二是過度理想化，不願意接受現實的妥協。平衡這兩種心態，選擇適合自己的伴侶，更能帶來長久和幸福的感情生活。

看來，你對生活和愛情都追求極致，或者說，你可能是一位完美主義者。完美主義者對自己的期望往往超乎尋常，不論這種期望是自我設定的還是來自他人的壓力，他們對未來目標都有著清晰的願景。

然而，無論是在人生還是愛情上，我們都需要明白一個重要的事實：幻想並不等同於理想。事實上，沒有人能確定能否遇到心中最理想的伴侶。眞正的愛情往往出現在合適的時間和地點，是最適合的那個人。

許多擁有幸福愛情的人並非追求難以實現的理想愛情，而是選擇了切實可行、現實中的「次佳選擇」。畢竟，眞正的幸福來自於眞實的生活體驗，而非空想中的完美。選擇「次佳」，實際上可能就是在現實中的「最佳」選擇。當你眞正體會到幸福的愛情時就會明白，稍微降低標準，選擇「次佳」是何等睿智的選擇。

你也提到徐志摩的詩句「於茫茫人海中，訪我唯一靈魂之伴侶」，這確實是一種勇敢的追求。但徐志摩詩句的後半部「得之，我幸；不得，我命」同樣重要。這代表著一種對命運的接受和坦然態度。尋找心靈伴侶固然是美好的追求，但在追尋的同時，也要學會接受可能的結果。

如果最終無法享受到這樣的幸福，那麼就應該學會在生活中找到一個舒適的姿態，學會接受不完美的生活和愛情。這些是生活中最真實的元素：實在的相處、包容和攜手同行，走過一生。

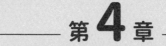

第 4 章

生活裡那些特殊的經濟學

拍賣能撿到便宜嗎？

金錢能買到幸福嗎？

長得好看能當飯吃嗎？

17 撿便宜經濟學

拍賣能撿到便宜嗎？

不說不知道，拍賣還眞是一門大學問

讀者提問專欄 QA

Zumbo：

我在台北生活已經 10 年了，最近終於覺得有錢可以買房了，打算爲自己和家人購買一個穩定的家。但是，購屋過程眞的很耗費時間和精力。我請房仲幫忙，每個周末都安排看房，連續三個月下來，發現我喜歡的房子價格太高，而價格合理的房子又總有各種讓我無法接受的問題。

後來我想買不到不如申請社會住宅，但須符合申請資格還要等抽籤，即使抽中了也得等一年半載才能交屋，還需自行添購家具和設備；又看了一下二手屋，發現價格和稅金都不低，而且裝修可能得打掉重來。

就在我如此猶豫不決時，朋友建議我考慮買「法拍屋」，搞不好可以撿到便宜，以低價買到好房子。我上網搜尋了一些司法拍賣的資訊，確實發現不少房源，起拍價看起來也相當誘人。但我對拍賣這種方式不太熟悉，心裡有些疑問：爲什麼要透過競標，而不是直接定價購買？這樣眞的能找到價格合適的房子嗎？

．．．．

法拍屋顧名思義就是由法院拍賣的房屋，簡單來說就是因爲屋主欠債，導致名下的房屋被法院拿去拍賣，並把賣掉的所得用來還錢。

相信不少朋友都上網（建議進入內政部不動產資訊平台）找過法拍物件，但不知道實際參與拍賣（auction）的人數有多少。拍賣作爲一種對大多數人來說較爲陌生的定價方式，可能很多人都未曾親自體驗。那麼，透過拍賣眞的能撿到便宜嗎？

拍賣是爲了賣方的利益最大化

在開始瞭解拍賣能不能撿到便宜、如何撿便宜之前，我們需要先瞭解「拍賣」這個概念。

拍賣是專業拍賣公司接受委託，在指定的時間和地點，根據特定的程序和規則，將要拍賣的物品展示給買家，並進行公開競價，最後將物品賣給出價最高的買家的交易方式。

拍賣的目的並非讓買家發現被低估的物品，而是爲了充分顯示所有潛在買家對商品的認可價值，並從中選出出價最高的買家。這一機制本質上是爲了最大化利用消費者剩餘，從而使賣方的利益最大化。

對賣方而言，唯有將商品賣給認爲該商品具有較高價值的人，才可能獲得最大的利潤，而拍賣恰恰是一種有效的方式來發掘出買方對商品價值的最大判斷。

通常會透過拍賣銷售的商品類型包括：

1. **擁有獨特個人價值的商品**：這些商品在市場上不常見，沒有標準規格，或者銷售對象範圍較窄，因此難以找到廣泛認可的價值。例如，藝術品和收藏品在不同人眼中可能具有截然不同的價值。

2. **訊息不對稱性較高的商品**：例如，一件藝術品的來源可能不被公開，或難以精準追溯其歷史。對於古董或藝術品，確定其眞實年代和眞僞通常需要專家的判斷。

在拍賣過程中，由於訊息的不完整，買家們對商品的價值評估會出現差異。此外，爲了讓拍賣品受到更廣泛的關注，賣方可能會採取策略來平衡或揭示訊息，進而影響競標結果。

這裡還有一個關鍵，競標者之間也會有資訊不對稱的問題。賣方會採取各種措施來避免競標者之間互通訊息，而競標者之間也會盡量不讓競爭對手得知自己擁有哪些資訊，爲了提高得標機會，競標者通常會隱藏自己的出價策略，避免對手猜出其出價意願和心理價位，以降低競爭難度，最終能以最低代價得標。

拍賣不是只求高價就好

討論適合進行拍賣的產品類別後，現在我們將探討拍賣的不同方式。在單品拍賣中，通常有四種常見的拍賣形式：

・英國式拍賣（English Auction）：這是最常見的拍賣方式之一。在這種拍賣中，拍賣人確定一個起標價，然後競標者逐步提高出價，最終由出價最高的人獲得物品。競價以起標價爲基準，不斷提高，直到無人再出價。這種方式確保了物品最終被賣給出價最高的人，但成交價不得低於預設的最低價格。

・荷蘭式拍賣（Dutch auction）：也稱爲「降價拍賣」或「高估價拍賣」。在這種拍賣中，拍賣人確定一個起標價，然後逐漸降低價格，第一位願意接受的競標者即可獲得物品。成交價不得低於預設的最低價格。

・最高價得標拍賣（first-price sealed-bid auction）：這是專業人士比較熟悉的拍賣方式之一。在這種拍賣中，潛在買家在規定的時間內提交密封的出價，然後由拍賣人選擇最高出價的買家。除了價格之外，可能還有其他交易條件需要考慮。這種拍賣可以進行公開或不公開的開標。

・維克里拍賣（Vickrey Auction）：也稱爲次高價密封價格拍賣（second-price sealed-bid auction）。這種拍賣方式與最高價得標拍賣類似，但不同之處在於，勝出者需要支付的價格是第二高出價的價格，而不是他自己的出價。

這些拍賣形式在不同情況下都有其優勢和適用性，選擇適合的拍賣方式取決於產品性質、市場需求和拍賣目的。不同的拍賣方式可以爲賣家和買家提供不同的利益和風險。因此，在進行拍賣之前，應仔細考慮並選擇最適合的拍賣形式。

大家或許會感到困惑，爲什麼在拍賣中一旦得標，不需要支付自己出價的金額，而只需支付更低的價格呢？這不是買家能夠省錢的好機會嗎？拍賣不是要從買家那裡盡可能地榨取消費者剩餘嗎？

實際上，這不是拍賣者出於仁慈，而是精心設計的策略。雖然一旦得標，買家只需支付相對較低的價格，看似有利可圖。但由於不需要按照自己的出價金額來支付，競標者通常會提高出價，以確保他們能夠得標。他們知道即使得標，也不必眞的支付最高出價。因此，競價的主要目的變成了贏得得標的權利，而不是實際支付高價。

一個人這樣思考是合理的，但如果每個競標者都這麼想，會發生什麼情況呢？這將導致所有人都提高出價，使得最終得標者不論如何都會支付高於他們實際心理價值的金額。這樣的情況可能會讓競標變得不划算，因爲最終的成交價格可能會超出物品的實際價值。

小心掉入「贏者詛咒」

剛剛我們說到，看起來第二高價格支付是爲了讓利給得標者，實際上卻會掀起競標者之間更激烈的競爭，往往讓得標者實際支付的價格，遠超自己的心理預期，讓拍賣方獲益更多。

說起來，拍賣就是賽局的過程，買家與賣家的賽局，買家與買家的賽局。最終得標者，往往透過層層加碼，辛辛苦苦終於贏了，卻發現自己被「詛咒」了，這就是「贏者詛咒」（the winner's curse）。

按照經濟學假設，如果所有競標者都是理性的，那麼贏者詛咒就不會發生，因此在市場機制中，贏者詛咒的出現就構成了一種異常現象（anomaly）。後續的很多實證和實驗都發現，贏者詛咒很可能是個非常普遍的現象。

爲什麼贏家的詛咒不可避免？當你沒有競標成功的時候，你沒有資格被詛咒，而當你成功地拍下物品，拍賣槌落下的那一瞬間，你才明白自己爲這個產品付出的代價已經超過了所有其他買家的價值判斷，不管是不是超出了自己的價值判斷，那一剎那，所有的贏家都多付了不必要的錢，從而被詛咒了。

不過贏家的詛咒一般只發生在拍賣擁有共同價值的產品的情況下。爲什麼呢？因爲只有具有共同價值（common value），也就是市場公認價值的產品，才有可能出現超過共同價值的報價。

那麼對於私人價值（private value）的物品呢，這個東西到底值多少錢？沒有市場的一個共同認可，那也就不存在是多付了或者少付了，你付出的只是你的私人價值，也就是你自己內心認可的那個價格，它在市場上沒有對比，也就不存在贏家的詛咒了。

贏家的詛咒，會讓拍賣者更不敢叫價，降低了拍賣市場的認可度。那麼，怎樣才能避免呢？

經濟學家也在思考這個問題。

拍賣如何更公平合理？

2020 年諾貝爾經濟學獎頒給了保羅·米爾格羅姆（Paul R. Milgrom）和羅伯特·威爾森（Robert B. Wilson），以表彰他們在「拍賣理論的改進和新型拍賣形式的發明」方面的貢獻。米爾格羅姆和威爾遜所獲得的肯定不僅源於他們對拍賣理論的改進，還包括他們對新型拍賣形式的創新，將理論應用於實踐之中。在 1982 年，米爾格羅姆與韋伯（Robert Weber）合著的論文《拍賣和競爭性競價理論》（*A Theory of Auctions and Competitive Bidding*）中，他們建立了一個框架，用於分析在「關聯評價」存在的情況下，如何處理訊息、定價和拍賣者收益。他們根據對拍賣實踐的觀察，指出投標者的估價可能彼此相關，一名競標者對拍品的高估價可能會提升其他參與者的估價。因此，拍賣被視爲一種訊息揭示遊戲（revelation game），其中每位買家的報價不僅揭示了他們對物品的估值，還可能間接揭露其他買家個人的資訊。競標者的利益主要取決於其訊息的私密程度。一旦拍賣中的訊息被揭露，競標者便能預測彼此的出價，從而提高他們爲贏得拍賣可能報出的價格。因此，最能爲拍賣者帶來高期望收益的拍賣形式是那些能有效減弱競標者個人資訊隱私的形式。

在拍賣理論的文獻中，米爾格羅姆的這項發現被稱爲「聯繫原理」。應用這一原理，米爾格羅姆分析了多種流行的拍賣形式。在英國式拍賣中，早期退出的競標者透露了他們對物品價值的評估，使拍賣價格與所有未得標者的估價相關聯，從而產生較高的收益。

而在次高價密封拍賣中，拍賣價格僅與第二高估價者有關，因此收益較低。至於荷蘭式拍賣和最高價得標拍賣，由於價格與估價無關，這些形式通常會爲拍賣者帶來最低的期望收益。

米爾格羅姆的研究成果對於解釋英國式拍賣在實際中的普及具有重要意義。他對於含有「關聯評價」的拍賣進行的研究，特別是關於贏者詛咒（winner's curse）的存在，對於拍賣理論和實踐都有深遠影響。

所謂的贏者詛咒，是指在拍賣中，由於訊息不對稱，競標者可能因爲過高的出價而最終承受損失。這一現象在米爾格羅姆和威爾遜的研究中得到了特別關注，他們在解決這類問題和設計拍賣機制時做出了許多創新性的貢獻。

米爾格羅姆在 2020 年於北京召開的「第十一屆財新峰會」上介紹了他爲美國聯邦通信委員會（FCC）設計的拍賣方案。該方案針對的是無線電頻譜許可證市場，這一市場的特點是每個買家對許可證的需求和估價都各不相同，且通常與他們所擁有的其他許可證相關。

例如，已經擁有大部分美國地區頻譜許可證的競標者可能對剩餘地區的許可證有更高的需求，而對於沒有任何許可證的競標者來說，情況則不同。此外，不同許可證之間可能存在強烈的替代關係，如某些競標者可能認爲擁有東部或西部的許可證對他們來說價值相等。

在這種情境下，傳統的拍賣機制可能會產生效率低下的問題。如果按傳統方式依次對不同的許可證進行拍賣，競標者在競價第一件物品時，必須考慮是否購買當前物品或是等待後續物品，以及後續物品的可能售價等因素。這樣的策略可能會導致估價較低的買家贏得第一件物品，進而影響整個拍賣過程的效率和結果。因此，米爾格羅姆的研究不僅提供了對拍賣理論的深入見解，也爲實際應用中的拍賣設計提供了重要指導。

米爾格羅姆所提出的理想拍賣模式強調了讓買家能夠觀察所有物品的投標情況，並對一個或多個物品進行投標的重要性。這種設計允許競標者在可替代物品間自由選擇，消除了對價格的猜測，並確保可完全替代的物品具有統一的成交價格。

米爾格羅姆創立的拍賣諮詢公司「拍賣經濟學」（Auctionomics），專注於賣方拍賣設計和買方競標諮詢服務，並承擔了美國聯邦通信委員會（FCC）拍賣方案的設計工作。

針對無線電頻譜許可證市場的特點，米爾格羅姆設計了「同時向上叫價拍賣」這一機制。在這種拍賣形式中，競標者對他們希望購買的一個或多個頻譜各自報出價格，這些報價是保密的。每輪報價結束時，只有每個頻譜的最高報價會被公布，並用作確定下一輪拍賣的起標價。這一過程持續進行，直至沒有新的更高報價出現，拍賣便結束。

這種拍賣方式特別適用於許可證可相互替代的情況。隨著價格上升，被超越的出價者可能轉而對當前價格較低的其他許可證投標，從而進行有效的許可證間套利。當許可證之間的替代作用顯著時，這些許可證的拍賣價格趨於一致。

整個拍賣過程都在網上進行，每天設定三次一小時的競價視窗，使全國各地的商家都能在同一平台上競價。這種方式保證了拍賣的公開性和透明度，並能公示最終結果，確保拍賣的公正性。透過這種創新的拍賣方式，米爾格羅姆不僅解決了拍賣理論中的關鍵問題，還成功將理論應用於實踐，徹底改進了現實世界中的拍賣流程和效果。

米爾格羅姆設計的拍賣方式，成功地避免了諸如搭便車、合謀、贏者詛咒等在傳統拍賣中常見的問題，這種創新的拍賣機制不僅幫助 FCC 實現了其目標，還爲將拍賣理論應用於實踐提供了一個經典的範例。

米爾格羅姆的拍賣模式在中國上海的車牌拍賣中也看得到，這代表他的研究成果不僅在理論上具有重要意義，同時在實際操作中也具有廣泛的影響力和應用價值。

在 2020 年的財新峰會上，米爾格羅姆還提出拍賣理論已經超越了單純的競價領域，成爲了一種資源配置和均衡的重要手段。這意味著拍賣理論可以應用於更廣泛的市場分配問題，例如在疫苗分配、腎臟交易或跨校選課等方面提供理論支持。

針對腎臟交易，這種理論可以用數學模型來測算匹配機率，幫助比對不同人的身體和器官狀況，從而最大化配對效率。對於疫苗分配，特別是需要特殊儲存條件的疫苗，拍賣理論可以幫助合理設計分配機制，確保疫苗能夠在符合要求的條件下被運輸、儲存，並且公平有效地分配給有需要的人。

總的來說，米爾格羅姆的拍賣理論不僅在學術領域產生了深遠影響，其在實際應用中的創新性和有效性也爲各種複雜問題的解決提供了新的途徑，展示了經濟學理論在實際生活中的強大應用潛力。

「撿便宜」也能撿出經濟學

瞭解完拍賣的定義，現在可以來回答本節的問題了：拍賣眞的可以撿到寶嗎？

「撿便宜」這個說法最早出現在古董市場，用來形容買家以非常低的價格買到了價值不菲的古董。因爲大多數拍賣市場依然使用傳統的英式拍賣方式，而不是米爾格羅姆提出的新型拍賣模式。所以，在拍賣會上找到被低估的寶物主要有三種可能性： 首先是靠運氣。這在司法拍賣中尤爲常見，因爲某些拍賣品的眞實資訊往往難以確認，風險較大。如果大部分人因爲風險而選擇不參與競標，那麼敢於出手的人就有可能找到被低估的寶物。但這需要所有不確定的風險最終都被完美規避，這種情況可以稱爲靠運氣找到便宜貨。

其次是靠資訊不對稱。在這種情況下，「撿便宜者」可能發現了其他人不知道的重要資訊。舉例來說，在政府舉辦的土地招標拍賣中，如果某個房地產開發商透過內部渠道提前得知政府計畫在附近建設大型公園和地鐵站，那麼在其他人都不掌握這一資訊的情況下，他們就更有可能以高於一般認知價值的出價拿下該地塊，最終撿到便宜。

最後是靠專業知識。這種情況下，撿便宜者擁有其他人，包括賣家都不具備的專業技能，例如文物藝術品的鑑定和考證能力。衆所周知的收藏家馬未都，就是因爲具有高超的文物鑑定能力，在各大收藏品市場中找到了許多未被正確識別的古董，這種情況就是靠專業知識找到被低估的寶物。

正如你所提到的法拍屋，怎樣才能找到價值被低估的房產呢？如果你能耐心地對法拍屋進行全盤瞭解，盡可能蒐集中意物件的資訊，在比他人擁有更高資訊優勢的基礎上，先想好一個你自己能接受的心理價位。在不超出這個價位的前提下去參加法拍，多次嘗試後，或許你就能找到心儀的房子了。

事實上，找到低價好房的機會並不僅限於拍賣市場。在市場經濟領域，還發展出了一種「撿便宜經濟學」，指的是透過發現並擁有被市場所低估的有價值資源，從而獲得高於平均利潤的收益。

投資大師巴菲特就認爲，投資的核心原則就是尋找被低估的機會。成爲投資大師的祕訣，在於尋找那些被低估的股票，然後長期持有。

這種找到被低估機會的策略主要出現在市場訊息不透明、不公開、不完全的情況下。雖然能憑藉精確洞察市場機會，在短期內創造巨大財富，但如果整個社會都在尋找被低估的機會、都想投機獲利，那麼就沒有人願意踏實地去做事了。

因此，各國都在努力增加市場的規範性和透明度。隨著經濟的發展，市場規則將逐漸完善。因此，我們最好還是放棄尋找被低估機會的心態，因爲在一個完善的社會中，最終將不會有被低估的機會可尋。

最後想分享一則笑話，提醒那些想找到被低估機會的朋友們，小心不要反被人利用：

有個老先生在古董市場上賣古董，他養了一隻貓，經常躺在裝貓食的盆子裡。有人認出那個盆子其實是個罕見的古物，試圖低價買進，於是高價買下了貓，同時順勢要求老先生把貓盆也給他。老先生笑著答道：這個盆子是古董，不賣也不贈送，我就是靠著它，每天賣出了十幾隻貓呢。

18 幸福經濟學

金錢能買到幸福嗎？

經濟學家很嚴肅地說，金錢眞能買來幸福

讀者提問專欄

Zumbo：

我從小就被教導要視金錢如糞土，因爲「金錢買不到幸福」。但漸漸長後大，我發現現實生活中每個人似乎都在積極追求金錢。

我的好友，不是工作表現出色、收入豐厚，就是家境富裕。他們在社交媒體上分享的生活看起來非常精彩：時而去南極度假，時而飛往美國滑雪，又或者前往非洲觀賞動物遷徙。他們的幸福生活看起來都是用金錢打造的。

對於我這種一直對金錢沒有太多渴望的人來說，價值觀也開始動搖。雖然我見證了許多因金錢而導致的不幸，但也清楚地知道，在許多情況下，沒有金錢就等於沒有自由，而缺乏自由也就意味著缺乏幸福。

那麼，金錢眞的能買到幸福嗎？

．．．．

金錢是否能帶來幸福，這是一個永恆的討論主題。你有沒有想過，金錢完全是人類創造的概念，在動物世界中是不存在的，但我們卻經常因爲金錢而感到激動或瘋狂。這是爲什麼呢？難道是因爲金錢能夠買到幸福嗎？

然而，我們現在生活在一個物質極爲豐富的時代，人們擁有比以往更多的可支配收入。但收入增加並沒有帶來與之相匹配的幸福和快樂的提升。這是爲什麼呢？難道是因爲金錢本身不能買到幸福？

古希臘劇作家索弗克勒斯（Sophocles）在劇本中這樣描述金錢：「人間再沒有像金錢這樣壞的東西到處流通。這東西可以讓城邦毀滅，讓人們被趕出家鄉，把善良的人教壞，使他們走上邪路，做些可恥的事，甚至叫人爲非作歹，犯下種種罪行。」他的這番話可能反映了他並不懂怎麼使用金錢。

實際上，許多研究都顯示，當金錢被用在適當的地方時，確實能夠帶來幸福。

找出金錢與幸福之間的「臨界點」

金錢與幸福之間的關係在過去 20 年來已成爲西方行爲經濟學

的一個關鍵研究領域。

幸福經濟學的先驅理查德・伊斯特林（Richard A. Easterlin）是首批將主觀幸福感納入理論研究的當代經濟學家之一。他在 1974 年的著作中提出了伊斯特林悖論（Easterlin paradox），即富裕群體通常比貧窮群體幸福，但隨著一個國家的總體收入增加，其公民的幸福感並不會相應提高。這意味著在達到某個臨界點之前，幸福感與金錢之間呈正相關，但過了這個臨界點後，兩者的關聯就變得不明顯。

爲了探究這個臨界點，2002 年諾貝爾經濟學獎得主丹尼爾・康納曼與後來也獲得諾貝爾經濟學獎的安格斯・迪頓（Angus Deaton）於 2010 年發表了一篇受到廣泛引用的論文。該論文基於對 170 萬人調查數據的分析，指出年收入達到 6 萬至 7 萬美元可以讓人感到相對滿足；而年收入達到 9.5 萬美元時，人們對其整體生活的滿意度變得非常高。但超過年收入 9.5 萬美元的臨界點後，即使收入繼續增加，幸福感也不見明顯提升。

普渡大學（Purdue University）在 2015 年的一項研究也顯示了類似的結果。該研究發現，在美國各州，年收入 7.5 萬美元是幸福感的一個關鍵基準。當收入低於此標準時，幸福感隨收入增加而明顯提升；然而，一旦達到此基準，幸福感的增長幅度就不再明顯了。

在美國，年收入 7.5 萬美元被視爲一個重要的財務門檻，它可以爲個人或家庭提供相對舒適的生活水平。

具體來說，這樣的收入水平通常能夠滿足基本生活需求，如食物、衣物等日常消費，同時提供不錯的居住環境，無論是支付租金還是抵押貸款。在美國，房屋租金和貸款支出差異很大，取決於地理位置、房屋大小和其他因素。此外，7.5 萬美元的年收入也能夠涵蓋子女的基本教育開銷，以及文化娛樂方面的支出，如觀看電影（票價通常在5至15美元之間）。

從心理和經濟學的角度來看，當一個人的收入無法覆蓋基本的生活費用時，他們很可能會感受到強烈的不安全感和焦慮。在這種情況下，即使再多的正能量言語也難以讓人感受到幸福。

另一方面，當收入超過了某個閾值，使得基本物質需求得到充分滿足後，收入與幸福感之間的關係會呈現出「邊際效用遞減」。例如，年收入從1萬美元增加到10萬美元，可能會顯著提升人的幸福感；但當年收入從10萬美元增加到100萬美元時，幸福感的提升可能就不那麼明顯了。

也許金錢只是減少了痛苦？

這些研究成果似乎支持了一個觀點：金錢確實可以爲人帶來幸福，但更多的金錢並不一定帶來更多的幸福。此外，有人認爲金錢不是直接帶來幸福，而是減少了痛苦。他們的觀點基於普林斯頓大學和普渡大學的研究，認爲這些研究得出的結論更像是「賺到一定金額，可以避免不幸福」，而不是「賺到多少錢，就可以獲得幸福」。

英國廣播公司（BBC）的一個實驗提供了進一步的證據。在這個實驗中，參與者被分爲兩組，一組數錢，另一組數紙。之後，他們的手被浸入冰水中，以李克特量表測量疼痛感。

結果顯示，數錢組比數紙組更能忍受疼痛。這暗示了金錢可能減輕了對生理痛苦的感受。

另一個實驗顯示，金錢還可能幫助人們抵抗社會關係破裂帶來的心理痛苦。在這個實驗中，參與者進行社會排斥實驗，結果發現，數錢組的參與者對被排斥的感受較弱。這表明金錢能夠在某種程度上緩解心理創傷。

此外在2010年8月，比利時心理學家的實驗進一步顯示，金錢不僅降低了對痛苦的感受，還可能降低對快樂的感受。這個實驗將受試者分成兩組，一組參與者在看過鈔票之後吃巧克力，另一組則沒看鈔票就吃。結果發現，看過鈔票的參加者在吃巧克力時感到的快樂程度較低。這似乎暗示著，那些收入較高的人可能更難從日常生活中的小事中感受到快樂。

爲什麼金錢無法帶來更多幸福？

金錢爲什麼無法持續帶給我們更多的幸福？這其中至少涉及兩個經濟學原則。

首先是邊際效用遞減。當我們的物質水準提升至一個新的階段，這些物質很快就會成爲生活中理所當然的一部分，不再給我們帶來額外的興奮感。這有如過去生活條件較差時，只在特殊節日才能吃到肉，那時候覺得肉格外珍貴。但現在生活改善了，豐盛的食物已成常態，有時甚至可能成爲負擔。隨著物質生活的提升，獲得同樣水準的幸福感所需的財富也越來越多。

其次來談談社會比較（Social Comparisons）。我們在建立自我觀念時，經常會比較自己與周遭的人。所以，幸福感並不完全源自我們的眞實感受，而是透過與周圍人群的比較而產生的。當我們的對照群體中有人購買了更大的房子或去了更遠的旅遊地點，我們可能會覺得自己有所不足。對大多數人而言，比起自己賺多少，知道和自己程度相當的人賺多少，對於幸福感的影響更大。

1998 年的一項著名研究發現，比起處於自己年收入 10 萬美元、其他人年收入 20 萬美元的環境，人們更希望生活在自己年收入 5 萬美元、其他人年收入 2.5 萬美元的環境中。這意味著，我們的幸福感取決於周圍對照群體的財富多寡。

當我們擁有相對更多或更好的資源時，我們才可能感受到幸福。如果沒有達到他人的水準，我們可能會努力追趕，即使最終達到後也未必感到幸福。隨著收入的不斷增長，我們往往會將比較的對象提升至更富裕的群體，比如換成收入更高的同事或朋友。在這種情況下，儘管我們的實際收入增加了，但透過比較獲得的幸福感似乎離我們越來越遠。

長期以來，「更多的金錢並不能帶來更大的幸福」一直被視爲衡量幸福的標準。但隨著時間的推移，新的研究結果和觀點也在更新這個結論。

2021 年 1 月，發表在《美國國家科學院院刊》（*Proceedings of the National Academy of Sciences of the United States of America*，簡稱 PNAS）的一篇研究指出，賓州大學華頓商學院高級研究員馬修・基林斯沃思（Matthew Killingsworth）收集了來自 33,391 名美國成年人的 172 萬份數據。這項研究發現年收入超過 7.5 萬美元不一定會讓幸福感明顯增加。研究也指出，收入與幸福感之間沒有明顯的門檻差異，這意味著更高的收入與更好的日常感受和整體生活滿意度是相關的。換句話說，一個人的收入越高，他們感到幸福的可能性也越大，但沒有一個特定的「幸福收入門檻」。

心理學方面的最新研究也支持這一觀點。聖地亞哥州立大學的珍・特溫格（Jean Twenge）與貝爾・庫柏（Bell Cooper）攜手研究了 1972 年至 2016 年的 44,198 名美國成年人，並將結果發表於美國心理學協會期刊《情感》（*Emotion*）。這項研究結果同樣證明，一個人的收入越多，就越可能感到幸福。

特溫格表示她對收入與幸福感關係如此密切感到驚訝，並指出即使在基本需求得到滿足之後，更多的金錢似乎仍然意味著更多的幸福。她補充說，與 20 世紀七八十年代相比，現在的幸福感與收入的關係更爲密切，現在的錢比過去能帶來更多的幸福。

幸福取決於如何花錢

金錢對幸福的影響程度，確實在很大程度上取決於我們如何使用它。如果找到正確的方式花錢，的確可以獲得更多的幸福感，甚至達到事半功倍的效果。英屬哥倫比亞大學心理學家伊麗莎白・鄧恩（Elizabeth Dunn）歷經多年的研究，提出了幾條有助於用錢購買幸福的建議：

1. **購買體驗，而非物件**：與購買物質商品相比，花錢在體驗上

（如旅行、演唱會）往往能帶來更持久且更強烈的幸福感。美好的體驗不容易受到時間的侵蝕，不易被量化比較，並且常常包含豐富的社交元素。

2. **爲他人花錢**：將金錢用於他人（如送禮物或捐款給慈善機構）可以提升幸福感，有時甚至超過爲自己花錢的效果。

3. **及時行樂**：因爲刺激適應的原因，即使是夢寐以求的昂貴物品（如名牌汽車或奢侈品包包）最終也會失去其吸引力。因此，不妨將錢花在能帶來即時快樂的小事物上。

4. **少爲保障付費**：人們通常低估自己面對困境時的適應能力。因此，花額外的錢購買保險或延長保固期等「求心安」的行爲可能不是最有效的使用金錢的方式。即使遇到負面事件，其對幸福感的影響也可能不如預期那麼大。

5. **現在付錢，將來享受**：與「現在享受，將來付帳」的消費模式相反，先支付再享受的方式能增加期待的樂趣。等待期間所產生的期待感，可以提供額外的幸福感，有時甚至超過實際消費體驗。

6. **全面考慮**：在購買前，我們往往只注意到商品「吸睛」的特點，而忽略其他重要細節，導致高估該商品帶來的幸福感。要記住，一件商品只會影響生活的一小部分，對整體生活品質的提升通常沒有想像中的那麼大。

7. **避免過度比較**：在購買過程中，太愛貨比三家，可能會分散你的注意力，導致放錯重點。此外，比較產品時的想像與實際使用體驗之間，常會出現差異。

8. **隨波逐流**：儘管現代社會強調個性化，但在大多數情況下，遵循大衆的選擇是更穩妥的方法。一個人是否喜歡某件東西，最好的預測來源通常是其他人是否喜歡它。因此，購物網站上的用戶評分也是不錯的參考。此外，他人的回饋也可能包含我們未曾注意到的重要訊息。

看來，金錢確實可以爲我們帶來幸福，但關鍵在於如何使用這些金錢。

雖然我們沒辦法用無限的金錢，爲自己買到無限的幸福，但至少我們可以選擇如何更妥善地使用金錢，讓有限的財富爲自己帶來更大的幸福。

19 美貌經濟學

長得好看能當飯吃嗎？

嗯，能。

讀者提問專欄 QA

Zumbo：

長期以來，我被教育認爲美貌最多只是虛幻的，眞正能夠留在記憶中並堅守的，是憑藉才能和實力取得的成就。

是的，我就像那個努力依靠實力取勝的「醜小鴨」，但卻生活在一個重視「顏值經濟」的社會中。隨著人們收入的增加、網路短影片的流行和新世代消費者的崛起，社會掀起了追求外表的熱潮。

顏值成爲職場的利器、消費的象徵，在商業、職場、甚至戲劇舞臺上都占有重要位置，同樣在比賽和舞蹈等領域也吸引著衆人的目光。

我明白，外貌出衆的人更容易受到歡迎，但是長得好看就可以當飯吃嗎？

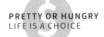

．．．．

在傳統教育理念中，才能通常被視爲比外貌更重要的品質，以至於「以貌取人」成爲一個負面的表述。然而，歷史上，容貌一直不僅僅是表面的外表。

那麼，什麼是顏值？「顏」指的是臉部或外貌，「值」則是指一個數值或等級的意思。顏值可以理解爲某人的外貌與內在素質、身體特徵和氣質等組合所產生的吸引力數值。這種吸引力具有實際價值，與個性、利益、活動和影響力緊密相關。

將數字與容貌結合，意味著引入了一種分層的量化標準：顏值。這個詞彙源自網路時代，並隨著網路的深入挖掘已不僅僅是一個稱謂。

人類從嬰兒時期開始，就天生會對美麗的容貌投以更多的目光。在人們的潛意識中，美與好往往被聯繫在一起，這種聯繫在心理學上被認爲是一種趨利避害的智慧，影響著人們的行爲。

顏值導向的評判標準，雖然可能導致片面的判斷，但它提供了一種快速且簡單的方式來評估事物。這在經濟學上也是具有研究價值的現象。

以貌取人是一種天性

人類對美的追求是出乎本能的，至少也是「雖不能至，心嚮往之」。不論是基於繁衍的需求，還是出於審美的愉悅，美都與人們的利益原則相符。古希臘哲學家亞里士多德在 2000 多年前就對其學生提到：「個人的美貌，比任何推薦信都更具說服力。」（Personal beauty is a greater recommendation than any letter of reference.）

因此，儘管人類經歷了漫長的演化，性格特質也隨之演化，但「以貌取人」的本能仍然根深蒂固，其強度遠遠超過了我們基於理性和道德的反偏見。正如心理學家克米拉・沙哈尼—丹寧（Comila Shahani-Denning）在其研究報告中指出：「長相偏見存在於各個領域，例如老師根據學生外貌給分、選民基於候選人外觀投票、陪審團在不確定的案件中根據外貌作出裁決……長相也影響面試官對應聘者的評價。」

在傳統經濟時代，顏值作爲一種無形資產，其價值並未被充分發揮。但進入網路經濟時代，人們開始公開討論外貌，外貌甚至成爲一種可衡量的商品。一旦事物的價值有了衡量標準，就具備了進入市場流通的可能，由顏值經濟所衍生的產業鏈隨之形成。美容醫療、美妝產業、自拍應用程式、自拍手機、自拍裝置市場因此應運而生並迅速繁榮。

顏值與收入是正相關

顏值體系在消費過程中對商品選擇的影響力巨大，對個人價值的實現也具有相似的影響程度。

美國經濟學家丹尼爾·漢默許（Daniel Hamermesh）花了超過 20 年的時間，從顏值角度研究這個問題。他在論文《顏值與勞動市場》中指出，顏值和終生勞動總收入之間存在顯著的正相關性。相較於長相一般的同事，外表好看的員工享有更高的薪水、更多的額外福利和更佳的特殊待遇。漢默許將之稱爲「美貌經濟學」（the economics of good looks）。

根據他的研究，即使排除其他干擾因素，勞動市場中顏值最低的 9% 男性員工，時薪比全美國平均低 9%，這可視爲市場針對醜陋徵收的罰金（ugliness penalty）。同理，32% 顏值較高的男性員工，時薪高出全美平均 5%，這是市場給予的顏值獎金（beauty premium）。

對於女性員工而言，醜陋罰金會讓其時薪比全國平均低 5%，而顏值獎金則是讓她們的時薪比全國平均高出 4%。總體來看，男女員工合計，醜陋罰金使時薪比全國平均水平低 7%~9%，顏值獎金使時薪比全國平均水平高 5%。

韓國經濟學家李秀雄（Soohyung Lee）和柳慶雲（Keunkwan Ryu）在其研究論文《婚姻和勞動力市場的整型手術效應》中對荷馬仕的美貌經濟學進行了進一步拓展。他們發現，顏值與薪金收入、配偶收入呈強烈正相關。顏值最高的男性的薪金收入比顏值中等的男性高 15.2%，顏值最高的女性的薪金收入比顏值中等的女性高 11.1%；顏值最高的男性其配偶收入水平比全國平均水平高 18.8%，顏值最高的女性其配偶收入水平比全國平均水準高 12.7%。

那麼，一個人投入整型手術的成本，要多久時間才能透過薪資收入和配偶收入來得到回報呢？整型手術在經濟上的投資回報時間，對於男性來說平均要 1.3 年，而女性則需要約 2.5 年。這種投資回報最高的群體是那些顏值從中等以下提升到中等以上的人，而已經擁有較高顏值的人，從整型手術中獲得的回報則相對較低。

在中國，《經濟學》（季刊）曾發表了一篇探討勞動力市場中外表歧視問題的論文，題爲《中國勞動力市場中的「美貌經濟學」：身材重要嗎？》。該論文使用身高和體重這兩個重要的外表特徵來進行分析。研究結果顯示，對男性來說，身材對就業和收入的影響並不顯著，但對女性卻有明顯影響。其中，中等收入階層的女性受影響最大，低收入和高收入階層的女性若體型較胖，其工資影響並不顯著，但對於中等收入階層的女性來說，體型偏胖可能導致工資降低約 10%。

競選和醫生都會「看臉」

不可否認，上述「看臉給錢」的現象確實存在。但來自美國佛羅里達州的管理學教授提摩西．賈吉（Timothy A. Judge）更明確地指出，外貌上的優勢能增強個人的自信心；反過來，這會使他們更有可能獲得高薪。

換句話說，長相出眾的人更加自信，而這份自信讓他們更積極地尋求機會，在競爭中表現得更出色，因此薪水自然也會更高。

這同樣適用於公職選舉。瑞典隆德大學經濟系的尼克拉斯．貝爾戈林（Ignace Bergomi）及其團隊透過實驗證明了這點。

貝爾戈林領導的研究團隊分析了芬蘭大選中近 2000 位候選人。

他們請外國人（主要是美國人和瑞典人）根據這些候選人的照片給予外貌評分，然後將這些評分與選舉結果進行比較。

結果顯示，對芬蘭政治毫無概念的外國人所選出的外貌出色的候選人在實際選舉中通常表現更佳。但與收入調查不同，在政治選舉中，這種外貌效應對女性的影響大於男性。

《經濟學人》的報導也指出，無論是在大猩猩社會還是如今的西方已開發國家，外貌較佳的領導人更可能達到職業生涯的高峰。這包括長相、身高、肌肉、語音、語調等因素，其重要性與成就不相上下。

儘管外貌帶來許多好處，但也有一些缺點值得注意。例如，醫生可能會忽視外貌出眾的病人，因爲人們通常會把好看的臉孔、氣色與健康狀況聯想在一起，這意味著當外貌出眾的人生病時，人們可能不會認爲病情嚴重。研究顯示，在處理疼痛時，醫生通常不會太重視那些外貌出眾的病人。

最令人擔憂的是，高顏值有時可能導致孤獨。1975 年的一項研究發現，人們在街上遇到漂亮女性時，通常會刻意避開——這可能是出於尊重，但也讓人際關係變得更疏遠。外表的魅力雖然在視覺上有吸引力，但反過來也可能讓人感到不好接近。

有趣的是，一個知名的線上約會網站也報導，相比於頭像有特色或缺點的用戶，頭像看似完美無瑕的用戶更難找到約會對象——或許是因爲他們給人帶來較大的壓力。

高顏值憑什麼高收入？

讓我們回到經濟學的領域，高顏值就能獲得高價值，這是合理的嗎？

合理。

許多經濟學研究發現，高顏值的人在勞動效率、雇主對其投入的報酬率、信貸批准率和條件等方面，表現出顯著優於顏值較低的人。

經濟學家尚恩・P・索特拉（Sean P. Saltera）、小富蘭克林・G・米森（Franklin G. Mixon Jr.）和厄內斯特・W・金恩（Ernest W. King）進行的研究發現，顏值高的房仲能爲雇主創造更高的交易價值，這表示雇主傾向於給予顏值高的員工更好的工作和收入，並不完全是基於歧視。

此外，經濟學家約翰・卡爾・斯庫茲（John Karl Scholz）等人的研究《顏值和終生收入》指出，顏值與學生時代參與課外活動的程度、自信心和性格特質有較強的正相關性。這表示高顏值的人求學時有更多機會參與社會組織活動，從而培養出勞動力市場看重的溝通能力、領導能力等人力資本素質。

總結來說，高顏值者之所以擁有更高的人力資本價值，不僅源於他們自身的優勢，還包括社會對高顏值者的人力資本資源的傾向性投入。

在這些經濟學家看來，美貌同樣是一種生產力資源。俊俏的外貌令人眼前一亮，能讓與之共事的同事工作更加積極、精神飽滿，這正是經濟學家所稱的外部效益。

外型亮麗的男女特別討喜，對顧客具有一定吸引力，因此也被稱爲顧客偏好型（customer preference）。雇主聘用他們，目的無非是利用其外觀所產生的外部效益來取悅顧客，使他們有賓至如歸之感，並願意再次光顧。

雖然依靠外貌吸引顧客的行業不多，但外表出色的男女，即使在幕後工作，也能發揮經濟效益。因爲長相出衆的人自尊心通常較強，工作起來更有自信，從而生產力也相對較高。

用經濟學的角度來看，雇用一名員工所產生的成本不僅僅是支付給這名員工的工資（顯性成本），還包括了同事的幸福感（隱性成本）。如果新員工不易相處，工作環境變差，則同事的幸福感降低。因此，公司可能需要提升薪資來彌補員工的不滿意，從而間接提高了雇用新員工的成本。

顏值經濟，不僅體現在人身上

人是如此，商品也是如此。顏值經濟並不僅僅局限於人，它同樣延伸到產品和品牌領域。美觀是人類的一種基本需求，我們可以將其視爲感官刺激的一個範疇，其中包括聽覺、嗅覺和觸覺等方面。當人們面對琳琅滿目的商品時，第一印象通常是「眞好看」，進而產生「我想要」的欲望，最後才會理性地評估商品的實用性。

尤其對於「90 後」和「Z 世代」這些在較好的物質環境中成長、受過良好教育的年輕人來說，他們對顏值的追求尤爲顯著。在這樣的背景下，很多高顏值且具特色的網紅品牌迅速崛起。例如，一款結合中國故宮文化元素的膠帶，以燙金、仙鶴、水墨圖案裝飾，成爲淘寶上的熱銷商品。此外，許多中國品牌的化妝品和生活用品也在顏值上下足功夫，例如精緻的腮紅和各式口紅，消費者甚至只看到商品圖片，就會忍不住「買買買」了。

高顏值的價值在於能吸引消費者的注意，激發他們首次購買的意願。然而，要形成重複購買和建立顧客忠誠度，還得依靠產品的品質。產品不僅要美觀，更要實用。企業需要加大研發投入，堅持創新，才能確保產品長期受歡迎。如今的消費者見多識廣，選擇範圍廣泛，他們可能因爲顏值買單一次，但如果產品品質不過關，那麼產品竄紅的速度多快，消失的速度就有多快。

因此，眞正能走得長遠的企業不僅要注重外在的顏值，還要將其深植於企業的內核，融入長期戰略經營中，滲透到管理的各個環節，並不斷進行創新和更新。最終，通過產品和服務，在市場上形成具有鮮明個性的品牌形象，提升市場美譽度和競爭力。顏值固然重要，但只有擁有獨特魅力的顏值，才能贏得廣大消費者的認可和喜愛。

長得好看，爲什麼能當飯吃？

站在經濟學角度，長得好看，並非僅指容顏之美，廣義來說是泛指一種優異的外在展現。這可能是時尚的服飾、華麗的舞台、精彩的演講，甚至是精美的工作 PPT 簡報……這一切都是美好外在的代表。

在經濟學上，「當飯吃」意味著價值，意味著被市場所接受。外表吸引人，就是說，人們不僅注重內在價值，也重視外在價值的展現。內在和外在的結合，才是對「美」的完整理解。

因此，「看臉」並非膚淺。恰恰相反，美是深層的表達，它適應了當代的潮流。但這並不意味著能力不重要。天生的美貌雖然不可改變，但後天的努力如同細水長流，也能逐步提升個人魅力。舉例來說，許多女性透過關注「小紅書」上的時尚達人和他們的原創品牌，提升自己的時尚感，間接爲自己的外表加分。

時光流逝，只有內在的品質是永恆的。我們可以透過意志力、恒心和耐心來養成好的身體狀態；用能力和財富來投資美麗；用善良和平和的態度來對待他人；用自信和堅定的態度來面對事業。當臉上沒有怨氣和憤懣，自然會有春風般的陪伴。

外表的不足，我們可以透過後天的保養和人品來彌補。正如那句話所說：「始於顏值，陷於才華，終於人品」。

20 敘事經濟學

傾家蕩產瘋狂追星，是不是完全失去理性的行爲？

「倒牛奶」是資方在特別理性地實施「敘事經濟學」

讀者提問專欄 QA

Zumbo：

最近網路上流傳一段「爲偶像投票而倒掉牛奶」的影片，引發廣泛討論。某些選秀節目的粉絲爲了支持心儀的偶像，瘋狂購買牛奶來「打榜」。由於投票的二維碼印在牛奶瓶蓋的內側，爲了投票，他們不得不擰開瓶蓋，導致大量牛奶被浪費，只留下瓶蓋。

看到這個畫面，我感到非常痛心。之前我曾到西部山區捐助學校，看到那裡的孩子們因爲家庭困難，根本無法享用牛奶。我們帶去的幾箱牛奶，他們每人只能分到一盒，還要帶回家與家人共享。相較之下，這些粉絲的行爲無疑是對資源的極大浪費。

同時，我對這種追星方式也感到困惑。我能理解追星的心情，年輕時我也有過類似經歷，那時是購買偶像的專輯和演唱會門票。雖然花了不少零用錢，但至少有實質的回報，如欣賞到精彩的音樂和現場演出，達到了一種互惠互利的狀態。

相對於我那時的追星方式，現在這種「倒奶式追星」，粉絲們花錢卻沒有得到任何實質的好處，偶像也未能從中獲益。這種既損害自己也不利於他人的行爲，似乎違背了經濟學的基本原則。爲何會出現這樣扭曲的現象呢？

．．．．

網路上流傳的「爲偶像投票而倒牛奶」的影片，的確讓我們對部分粉絲不理性的追星行爲有了更深的認識。如你所說，我們國家才剛擺脫貧困、達到較爲舒適的生活水準，但許多山區家庭的生活條件依然艱難，甚至連基本溫飽和營養都有問題。相較之下，這種浪費行爲，不僅造成資源的浪費和環境污染，更可能導致有人誤以爲這是正常行爲，令人感到不滿。

從經濟學的視角來看，爲何會發生這些極端行爲？這些粉絲爲何會採取如此非理性的追星方式？我們又該如何減少這類行爲？接下來，我將逐一解析。

故事可以帶來獨特的認知

先來看一個問題吧。

看到一個被咬了一口的蘋果，你會聯想到什麼？

有人可能會聯想到亞當和夏娃的故事。這個故事源自《聖經·創世記》，講述了上帝創造了一男一女，男的名叫亞當，女的叫夏娃。亞當是由地上的塵土造成，而夏娃則是用亞當身上的肋骨造成的。他們住在伊甸園，園中有兩棵樹，一棵是生命樹，另一棵則是智慧樹。

上帝告訴亞當和夏娃，園子裡的各種果子他們都可以吃，但智慧樹上的果子是禁止觸碰的，因爲吃了就會死亡。然而，夏娃受到蛇的誘惑，吃了智慧樹上的果子，並且分給了亞當，亞當也吃了。上帝對他們違背命令感到震怒，因此將他們趕出了伊甸園，並讓他們及其後代經歷各種苦難。

在這個故事中，被咬了一口的蘋果成爲了人類七情六欲的象徵。

還有人可能會想到 iPhone，蘋果公司的 Logo 就是一個被咬了一口的蘋果。這個 Logo 據說是爲了紀念偉大的人工智慧先驅——艾倫·麥席森·圖靈（Alan Mathison Turing）。

圖靈是英國數學家和邏輯學家，更是公認的計算機科學與人工智慧之父。1931 年，他進入劍橋大學國王學院就讀，畢業後遠赴美國普林斯頓大學深造。第二次世界大戰期間，圖靈參與了爲英國情報單位解密德國的「恩尼格瑪」（Enigma）密碼系統的工作，爲二戰勝利做出了重要貢獻。

圖靈的個人生活充滿挑戰，他是公開的同性戀者，這在當時的英國是違法的。1952 年，圖靈因同性戀行爲被捕，面對入獄和接受激素治療，他選擇了後者。不幸的是，1954 年，他在正值壯年時便離世，有傳言其死因是自殺，因爲他過世時旁邊有顆吃過的毒蘋果。

相傳，蘋果創辦人賈伯斯很崇拜圖靈，因而選擇了缺一角的蘋果作爲公司標誌，以此向圖靈致敬，但後來賈伯斯在接受英國廣播公司（BBC）訪問時表示，缺角的蘋果不是在向圖靈致敬，不過他也同時表示自己很希望這傳言是眞的。

而我則想到了 1999 年那場轟動一時的中國首屆新概念作文大賽的複試。雖然我當時獲得入圍獎而未能親自參加在上海南洋模範中學舉辦的複試，但那場考試的題目卻讓我和許多人記憶猶新：134 位入圍者齊聚一堂，下午一點半開始考試，每個考場的監考老師都從口袋裡拿出一個蘋果，咬了一口後放在椅子上，這就是複賽的題目——一個被咬了一口的蘋果。

這個蘋果，代表著打破傳統的勇氣和青春直率的表達。你看，一個簡單的被咬一口的蘋果，在歷史上就承載了那麼多不同的故事，每個故事都給它賦予了特別的意義。但在我們的印象中，這個被咬了一口的蘋果總是代表著某種突破和掙扎。

爲什麼，一個平凡的被咬了一口的蘋果，會在我們的心中引起這樣的聯想？這正是敘事的魔力。透過幾個經典故事的傳播，這個象徵在我們心中已經種下了深刻的印象。

敍事是人類特有的情感共鳴

傳統經濟學的研究典範（research paradigm）中，有兩個基本的假設：理性人假設和完全資訊假設。經濟學家基於這兩個假設，運用量化分析方法，將許多容易察覺、追蹤和整理的定量指標作爲研究的重要參數。

然而，在當今高度聯結的全球化背景下，透過新聞媒體、社交網路和口耳相傳傳播的流行敍事，無論是關於經濟信心或恐慌、房地產市場的繁榮或衰退，或是涉及網紅、比特幣等議題，不論傳播的是事實還是謠言，都在影響人們的認知和決策，進而改變整個經濟和社會的走向。如果經濟學家對此視而不見，僅依賴理性行爲和完全資訊的假設，將難以準確解讀經濟和社會的發展。

幸運的是，耶魯大學的斯特靈經濟學教授羅伯．席勒（Robert J. Shiller）開創了敍事經濟學（narrative economics，又譯「故事經濟學」），解析了集體情緒和敍事對經濟的影響，研究敍述事件與經濟之間的因果關係和數據相關性。在他的著作《故事經濟學》（*Narrative Economics*）中，他使用大量的歷史案例和數據，分析那些影響經濟行爲的流行事件背後的敍事原因，以及企業管理者如何有效地利用這些敍事。

因爲對敍事經濟學的開創性貢獻，羅伯．席勒於 2013 年獲得了諾貝爾經濟學獎。

我們都知道，敍事對人的行爲有著深遠的影響，這是敍事經濟學的核心觀點。人的大腦並不喜歡枯燥乏味的訊息，反而更喜愛情節曲折、引人入勝的故事。故事之所以吸引人，是因爲讀者對角色的命運感同身受，從而激發了情感和共鳴。

故事的形式相當多元，可以是一首歌曲、一則笑話、一個理論、一條解釋或一項計畫，這些都能在日常對話中輕鬆地傳播開來。

亞里士多德曾說，**我們無法透過智慧來影響他人，但情感卻能做到**。故事易於記憶，能喚起情感，引發衝動，從而影響行爲——這使得故事成爲最有效的說服方式之一。

古希臘哲學家柏拉圖也非常重視敘事的力量。他透過虛構的蘇格拉底對話的方式，記錄下了自己的哲學思想，正因如此，他的作品才得以流傳至今。

進入 20 世紀，來自不同學科的學者開始認識到敘事——看似只具娛樂價值的故事——實際上是人類思維和動機的核心。例如，存在主義哲學家沙特（Jean-Paul Sartre）在 1938 年指出，**人們總是在講述故事，他們的生活被自己和他人的故事所包圍，通過故事來理解自己的生活經歷。**

人類學家唐納．布朗（Donald E. Brown）在研究世界各地不同語言的人們時，觀察到了一種「普遍行爲」，卽人們會透過敘事來解釋事物的由來和講述故事。

因此，敘事的影響力不容小覷。這正是羅伯．席勒所研究的重點。他指出，敘事經濟貫穿生活的各個方面，「有些故事會像病毒一樣傳播，對人們的經濟活動產生巨大影響」。

我們常常在生活中見證到敘事力量的展現：耐人尋味的奇聞軼事總是風靡不衰；一個引人入勝的故事能夠引起廣泛關注，進而轉化爲具有商業價值的知識產權（IP）。一個具代表性的例子便是名人的故事，比如企業家白手起家的成功故事，我們聽過無數版本；還有衆多的民間美食傳奇，這些故事往往與某位皇帝或歷史事件相聯繫。這些故事因爲簡單易懂，涉及身份認同，也方便大衆代入和傳播。

這些病毒式傳播的敍事不僅是一種現象，更是激發市場趨勢和群體情緒的根本動力。這種循環演進和相互影響的關係，使敍事成爲社會公共信念的重要組成部分。一旦這些信念形成，它們就會潛移默化地影響每個人的經濟行爲。因此，敍事傳播成爲了一個非常重要的經濟變化機制和預測變量。

敍事可以改變人的經濟行爲

看起來，人們對敍事有一種近乎狂熱的喜好，而好的敍事可以發揮什麼作用呢？「拉弗曲線」故事就是一個典型的例子。

1981 年，年邁的隆納德・雷根（Ronald Wilson Reagan）就任美國第 40 任總統。當時的美國正面臨自大蕭條以來最嚴重的經濟危機。持續的越戰和對美國政治體系的懷疑，使得國家陷入了深深的困境。在這種背景下，雷根提出了「雷根經濟學」，最終成功地引導美國走出困境，這一舉措也被稱爲「雷根革命」。

「雷根經濟學」是雷根總統任內實施的一系列經濟政策，包括削減政府預算、控制貨幣供應量、減稅和放寬企業管理規範等。然而，這些政策也受到了「劫貧濟富」的批評。

在當時經濟困難、民衆生活艱難的背景下，這種被視爲有利於富人的政策是如何獲得公衆支持的呢？如果雷根僅僅直接向公衆介紹這一政策，可能無法獲得支持，甚至引起公憤。

這時，「說故事」發揮了作用。據說，在多年前的一個冬天，芝加哥大學教授亞瑟．拉弗（Arthur Laffer）在華盛頓的一家餐廳與時任福特總統辦公廳主任的拉姆斯菲爾德和副手切尼共進晚餐。酒酣耳熱之際，拉弗用餐巾草擬了一條曲線，即後來聞名於世的「拉弗曲線」（見圖 4.1）。

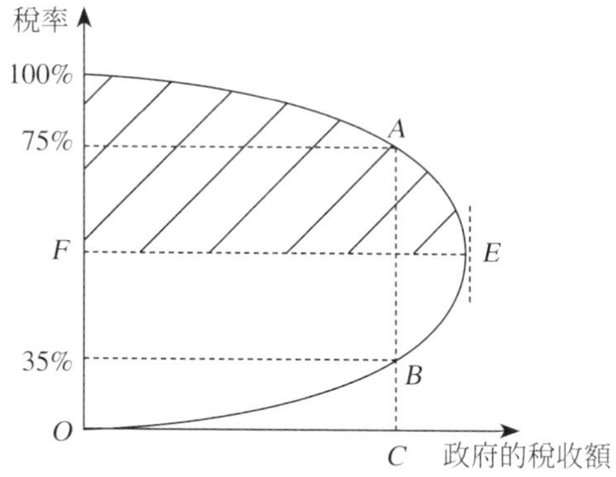

圖 4.1　拉弗曲線

拉弗曲線的縱軸代表稅率，橫軸則代表政府稅收。這條曲線意味著，對於任何特定的稅收，都存在兩個相應的稅率——一個較高，一個較低。這其實很容易理解，例如稅率爲零時，稅收總額自然也爲零；而稅率若爲 100%，則意味著收入全數被徵稅，稅收總額也會因此歸零。

那麼，這條曲線的政策含義是什麼呢？假如政府的目標是獲取特定的稅收額，那麼相比於增稅，減稅可能是更佳的選擇。即使徵得的稅收額相同，減稅能更好地激勵社會工作和創造動力，將利益回饋給民眾。這便是減稅創造稅基的簡單道理。

這條「餐巾上的拉弗曲線」的故事，最初是由《華爾街日報》的編輯萬尼斯基於 4 年後報導出來的。據說當時萬尼斯基也在場，並收藏了那張餐巾。

拉弗曲線的概念本身可能顯得枯燥，而關於減稅節支的政策也不容易被大眾接受。然而，透過在餐巾紙上畫出曲線的故事，這種複雜的經濟理論變得有趣且易於傳播。人們在接受並傳播這個故事的過程中，也在潛意識中接受了其中的「減稅節支」理念。

這個故事成爲了雷根政府所推崇的供給學派經濟學的基礎，也使得公眾接受了雷根新政，進而催生了起源於美國並影響歐美及全球的「小政府」風潮，包括減稅和解除管制。

這是一個引人入勝的故事，結局看似完美。唯一的問題是，拉弗本人表示不記得有這麼一回事。多年後，他在回憶時提到，餐巾是布做的，自己從小就被母親教育不可損毀好物。言外之意透露出他不可能在餐巾上畫圖。不過，這個故事的眞假已經無人在意。拉弗自己後來甚至寫了一篇長文——《拉弗曲線的過去、現在和未來》，似乎接受了這個故事。畢竟，故事如此引人入勝，何不將錯就錯？

「人們都是故事的俘虜」，這是羅伯．席勒在說這個故事時所下的評論。敘事發生在任何有人參與的場合中，其中股市尤其體現了敘事的重要性。股民每天關注來自各種渠道的資訊，包括新聞報導、公司公告，甚至是市場傳聞，這些都或多或少影響著市場。特別是政府政策的解讀，這在市場中扮演著關鍵角色。

舉例來說，美國聯邦公開市場委員會（Federal Open Market Committee，簡稱 FOMC）私下被笑稱是「聯邦張嘴委員會」（Federal Open Mouth Committee），這主要是因爲該機構的每一次觀點發表都會被媒體詳細分析，甚至分析發言人的個人特質，來預測市場未來的走向。因此，每當有官員發言，都會對金融市場的波動產生影響。

敘事不僅對短期市場變化產生重大影響，還能在長期影響人們的價值觀。席勒指出，在 18 世紀和 19 世紀，大多數人沒有退休或供子女上大學的概念，因此他們沒有爲這些目標儲蓄的動機。「窮人應該學會儲蓄」的觀念是 19 世紀儲蓄銀行運動的宣傳結果。然而，在二次大戰後的經濟復興運動中，這種觀念被新的「消費主義」所取代，旨在促進消費和就業，從而實現戰後經濟的快速復甦。

好的故事可以創造商業價值

敘事之所以能深植人心，是因爲它容易在公衆心中埋下種子，進而生根發芽，成長爲鮮明的認知。因此，許多商業品牌的起源和發展都是透過敘事來描繪和傳播其願景。

中國人熟知的「褚橙」，背後的故事是前中國菸草大王褚時健在保外就醫後，承包了 2,400 畝荒山，從 74 歲開始種柳橙，重新踏上創業之路。王石對褚時健的描述讓人印象深刻：他提到探訪時見到的是一位 75 歲的老人，戴著墨鏡、穿著破圓領衫，興致勃勃地與他討論橙子 6 年後結果的景象。

有這樣一個故事作爲背景，「褚橙」一度成爲網路熱門關鍵字，尤其在企業家的圈子裡廣受好評。在這種情況下，橙子的品質和價格似乎都變得次要了。褚橙不僅僅是橙子，更是一種精神象徵，一種堅持不懈的勵志精神。「品褚橙，任平生」成了褚橙上的勵志標籤。

席勒認爲，比特幣（Bitcoin）的成功也是一次成功的敘事。比特幣背後的故事聚集了許多引人入勝的元素：隨著計算機技術日益進步，人們對於被技術所取代的恐懼逐漸增強。比特幣基於 P2P 網路、加密技術、時間戳技術、區塊鏈技術等，提出了一種去中心化的概念，打破了集中控制帶來的恐懼。

此外，根據官方介紹，比特幣的目的是作爲一種有望削弱權力機構的加密貨幣。它被視爲反抗權威的工具，一種大家共同創造的「非主權貨幣」。此一概念吸引了全世界擁有類似想法的許許多多人，共同爲比特幣這個故事貢獻力量。

再者，總有一些關於比特幣的令人激動的「故事」不斷發生。例如，至今身分成謎的神祕創辦人「中本聰」（Satoshi Nakamoto），滿足了人們對「無名英雄」的嚮往；有人以一萬個比特幣購買了史上最昂貴的披薩；還有人因忘記比特幣帳號密碼而損失了數億元；馬斯克一度支持比特幣，甚至允許用比特幣購買特斯拉；比特幣不斷刷新歷史新高，馬斯克甚至發文表示「價格太高了」。這些吸引人眼球的敘事，一次又一次地將比特幣推向高潮。

看吧，僅憑說出好故事，就足以讓許多人認同並接受一個產品的價值，甚至不顧這產品是否眞實存在、價格昂貴與否，以及品質好壞。

流量背後的資本力量

在數位網路時代，「眼球經濟」的興起爲敍事經濟學提供了無窮的例子。爲了吸引大衆的注意、獲得關注度和流量，許多商家在敍事方面不遺餘力。

正如《小王子》作者聖修伯里（Antoine de Saint-Exupery）的這段話，値得我們思考：「如果你想要打造一艘船，不是先請大家去收集木材，或是分配工作與發號施令。相反的，你應該先激起所有人對浩瀚海洋的一片渴望。」

李子柒，一位將日常生活和傳統文化拍攝得如詩如畫的短影片創作者，在 YouTube 上擁有超過一千萬名訂閱者。透過她的視角，來自世界各地的觀衆看到了中國的風土人情、文化傳統，以及忙碌而溫馨的生活場景，療癒著每一位觀衆的心靈。李子柒呈現的田園生活，讓生活在喧囂中的觀衆暫時逃離日常，感受一份不屬於自己的寧靜。

她呈現的古風田園生活和美食美景，正是我們心中對美好生活的嚮往，也是一種遙不可及的夢想。透過創造一個「不那麼眞實但符合公衆期待」的鄉村美食美景，李子柒的故事成功吸引了大衆的目光。

儘管面臨「假田園」「文化輸出不眞實」等爭議，但據海豚智庫發布的《2021 年最具成長性的中國新消費品牌》報告顯示，李子柒 2020 年的銷售額達到人民幣 16 億元（約合台幣 70 億元），同比增長 300%。

「李子柒」這個 IP 無疑是一個商業品牌，儘管其銷售的都是工業化產品，但在其形象代言人的影響下，這個品牌給人一種原始、天然、手工、品質超讚的印象，吸引更多人購買。消費者在購買李子柒品牌的商品時，他們不僅買到美味，也買到了對遠方美好生活的嚮往。

關於之前提及的選秀節目，爲何會引起衆多粉絲的瘋狂追隨，答案在於其敘事主題：「養成系偶像」。

「養成系」一詞起源於遊戲界，原指玩家在遊戲中培養角色，隨著遊戲進展與角色共同成長，使遊戲角色成爲玩家和遊戲製作團隊共同創造的作品。

所謂「養成系偶像」，則是指粉絲與偶像共同成長的過程。在這裡，粉絲透過投票選擇心儀的練習生，而製作團隊則根據票數來決定這些練習生的命運。偶像的挑選、成名、獲獎等過程都離不開粉絲的積極參與，節目的設計讓粉絲感受到自己對偶像命運的控制權，從而與偶像建立起強烈的情感連結。

「養成系偶像」激發了許多人內心深處的明星夢，讓他們有機會參與培養一個屬於自己的偶像，就像看著自己的「孩子」一步步邁向成功。這樣的過程迎合了他們的「自我實現夢」和「培養後代夢」，使得他們願意爲此付出巨大代價。

進一步來看，長期「爲偶像投票」的行爲所建立起來的情感依賴，讓粉絲之間和不同團體成員之間的競爭日益激烈，透入了越來越多的情感，甚至達到了一般大衆難以理解的狂熱程度。

然而，這種感情紐帶（human bonding，又稱感情連結）的背後，其本質仍是商業和金錢。粉絲在應援過程中需要花費大量金錢來讓心儀的偶像脫穎而出，而偶像成團後的一系列商業活動仍然需要粉絲的持續投入。

說到底，所謂的「與偶像共成長」感人故事，不過是商業的一場表演而已。這場表演的最終目的是粉絲的錢包，目標是盡可能榨取每一分利益。

就像之前某綜藝節目因「倒牛奶」事件被叫停後，有人提議選秀節目的「觀衆投票」應該改爲慈善或公益活動：比如做好垃圾分類可投 1 票，種樹可投 10 票。但這種模式爲何從未實現？因爲商業利益不允許。

事實上，爲偶像投票與牛奶捆綁，而不是與種樹等環保活動結合，更多是出於商業考量。熟悉市場經濟操作的消費者不容易受網路行銷影響，唯有粉絲願意爲這種行銷手法買單，他們相信「偶像的命運掌握在粉絲手中」。因此，「養成系偶像」的粉絲成爲平台和商家行銷策略之下被收割的「韭菜」[15]，「爲投票而去買某款牛奶」成爲廣告商行銷變現的主要方式之一。

---

15 「割韭菜」最早源自中國的慣用語，因為韭菜生長快速，即使拿刀切斷菜葉，不久後還會再長出來，因此中國最早將股市中容易賠錢的新手比喻成「韭菜」，而把他們的錢賺走的人，就是割韭菜的人。後來引伸為「付出努力或金錢但本身卻沒有得到成果，成果都被別人拿走」。

廣告商支付巨額贊助費以獲得冠名權，再與平台共同制定規則，深度綁定品牌和選手，將投票權和產品銷售緊密結合，迫使粉絲買單。廣告商賣產品，粉絲買投票權，所以牛奶的浪費從一開始就是預料中的結果。

看似浪費的「倒牛奶」行爲，實際上是各方在經濟考量下達成的利益最大化結局。這就是近年中國選秀節目的本質：利用線上串流平台搭起舞台，召集練習生，製造話題和討論熱度，再與資方一起收割流量。

因此，在「養成系偶像」的世界裡，能力的強弱並非關鍵，重要的是各自的個性和故事是否引人入勝，能否讓粉絲在其中找到理想自我和情感寄託，這才是成名的關鍵。

被稱爲「逆向選秀第一人」的俄羅斯青年利路修，原本只是在中國選秀節目《創造營 2021》擔任日本選手的中文老師，後來被節目主辦單位相中邀請參賽。他原本就無意出道當明星，對比賽排名毫無興趣，與其他練習生充滿熱情的「夢想，努力，出道」氛圍截然不同。從一開始，他就期待著早點被淘汰，就能高高興興地回家。

然而，正是因爲他這種一反常態的態度，許多網友反而稱他是「爲了別人的夢想而努力的孤獨男人」。這與許多上班族希望自己能在工作中隱形，獲得片刻安寧的心態不謀而合，因此他獲得廣大粉絲瘋狂的支持，持續晉級過關。儘管利路修不斷呼籲粉絲別再投票給他，「反內卷」[16] 形象更加鮮明，直到最終成團之戰才終於被粉絲

---

16 「內卷」是中國名詞，源自英文 involution（向內進化），其實「內卷」一詞最早來自社會學的一種概念「內捲化」，後來衍生為「惡性競爭」或「內鬥」。常用以

「放過」，得以下班回家。

這種因共情而不顧本人意願、能力強弱的被迫出道，實則是對「養成系偶像」的諷刺。

對於那些被偶像成長故事所吸引、全力支持的粉絲來說，他們將人生追求寄託於他人身上，倒不如學習敘事經濟學，講好自己的故事，打造自己的人生 IP，掌控自己的未來，成爲自己人生的主角。

表示社會底層人民為了求生存，彼此激烈地競爭，甚至主動降低薪水，但最後的好處都被資本家、權貴、高官拿走了。

第 5 章

創業者不可不知的經濟學

為什麼金錢不是萬能的？

餐廳為什麼有「飲料無限續杯」服務，不怕被喝垮嗎？

吸引顧客，為何要用優惠券，而不是直接降價？

21 價格歧視

吸引顧客，爲何要用優惠券，而不是直接降價？

產品定價裡充滿了價格歧視，不過歧視的是「有錢人」

讀者提問專欄 QA

Zumbo，你好！

我曾經是一名廚師，花了大約十年的時間才當上主廚，之後決定自行創業。最近在台北開了一間小餐廳，除了店面營業外，我們也透過外送平台接單。我堅持薄利多銷的原則，訂定了較親民的價格，僅略高於成本，希望透過此策略吸引顧客。

但實際情況並不理想。我的料理不論是口味或品質，都超越了附近其他餐廳，在外送平台上也獲得了優異的評價。儘管價格比市場上低約 20%，但顧客上門的數量卻未達預期，特別是我原本期望能以高品質、低價格吸引回頭客，但實際上卻未見明顯效果。

後來外送平台的營運團隊來訪，建議我稍微調高價格，並透過發放優惠券以回歸原價。雖然我認爲這樣做有些多餘，但還是決定試看看。結果證明，這個策略的確提升了外送的訂單數。

我想瞭解的是，爲何提高價格並設定優惠券讓顧客在結帳時兌換，即便增加了操作上的繁瑣，卻似乎比直接降價更能吸引顧客？有些顧客沒有留意到優惠券，就直接下單了，這讓我感到些許不安，似乎讓他們吃了虧。對於這些顧客，我該如何提醒他們記得使用優惠券呢？

希望你能提供一些建議，幫助我解決這個疑惑。謝謝你！

· · · ·

獨立創業開餐廳，這份勇氣眞是令人欽佩，恭喜你！身爲一名經驗豐富的大廚，你對於製作一流美食無疑是專業的。因此，我相信你的新餐廳定能以卓越的品質贏得顧客的喜愛。但是，從廚師轉型爲餐廳老闆，你需要的不只是出色的廚藝，還要學會如何經營餐廳。例如，在經營管理上，定價策略扮演著重要的角色。一方面，不能把價格設得太高，以免顧客卻步，減少光顧；另一方面，價格若訂得太低，即使顧客流量大，但日營業額有限，可能就無法獲得應得的利潤。要如何找到一個平衡點，讓每位顧客都能以合理的價格享受美味的餐點，同時保持回購意願，這是一個既微妙又難以掌握的技巧。自從商業出現以來，定價一直是一個需要不斷調整和優化的問題。事實上，優惠券正是一種價格差異化的策略。

優惠券，其實是價格歧視

我們去肯德基、麥當勞等速食連鎖店時，經常會收到優惠券，享有折扣優惠。現在，許多商業應用程式——包括外送平台——也常推出電子優惠券。你提出了一個好問題：為什麼商家要推出優惠券，而不是直接降價來吸引顧客？這樣的做法是否顯得多餘？

事實上，優惠券策略雖然看似增加了商家和顧客的麻煩，但其背後有一套合理邏輯，因而受到廣泛歡迎。

請思考以下問題：

假設你是賣冰棒的，有兩款庫存充足，每支成本 2 元。如果有兩位顧客，A 顧客願意支付 7 元，而 B 顧客只願意支付 5 元。你應該如何訂價？

若訂為 7 元，你只能賣給 A 顧客，賺取 5 元利潤，但 B 顧客則買不起。若是 5 元，則兩位顧客都會購買，總利潤為 6 元。表面看來，訂定為 5 元似乎更合適，但 A 顧客原本願意支付更高的價格，你因此失去了潛在的利潤，這就是所謂的「消費者剩餘」。

解決這問題的方法之一是統一定價 7 元，再提供一張 2 元的優惠券，並設定領券的條件（程序可以稍微複雜）。這樣一來，願意支付 7 元的 A 顧客會直接購買，而 B 顧客則會為了以 5 元購得而領券。這種策略讓不同消費者根據自己的價格敏感度作出選擇，同時也讓商家的利潤最大化。

在經濟學上，這種策略稱爲價格歧視（price discrimination），即對同質性商品或服務實施不同銷售價格或收費標準的做法。當商家對同一商品或服務、針對不同買家實行不同售價時，這就構成了價格歧視。這是企業透過價格差異化來獲取額外利潤的一種策略。需要注意的是，這裡的「歧視」一詞並沒有貶義，當然也沒有褒義。歧視的對象更確切地說是不使用優惠券的「有能力支付的人」。

如果經營者在沒有正當理由的情況下，對同一種商品或服務的多個買家實行不同的售價，那麼就構成了價格歧視行爲。

價格歧視是一種重要的壟斷定價行爲，是壟斷性企業通過差異定價來獲取超額利潤的一種定價策略

一級價格歧視——討價還價

在商業發展的漫長過程中，價格歧視經過實際應用的考驗，演變成爲一套多層次的精妙策略。經濟學家把價格歧視分成三個層級，其中一級價格歧視，也被稱作完全價格歧視（perfect discrimination），指的是對每一單位產品訂定不同的價格。這種策略的關鍵在於商家能夠準確瞭解每位消費者對產品的最高支付意願，並依此來訂價，從而完全攫取消費者的消費剩餘。

在一級價格歧視下，賣家會爲每位顧客及其購買的每件商品單位訂定不同的價格。想像一下，在哪些情況下會出現這樣的定價方式呢？一個常見的例子是路邊攤販。在售賣商品時，他們通常會先

報出一個較高的價格，然後透過討價還價的過程來探測消費者的心理價位，最終以消費者能接受的最高價格成交。

這類定價通常適用於那些在大市場上無法獲得統一定價的非常規商品。舉例來說：

你前往某個美麗的海邊度假城市旅遊，在離開之前想買一件紀念品。海邊的小攤上展示著各式各樣的當地手工藝品，每一件都是獨一無二的，其他地方買不到。你最後看中了一件心儀的紀念品並詢問價格。攤販老闆打量了你一番，開價「至少 300 元」。經過一番討價還價，你最終以 200 元的價格買下了這件商品，心滿意足地帶走了它。然而，你可能不知道的是，接下來另一位看起來更富裕的顧客對同樣的紀念品感興趣。老闆看了她一眼，便開出了 2000 元的價格。這位顧客毫不猶豫地付款購買。

這件手工藝品的實際成本並不是關鍵所在。

關鍵在於，這正是一級價格歧視的典型案例——根據顧客的外觀和支付能力來訂定價格。

二級價格歧視——量大從優

對於同一商品，每個人的需求量是不一樣的。例如，一個人日常生活中可能只需要買一兩個碗，但是開餐廳的話，可能會願意以半價購買 1,000 個碗。這正是消費者需求價格彈性的概念。在不同的需求情況下，我們對價格的期望也會有所不同。

這就引出了二級價格歧視（second-degree price discrimination）的概念，也就是商家根據消費者的需求變化，將需求量分成不同階段，再依據購買量來訂定不同的價格。這樣一來，商家可以在提高銷量的同時，最大限度地獲得消費者在不同購買量下的消費剩餘。

在二級價格歧視中，銷售者可能無法明確知道每位顧客的具體特點，但他們會提供不同的價格和條款，讓不同的購買者能根據自身需求選擇合適的價格方案。延續先前那個例子：

你在旅行時，除了為自己購買紀念品外，還打算為同事帶一些小禮物。你在一家攤位看中了冰箱磁鐵，老闆開價是每個 30 元，但你討價還價後，成交價為每個 20 元。當你表示想買 10 個時，老闆進一步降價至每個 15 元。付完錢裝好產品後，這時老闆又說了：如果你再買 10 個，我只要再收你 100 元就好。

你想了一下，價格越來越划算，如果只買剛才的 10 個，單價是 15 元；多買的 10 個，單價只需要 10 元。這麼划算的價格，不如多送幾個同事好了。

於是，本來只打算買 10 個的你，爽快地買了 20 個紀念品。

這正是二級價格歧視的一個實際案例。

相對地，逆向二級價格歧視則是指購買越多，單價越高的情況。例如，手機流量套餐，如果超出了預定的流量範圍，就會按更高的價格計費。這種策略主要針對的是消費能力較高、對價格不太敏感的人群。

總的來說，價格歧視實際上是一種針對不同消費能力層次的客戶進行分類的策略。對於那些消費能力較高的顧客，商家會設計出高毛利的產品，從而從這些「有錢且不太在乎價格」的顧客那裡賺取利潤。

所以，可以說價格歧視確實是對有錢人的一種「歧視」……

三級價格歧視——專門訂製的歧視

三級價格歧視（third-degree price discrimination），也稱作指標選擇（selection by indicators），是商家針對不同市場的不同消費者採取的一種不同價格策略。透過這種方式，在能夠實施較高價格的市場獲取額外利潤，同時在各個市場上達到收益最大化。這種策略常見於公共資源的配置上，像是離峰電價。

離峰電價是指在一天中不同時段設置不同電價以應對用電高峰期的需求。通常白天用電需求較高，晚上及深夜則用電量減少。這樣的價格設定不僅滿足了白天的緊急用電需求並獲得了更多利潤，也將部分非緊急用電需求轉移至晚上，促進了資源的平衡利用。

在三級價格歧視中，當商家能夠辨識出購買者的某些特定特徵，例如顧客的支付意願，便可以爲不同的群體訂定不同的價格。這包括針對特定國家的價格差異、會員折扣、軟體的學校專享價格、雜誌的學生訂閱優惠等。這種策略也稱爲市場細分（Market Segmentation），是一種常見的價格歧視形式。

以你的例子來說，當你再次造訪某旅遊景點的紀念品商店時，你注意到店內增加了許多新款的冰箱磁鐵。向老闆詢問這些新商品與你上次購買的商品之間有何區別時，老闆解釋了它們在材質、手工藝等方面的差異。當你詢問價格，便發現即使外觀類似的產品，價格卻有顯著的差異。

這是因爲即使對於同樣的商品，不同的消費者會有不同的需求和價值觀。有些消費者可能只是想隨意購買一些紀念品，而其他人則在尋找精緻的品質和獨特的手感。商家因此提供了各種不同類型的冰箱磁鐵，以滿足不同顧客對相同商品的不同需求。

價格歧視，源自消費者需求多樣性

想要成功實施價格歧視策略，商家必須能夠有效地區分和分類購買者的不同特徵。這些差異可能來自於購買者的需求程度、購買量或價格彈性的變化。關鍵在於如何有效識別和利用這些差異。

以航空公司的促銷策略爲例，它們常推出各種折扣優惠票價來吸引顧客，進行價格競爭。然而，對於經常出差的旅客來說，這些低價優惠並不一定有吸引力，因爲出差的乘客對機票價格的敏感度通常較低。

航空公司面對不同類型的旅客，如何進行市場細分呢？你可能已經注意到，購買優惠機票通常伴隨著一些限制條件，如需提前兩週訂票、使用日期需包括週末或在目的地停留至少一個週末等。這些條件有效地排除了大多數商務旅客，因爲他們的出差行程通常不會包括週末。

特別是要求在目的地度過週末的條件對於商務旅客來說不太適用，因爲這會增加住宿和差旅補貼的成本，且減少有效工作日。因此，這類優惠條件實際上將出差群體排除在外，成功區分了不同的顧客群。

此外，某些航空公司的「隨心飛」活動之所以受到歡迎，要歸功於這些條件設定挖掘出了潛在的顧客需求，並成功排除了那些本不應享受優惠的群體。

在許多情況下，這種歧視策略是一種低成本且有效的風險規避方法。例如，奢侈品店的銷售人員會根據顧客的外觀和打扮來判斷服務優先級。雖然這種行爲可能會引起人們的不滿，但從商業角度來看，銷售人員在面對衆多顧客時會優先服務看似消費能力更強的顧客，這是基於對時間和資源的有效利用。

資訊越發達，價格歧視藏得更深

隨著網路時代的來臨，訊息變得越來越透明，傳統的價格歧視做法似乎逐漸減少。網路傳播訊息的效率極高，任何一點負面新聞都可能迅速在網上傳播，使得公開的歧視行爲成本增加。因此，我們看到的歧視行爲減少了，或者變得更加隱蔽。

如果網路商家像過去那樣直接「看人定價」，消費者很容易在網上發現並表達不滿。比如，如果有人以較高的價格買到了別人以較低價格購買的相同商品，很可能會引起消費者留下負評表達不滿。

那麼，想要考慮消費者的情緒，又想獲得更多的「消費者剩餘」，商家該怎麼辦呢？在網路時代，商家在設計優惠活動時會設定較爲複雜的過程，讓想享受低價的消費者付出一定的「用戶勞動」[1]，從而達到價格歧視的目的。這樣，原價購買的消費者和低價購買的消費者在心理上達到平衡，同時商家也實現了高利潤。

例如，一些團購 APP 的操作方式是：A 用戶如果覺得某商品價格偏高，可以透過邀請朋友和家人幫助砍價，從而以低價購買商品。這種方式讓商家獲得了額外的宣傳和銷售。另一方面，B 用戶對價格不敏感，更傾向於直接原價購買，這樣商家就獲得了原價的高利潤。

這種透過用戶勞動來實現的價格歧視策略，使得價格敏感的用戶以較低的價格購買商品，而不太在乎價格的用戶則以原價購買，最終商家在整體上實現了高盈利。例如中國「拼多多」的崛起就是利

---

1 「用戶勞動」是一種智慧型的價格歧視方式。透過增加某些條件或步驟，使得價格敏感的消費者為了獲得較低的價格而付出額外的努力，比如透過社群媒體參與團購或砍價。這不僅為商家帶來了額外的宣傳效應，也讓消費者感覺到他們為了獲得低價而做出了一些努力，這種心理上的滿足感有助於緩解直接價格歧視所引起的不滿。

用了這種策略，透過拼團和階梯降價，使得同一商品形成了不同的價格層次，吸引了各種支付能力的消費者，全都「一網打盡」。而台灣較少拼團，而是會有許多 KOL 發起「團購」、知名電商平台（如蝦皮、momo 等），經常推出各種促銷活動，如限時折扣、滿額免運等，吸引大量消費者。

價格歧視必須讓各方心安理得

直接「看人定價」雖然方便，但這種做法不僅短暫且可能帶來負面影響，特別是對那些付出高價的消費者可能造成不滿。因此，商家會透過提供特殊的低價政策來留住價格敏感的消費者，同時對價格不太敏感的消費者則維持正常價格。這樣的做法不僅避免了價格比較的繁瑣，還避免了對消費者造成負面的印象。這種策略最終形成雙贏局面，實現了收益的最大化。

舉例來說，一家蛋糕店推出新款蛋糕，原價 399 元。但隨著時間推移，爲了提高銷量，店家將價格降至 299 元。這雖然吸引了更多顧客，但對於那些以原價 399 元購買的顧客，店家就少賺了 100 元。因此，經驗豐富的店家通常不會直接降價，而是會加入附加條件，例如分享到社群媒體即可享受 299 元的特價，視用戶的努力來區別定價，看起來更合理。

住宿網站的價格也會根據提前預訂的時間不同而有所變化。對價格不敏感的客人，尤其是臨時需要住宿的人，通常會選擇臨時訂房，雖然價格較高，但更加方便快捷。相反，價格敏感的客人則會提前確定行程以獲得更低的價格。

定期的促銷活動也是這種策略的一部分。例如，一家飲料店的經典奶茶原價60元，但每週六和週一特價只要20元。對於價格敏感的消費者來說，他們可能會等到特價時再購買，而對價格不敏感的消費者則會隨時購買。

購物中心週末的折扣活動也是一種策略，旨在吸引週末有空閒時間外出的消費者。而超市則會在住宅區發放促銷報紙，上面印有各種商品的折扣訊息，針對那些更傾向於去傳統市場購物的年長消費者。這樣一來，超市就能同時吸引年輕消費者和年長消費者，達到「老少通吃」的效果。

被價格歧視，也可以很快樂

有時候，消費者對於被「歧視」的情況反而覺得有趣。人們的消費行為和決策常常偏離理性，商家可以利用這種非理性行為，減少消費者對被「歧視」的負面感受，甚至覺得這是一種特殊的體驗。

以研究消費行為聞名於世的經濟學家托斯丹．邦德．范伯倫（Thorstein Bunde Veblen）提出，人們在購買商品時不僅關注其實用價值，還希望透過它顯示自己的財富、地位和階層。因此，商品的價值包括實用價值和炫耀價值兩部分。炫耀價值通常由市場價格決定，這就是奢侈品價格越高，人們購買意願越強的原因，稱為范伯倫效應（Veblen effect）——即消費者對商品的需求隨價格增加而增加的現象，反映了人們為了炫富願意支付更高價格的心理。

結合「價格歧視」和「范伯倫效應」，可以獲得良好的市場效果。例如，飛機頭等艙以經濟能力來區別客層人群，並提供特殊服務，讓消費者願意接受這種「歧視」。

在《英雄聯盟》（League of Legends，簡稱 LOL）這款遊戲中，有一個名為「阿卡麗的神祕商店」（Your Shop 或 My Shop）的行銷活動。每位玩家有一次免費抽取折扣的機會，用於購買特定的遊戲道具「造型」。這種造型通常與玩家常用的角色相關，吸引他們消費。折扣是隨機的，不同玩家獲得的折扣不同，這是一種價格歧視行為。

然而，「阿卡麗的神祕商店」的價格歧視並沒有引起玩家反感，反而激發了他們的購買熱情。這是因為「不確定性」消除了玩家的「侵入感」，玩家認為折扣是基於運氣，而非歧視。此外，「定錨效應」使得玩家將注意力集中在原價和折扣價之間的對比，減少了他們與其他玩家的比較，增強了購買滿意度。

在活動中，玩家還有機會獲得第二次抽取折扣的機會，這反映了「確定效應」的思考。多數人在面對確定的好處和不確定的風險時，會選擇前者。這種策略讓玩家感到安心，增強了他們的購買動機。

瞭解價格歧視原理後，我們在看到優惠券時，可能就能理解商家的策略。對於剛開店的大廚而言，這些策略或許能提供一些定價的靈感。

22 邊際效用

餐廳爲什麼有「飲料無限續杯」的服務，不怕被喝垮嗎？

人家不僅沒破產，據說獲利還不錯

讀者提問專欄

Zumbo：

嗨，我又來了，那位從大廚轉型爲餐廳老闆的人。上次你建議的優惠券策略對我幫助很大。現在，我在餐點定價上採用了多種優惠方式，比如會員折扣、套餐價格優惠、週二特價日等，不僅使生意更加興旺，利潤率也有了明顯提升。這驗證了經濟學理論在實際經營中的有效性。

最近，我遇到了一個新挑戰。我餐廳裡有一款獨家配方的白桃蜂蜜水，是我們的特色飲品，每杯售價 20 元。這款飲品因其獨特的風味深受顧客喜愛，成爲了我們的主要利潤來源。但現在，隔壁新開的餐廳也推出了類似的白桃蜂蜜水，售價僅爲 15 元一杯，並提供「無限續杯」服務，這吸引了不少顧客。

我讓員工試喝了對方的飲品，發現在口味上與我們的明顯不同。卽便如此，爲什麼還是有那麼多人轉去他們店呢？難道僅僅是因爲便宜 5 元？爲了對抗這一挑戰，我也推出了會員獨享價格，每杯只要 13 元。雖然這似乎有一定效果，但顧客流失的問題依然存在。

我考慮過採取「無限續杯」的策略，但擔心這可能會導致成本過高。我們的飲品非常受歡迎，如果提供「無限續杯」服務，可能會造成損失。

現在我在思考，是應該靜觀其變，等待競爭對手因「無限續杯」而面臨經營困難，還是應該跟進他們的做法，也提供「無限續杯」服務呢？

· · · ·

很高興你將價格歧視策略運用在定價上，並取得了良好的成效。作爲消費者，我們雖然知道商家設下了各種引人入勝的策略，但這正是商業的一部分。儘管如此，我們仍願意爲你美味的餐點買單。

「無限續杯」這項服務最早起源於美國。多家速食連鎖店，如麥當勞、漢堡王等，都提供了這種特殊的服務。這種做法隨後在全球範圍內普及，成爲許多國家和地區餐飲業的常見做法。

無限續杯的意思是顧客可以隨意多次續杯，只需支付一杯飲料的價格。這項服務使顧客能夠盡情享用，增加了消費體驗的樂趣。每次拿著杯子去續杯時，我們可能會好奇：爲什麼店家會提供這樣的服務，不擔心成本過高嗎？

對於商家而言，雖然「無限續杯」的產品收入有限，看似可能帶來無止盡的成本，似乎違反了商業邏輯。那麼，爲何許多商家還是提供這項服務呢？

百事可樂與可口可樂的價格戰

我們先從「無限續杯」的來源說起。

大家知道，可口可樂和百事可樂是可樂市場的兩大巨頭，一直打得不可開交，但又是共同把可樂市場越做越大的歡喜冤家。

兩家公司的核心戰略有所不同。可口可樂主攻飲料，透過行銷活動和拓展銷售網來推動品牌和業務的發展。而百事則著重於「創新發現健康生活」，因爲該公司的業務包括飲料和食品。

百勝公司原本是百事的子公司。1997 年，百勝獨立出來，成爲了全球最大的連鎖餐廳之一，旗下擁有肯德基、必勝客等品牌。這就是爲什麼肯德基只賣百事可樂，因爲肯德基和百事有著緊密的合作關係。

作爲百事可樂的競爭對手，可口可樂則與肯德基的競爭對手麥當勞建立了夥伴關係，從此麥當勞只提供可口可樂系列產品。

面對百事和肯德基的緊密合作，可口可樂與麥當勞爲了確保他們之間的合作關係，可口可樂降低了對麥當勞的供貨價格。作爲回報，麥當勞幫助可口可樂在消費者中建立信任和依賴。

但麥當勞也擔心，原本喜歡百事可樂的顧客可能因爲無法在其餐廳中購買到百事可樂而轉向其他餐廳。爲了穩定顧客，麥當勞採取的策略就是「無限續杯」。

透過「無限續杯」，麥當勞爲了市場占有率或顧客忠誠度等長期利益，願意在短期內進行價格調整、犧牲部分利潤，讓顧客更容易接受可口可樂，常常光顧麥當勞。這項策略最終取得了意想不到的成功，不僅讓原有顧客接受了可口可樂，還吸引了更多新顧客。更重要的是，「無限續杯」並沒有造成太大的成本壓力。

由於「無限續杯」的成功，肯德基和其他速食店也紛紛採用了這個措施。這證明了，儘管看似不合商業邏輯，「無限續杯」這個策略卻能有效吸引和留住顧客，爲餐廳帶來穩定的收益。

爲什麼不是「越多越好」？

爲什麼「無限續杯」沒有帶來大量的成本增加呢？這種看似違反商業邏輯的策略，實際上是基於對消費行爲的深入理解。

很多人喜歡去飯店吃 buffet 自助餐，認爲雖然價格看似偏高，但由於可以無限量享用食物和飲料，因此感覺更划算。但實際上，吃自助餐的時候，我們往往會拿得太多，最後吃不完，導致浪費。

爲什麼我們在自助餐時會這樣做，是繼續吃更划算，還是放棄呢？首先，我們要理解，無論是吃自助餐還是點菜，都符合經濟學中的「邊際效用」原則。這個原則描述了每增加一單位消費，所帶來的額外效用（滿足或收益）。

在自助餐的情境下，由於付費後可以無限享用，每增加的一份食物的邊際成本（額外成本）實際上是零。因此，人們傾向於多拿、多吃。但隨著飽足度增加，每增加的一份食物、所帶來的滿足感會減少，最終導致食物的浪費。

相比之下，點菜時每加點一道菜都會有新增的成本（邊際成本），因此人們會更加審慎地做出選擇。這就解釋了爲什麼吃 buffet 時，人們往往會吃得更多，但也更加浪費。

可見，自助餐和單點由於邊際成本的不同，導致了消費行爲的不同模式。我在抖音上看過一個極端的例子：兩位女性前往五星級飯店的自助餐廳享用無限量供應的大閘蟹。她們每人吃了 40 多隻，甚至吃到餐廳的庫存都被消耗殆盡，不得不向其他飯店調大閘蟹。她們一直吃到晚上十點半，才滿足地離開。這樣的紀錄，在單點料理的情況下，幾乎不可能發生，因爲每增加一份大閘蟹，都會增加成本。

這個概念不僅適用於餐飲業，也適用於航空業等其他領域。比如，航空公司可能會在臨近起飛時以低價出售機票，即使這些機票的價格遠低於成本。這是因爲飛機無論載客量多少，起飛的成本都是固定的，所以每多賣出一張票，即使是超低價，也是額外的收益。

綜上所述，「無限續杯」和自助餐的策略都是基於對邊際成本和邊際效用原則的理解，這些原則幫助商家在提供看似無限量的服務時，仍然能夠控制成本並保持盈利。

邊際效用是逐步遞減的

「邊際效用遞減」(diminishing marginal utility)是指在一定時間內，當一個人連續消費某種物品時，雖然總效用(total utility)隨著消費的該物品數量增加而增加，但是每消費一個單位該物品所帶來的效用增加量逐漸減少的現象。這是現代經濟學中發現的一個重要規律。

以自助餐爲例，假設你花了 200 元去吃自助餐。雖然你已經吃飽，但爲了「吃夠本」，可能選擇繼續吃，直到感到非常不舒服。這其實顯示了超出需求的多吃行爲，帶來了負效益。實際上，無論你吃了多少，那 200 元都已經花出去了。花錢的目的應該是達到「滿足程度最大化」，而不是無休止地吃，導致滿足程度下降，甚至對身體造成損傷。

「無限續杯」的情況也是一樣。雖然表面上看起來像是無底洞，但實際上每個顧客喝了多少飲料呢？很多人最多只喝一杯，有時臨走再帶一杯。這是因爲人對飲料的需求是有限的，隨著飲料消費次數的增加，從飲料中獲得的滿足感和愉悅感會逐漸減少，這就是邊際效用遞減的體現。

1984 年的陳佩斯和朱時茂主演的小品《吃麵條》就生動地展現了這個原則。

> 一開始，陳佩斯對麵條的渴望非常強烈，他甚至在拍攝開始前就忍不住偷吃。當導演發現後，陳佩斯找了個理由：「我今天早上沒吃飯，先墊個底兒。」隨著拍攝反覆進行，陳佩斯被要求不斷地吃麵

條，他的飽足感逐漸增加，直到最後吃到難以忍受，不得不放棄。這個過程完美地體現了邊際效用遞減的原則。陳佩斯最初對麵條的邊際效用非常高，因為他飢餓，每吃一口都帶來極大的滿足感。然而，隨著他不斷進食，這種滿足感逐漸降低，直到最終變成了不適和痛苦。

邊際效用遞減現象可以從生理和心理的角度來解釋。當人們反覆經歷同樣的刺激時，對該刺激的反應門檻（threshold）會逐漸提高。雖然物品的實際效用不變，但隨著消費量的增加，每增加的單位消費所帶來的額外效用逐漸減少。換言之，隨著消費的持續，相同的刺激帶來的愉悅感會減弱，因爲我們的感知系統對刺激的敏感度降低了。

這一原則不僅適用於吃自助餐或麵條的情境，還廣泛應用於各種經濟行爲中，如購買商品或服務。瞭解這一原則有助於我們更合理地做出消費決策，避免不必要的浪費和過度消費。

「無限續杯」不代表「無限喝」

邊際效用遞減原則指出，當我們連續消費同一種物品時，隨著消費量的增加，每增加一單位消費所帶來的額外滿足（即邊際效用）逐漸減少。在這個過程中，理性的消費者通常不會讓邊際效用降至負值，因爲這意味著超出了他們的需求範圍，導致消費行爲帶來不愉快、甚至是負面的體驗。

這個原則的重要性在於它強調了「同一物品」的連續消費，對滿足程度的影響。當消費者面對不同種類的物品時，他們的滿足程度會有所不同，這是因爲不同物品提供了不同的刺激和體驗，能夠使滿足程度大幅提高。例如，人們可能會因爲獲得新鮮感或不同的體驗而感到更加滿足。

以智慧型手機爲例，第一部智慧型手機的購買可能帶來極高的效用，但隨著擁有的智慧型手機數量增加，每增加一部手機的額外滿足感將會減少。當需要大屏幕的電子設備時，消費者更可能選擇購買 iPad 而非另一部大螢幕手機，因爲 iPad 提供了與手機不同的體驗和功能。

同樣地，在提供不同遊戲或活動的情況下，活潑好動的孩子會感到更加滿足和開心。這是因爲變化和新奇感提高了他們的滿足程度。

對於手機遊戲，例如「王者榮耀」，每一局遊戲都有其獨特性，因爲玩家、角色選擇和遊戲情況都在不斷變化，這種不確定性和新鮮感使得玩家在長時間內感到持續的滿足，避免了邊際效用的快速遞減。

在商業推廣中，例如「第二件八折，第三件七折」的促銷策略，之所以不進一步提供「第四件六折，第五件五折」，是因爲商家意識到消費者對於衣服的需求和滿足程度有限。超過某一點後，額外的折扣不再對消費者產生顯著的誘惑，因爲他們的需求已經得到滿足。

那麼請大家思考一下下列問題，看看能不能用邊際效用遞減規律來解釋？

爲什麼婚姻有「三年之痛，七年之癢」的說法？

爲什麼人們會餓到覺得自己可以吃下一頭牛，但只吃了兩塊牛排、再吃第三塊就飽到想吐？

邊際效用遞減規律，恰恰解釋了「無限續杯」的陷阱所在。舉例來說，當你喝下第一杯飲料時，可能會感到格外滿足，大口大口地享受。然而到了第二杯時，你可能快喝飽了，於是改爲小口小口地品嘗。如果眞有第三杯送上來，你可能會因爲喝飽了而拒絕再喝。爲什麼呢？因爲那時你已經達到飽和點，再多的飲料都只會成爲你的負擔。

這個例子清楚地說明了，雖然商家提供的是「無限續杯」，但實際上他們預計你最多可能只會喝兩三杯，平均下來這無非就是個「買一送一」的成本。

如果一開始你就意識到在單一產品上會發生邊際效用遞減，你可能會選擇只喝一兩杯飲料，並轉而購買其他食物來搭配，從而達到整體的最大滿足程度。

這樣一來，「無限續杯」不僅不會讓商家承擔過高的成本，反而可能促進其他商品的銷售，爲商家帶來更多的利潤。

拆東牆，補西牆

「無限續杯」的奧秘不僅僅體現於此。

許多商家爲了證明他們眞的提供無限續杯服務，甚至將飲料機放在服務台之外，你在結帳時會直接獲得一個杯子，然後你可以自行續杯，無論你想喝多少杯都可以，不必承受尋找服務員續杯的壓力。乍看之下，這似乎是一項貼心的服務，對吧？

然而，實際上，這又是商家的另一個策略。透過無限續杯，商家省去了灌杯、送飲料到座位等一系列本應提供給顧客的服務。儘管這些步驟看似微不足道，但對於人工成本較高的地方來說，節省的成本卻相當可觀，幾乎相當於少聘請一兩名服務員。

可見，商家透過提供你一杯成本極低的飲料，成功地轉嫁了服務成本，同時讓你高高興興地自己處理了服務的部分，這不僅讓商家節省成本，還有助於提高他們的獲利。

轉嫁成本是相當常見的一種銷售策略。當我們在某家店消費時，通常會獲得一些優惠券，甚至是其他商家的優惠券。例如，辦理健身房會員卡時，可能會贈送餐廳的健康餐券；在酒吧消費時，消費滿一定金額可能會獲得代駕服務的優惠券；去吃火鍋，則有可能免費獲得新鮮海產的折扣券。大家是否想過爲什麼會這樣呢？

原因在於精準的行銷是相當困難的。商家爲了準確找到潛在消費者，如果僅透過廣告等宣傳方式，不僅需要大量資金，而且效果有限。在看到廣告的十個人中，可能只有極少數幾個人會產生消費欲望。

那麼，如何精準地找到潛在消費者呢？你或許已經注意到，剛才提到的其他商家的消費券都與你當前的消費有密切的關聯。愛健身的人可能需要健身餐；品味美酒的人可能需要代駕服務；喜歡吃火鍋的人可能對生鮮食材有需求。

由於這些商家具有自然的關聯性，它們共享相同的潛在消費者，彼此引流，可以更精確地找到潛在消費者並激發他們的消費欲望。因此，儘管這些消費券金額看似不小，但由於其定位精準，比起透過廣告宣傳節省了更多成本，商家實際上以更低的成本實現了最大化的消費。

這也讓我想起一位企業家曾說過這樣一句話：「我賣的每樣東西都虧本，但加在一起卻賺回來了。」

貪小便宜，吃大虧

你以為就這麼簡單嗎？不是的，「無限續杯」的意義遠不只於此。更關鍵的是，透過這個噱頭，不僅吸引了更多消費者，還降低了對餐廳其他產品價格的敏感度。

這也算是注意力經濟的一種實踐吧。人在同一時間能夠關注的重點是有限的，當「無限續杯」這個噱頭成為點餐最大的焦點，你對其他產品價格的關注就無形中降低了。試想一下：這個時候，你是不是就沒時間去想他們家的主菜比其他家貴了一點？

而且，就算你注意到了，是不是覺得這家店連飲料都無限續杯了，貴幾塊錢也是應該的吧？

人們對於不同產品的價格敏感度是不一樣的，對於飲料這種價格低、標準化程度高的產品，敏感度更高。一杯可樂大家都賣 2 元，如果哪個商家敢賣 5 元，你是不是就奮起離席再也不來這家店了？

但是如果一個漢堡大家都賣 30 元，這家店卻賣 35 元，你是不是覺得也還好？

看吧，可樂貴了 3 元讓你從此拒絕再去那家店，漢堡貴了 5 元，你卻覺得很正常。爲什麼呢？

這就是不同產品帶來的價格敏感度不同。商家透過小虧、大賺，實現了整體收益更高，而你作爲消費者，卻只關注到了低價產品的大幅度優惠（而實際優惠金額卻不大），卻忽視了高價產品的價格上浮。

在經濟學理論中，價格敏感度（price sensitivity）表示爲顧客需求彈性函數，即由於價格變動引起的產品需求量的變化。由於市場具有高度的動態性和不確定性，這種量化的數據往往不能直接作爲制定行銷策略的依據，甚至有時會誤導企業的經營策略，而研究消費者的價格消費心理，瞭解消費者價格敏感度的影響因素，能夠使企業在行銷活動中掌握更多的主動權，也更具有實際意義。

巧用價格敏感度是商家常用的「花招」之一。比如，你是否會覺得 2.99 元比 3 元要便宜得多呢？這種現象被稱爲左位效應或左位偏差（left digit effect/bias），即消費者大部分的注意力都放在商品價格最左側的數字上面，而這些數字決定了該商品價格是否在其可承受範圍之內。

有資料顯示，當商店產品的價格從整數價格下降到含小數位的價格，銷售量會明顯提高。對於經常購買的日用消費品應當用奇數做尾數定價，對於不經常購買的耐用品應當用偶數做尾數定價，因爲奇數暗示著節約，偶數暗示著聲望。

心理學家指出：當價格以「99」結尾時，產品能吸引消費者的注意；當價格以「8」結尾時，意味著對稱和平緩，在中國也代表要「發」的意思；當價格以「7」結尾時，意味著笨拙和刺耳；當價格以「6」結尾時，意味著順利和通達；當價格以「5」結尾時，意味著快樂。

對於價格變動，消費者也會有不同的反應。比如，商家將價格從 89 降至 75 或從 93 降至 79，儘管下降數額相同，但消費者感覺第二組（從 93 降至 79）價格下降更多，因爲消費者對價格的比較首先從第一個數字開始，只有當第一個數字相同時才會依次比較後面的數字。

看完了這個故事，我們再來回顧你一開始提出的問題：我是該等隔壁店因爲「無限續杯」而破產，還是要跟著他一起提供「無限續杯」呢？

看來指望隔壁店因爲「無限續杯」而破產是比較難了，問題是，要跟著他一起搞「無限續杯」嗎？

首先來看，什麼樣的產品適合當成噱頭？

一般來說，這類產品應該具備三個特點：一是成本較低，二是能夠帶來關注度，三是能夠轉移其他成本。只要是符合這類特點的都可以。

你這個產品屬獨家配方，確實符合能夠帶來關注度這個需求，如果本身成本、價格都比較低，大家能夠被這個獨特產品吸引進來，從而消費更多你店裡的其他產品，那麼確實可以作爲「無限續杯」的標的。

你不妨試試看。結果會如何？希望你能再寫信告訴我。

23 信任成本

做生意，最貴的成本是什麼？

看看商家爲了贏得顧客信任，悄悄動了哪些「手腳」？

讀者提問專欄　QA

Zumbo：

我是一位創業者，一直秉持著長期主義和「誠信爲本」的經營理念，期望透過優質的產品和貼心的服務來贏得消費者的信賴和長期支持。然而，最近的兩次創業經歷讓我感到困擾。

以我之前經營的蛋糕店爲例，我一直堅持使用最高品質的麵粉，絕對不添加任何劣質成分，並努力確保每個蛋糕在顧客來取的時候都剛出爐，以確保提供最新鮮的產品。然而，盡管我長期堅持這樣的原則，我的生意仍然遠遠不及對街的一家蛋糕店，儘管我淸楚他們使用的只是普通麵粉，甚至爲了濃郁口感而添加了業界不常（不敢）使用的添加劑。

為什麼我這麼努力經營，卻不能贏得顧客的認可呢？我要怎麼做才能讓顧客明白我是真誠經營，致力於提供優質產品的商家，以此贏得他們的信任呢？

．．．．

顧客和商家之間站在利益的對立面。正如我們之前討論過的，由於市場上買方和賣方掌握的資訊不對等，造成雙方在價格議價方面處於不同的地位。商家會因掌握更多產品的相關資訊，而處於較強勢的位置。然而，這種優勢地位也伴隨著風險，那就是消費者對商家的不信任。

缺乏信任意味著難以達成交易。為了成功銷售，商家必須贏得消費者的信任。因此，銀行經常使用高大厚實的石材裝飾建築，來贏得顧客對於銀行保護資金安全的信任；牛奶製造商喜歡強調牛奶的來源，以贏得顧客對牛奶品質的信任；水果店在出售水果時可能會保留葉子，以贏得顧客對水果新鮮度的信任。

在各種情境中，商家都精心安排了細微的細節，僅僅是為了贏得顧客的信任，從而促使他們購買產品。現在，讓我們看看商家為了實現此目標所採取的策略。

「好還要更好」——展現極致品質

我們常提到的「二八理論」在商業中的運用是指：80% 的利潤來

自於 20% 的顧客。為什麼新客戶和老客戶的利潤貢獻有如此大的差別呢？這是因為維護一位老客戶的成本相對於開發一位新客戶來說要低得多，這實際上是信任的成本所造成的。

對於一個新的產品或品牌，要贏得顧客的信任，必須以非凡的方式深刻觸動他們的內心，使品牌形象深深印在顧客的心中。舉例來說，當華為剛推出 Mate10 時，為了打造這個高端品牌，強調其優越的品質，做了一個極具震撼力的廣告。

廣告中，一位剛剛走出火場的消防員使用手機的視頻通話與妻子和女兒聯繫，而他的女兒卻看到手機畫面上滿臉的灰塵，便把手機放在水龍頭下給爸爸洗臉的感人畫面。這樣令人心碎的一幕感動了無數人，同時也讓觀眾深刻記住了 Mate10 強大的防水功能。

從市場行銷的角度來看，將手機放在水龍頭下清洗展示了產品在極端環境下的出色性能，這種行銷手法被稱為辛納屈測試（the Sinatra test）。辛納屈測試意味著品牌透過展示產品在某些極端情境下的性能，來贏得那些對品牌缺乏信心的消費者的信任。

辛納屈並不是科學家或經濟學家，而是 20 世紀著名的美國歌手。他在經典歌曲《紐約，紐約》中唱道：「如果我能在那裡成功，到哪裡都能成功。」（If I can make it there / I'll make it anywhere）。因此，人們用他的名字來形容信任原則——辛納屈測試：如果你在某一領域表現出色，那麼在其他領域也能贏得人們的信任。這種原則主要體現在兩種情況下：

1. **領先效應**：例如，如果你的產品能夠進入被認為對供應商要求極高的某一市場，那麼進入其他市場也將變得更容易。

2. **極端案例**：在市場行銷中，這通常以公共關係活動的形式出現。例如，某些品牌爲了證明他們的環保漆無害，舉辦了一個很極端的公關活動：他們的高層在媒體面前示範喝下自家生產的油漆，以此展示其產品的安全性。

這些方法有助於品牌贏得顧客的信任，從而促使他們做出購買決策。

可見效應，打破認知偏見

在某種意義上說，可見效應是對現成偏誤的逆向運用。現成偏誤是指人們在預測和做出決策時，傾向於依賴他們已知的或可以輕易想像出來的訊息，這導致了易於觀察、容易記憶的資訊被賦予了過大的權重。

舉個常見的例子，一位新同事注意到我使用黑色的手機，開著黑色的汽車，她可能會問：「男生是不是都喜歡黑色？我看到很多男生都用黑色手機，車子也大多是黑色的。」這位同事的結論就是典型的現成偏誤。

一旦她形成了這樣的偏見，她將不自覺地關注那些使用黑色手機和開黑色汽車的人，以驗證她的假設。如果她看到一位男性使用黑色手機和開黑色汽車，她可能會非常確信自己的觀點，甚至可能感到自鳴得意，認爲「果然如此」。

許多企業將消費者的這種偏見思維應用於市場營銷中。舉例來說，當消費者選購水果時，他們非常關心水果是否新鮮。如果他們不幸挑選到一個不好的水果，他們可能會認爲整籃水果都不新鮮。爲了克服這種心理，商家可能會在水果陳列區放置與水果相匹配的葉子，這樣消費者更容易相信這些水果是新鮮的。即使他們選到不好的水果，他們也可能自我安慰，認爲「也許這個水果在運輸過程中受損了」，而不會懷疑水果的新鮮度有問題。

另一個例子是，當顧客前往餐廳用餐時，他們常常擔心食品的衛生情況，因爲他們無法看到廚房內部的操作，這讓他們感到不安。爲了解決這個問題，一些餐廳開始使用透明的玻璃帷幕牆，使顧客可以觀察到廚房的工作情況，營造出整潔、有秩序的後廚環境，從而讓顧客相信他們所食用的食物是衛生的。

讓顧客親身體驗，勝過千言萬語

相較於「看到」，更進一步贏得消費者信任的方法是讓消費者親自體驗。

衆所周知，汽車經銷商向來都很歡迎顧客親自試駕，即使沒有購車計畫，但只要提出試駕的要求，車商都會樂意安排。有時，即使你只是路過隨便看看，他們也會主動邀請你試駕一下，甚至請你上路體驗。

在當今的銷售模式下，許多新能源汽車的訂購都是在網上完成的，根本不需要在實體店面進行交易。然而，汽車廠商仍然會建立華麗的門面，並邀請路人坐進車內體驗，甚至將車輛放在路上供顧客試駕。

爲什麼會這樣呢？因爲汽車是一種昂貴且耐用的大型消費品，不僅價格高昂，還要求高度的安全性能。爲了能夠購買到令人放心的汽車，顧客通常需要克服比一般產品更高的信任門檻。銷售人員積極邀請你進行試駕，正是爲了引導你親自體驗，透過體驗來建立信任感。儘管對於陌生的汽車而言，簡短的試駕可能無法提供太多的訊息，但親身體驗的過程卻能夠給人留下更多的信任印象。

在食品零售領域，常使用嗅覺行銷，從某種意義上來說，也是藉由消費者的感官體驗來建立信任感。例如，許多麵包店會使用擴香機將精選的香味（雖然不是眞正由烘焙麵包散發出的香味）散發到店內，以讓消費者透過香味相信他們的產品美味可口，並激發購買動機。

善用權威背書的力量

人們對權威有著天生的信賴感。舉例來說，古代人類在無法自行判斷某事是否可信時，通常傾向於相信部落中的長輩或首領等具有權威地位的人，這些人似乎天生擁有某種特殊力量，值得我們信任。

羅伯特・席爾迪尼（Robert B. Cialdini）在他的經典著作《影響力：讓人乖乖聽話的說服術》（*Influence, New and Expanded: The Psychology of Persuasion*）中詳細探討了各個領域中權威專家對消費者信任的影響。基於對權威的信任，不管是他們說的話還是他們的行爲，我們都傾向於相信。

舉例來說，關於健康問題，我們傾向於聽從醫生的建議。在新冠肺炎疫情方面，只要中央流行疫情指揮中心指揮官宣告疫情已受控制，我們就會相信；總統、副總統帶頭打了疫苗並表示安全可靠，人們就願意去接種。有時候，只要一個人看起來像是醫生，我們也會願意聽從他們的建議。這也解釋了爲什麼很多廣告中出現扮演醫生角色的演員能夠提高產品的銷售。

消費者也會信任權威機構。個體消費者通常對許多產品的技術領域知之甚少，因此希望有專業機構來幫助他們進行檢測，以降低購買時的風險。例如，經常出現在廣告中的第三方認證機構，因爲其獨立立場不受商家影響，因此更具可信度，消費者更容易相信其眞實性。

權威媒體也是建立消費者信任的重要渠道。某些具有高知名度或專精特定領域的媒體更容易贏得消費者的信任。例如，在台灣，公共電視等大型媒體因其公信力和廣泛影響力，消費者通常更容易信任。

有時候，商家會透過提高價格來引導消費者。因爲很多消費者往往會認爲在一般情況下，高價的產品可能更好；或者高價產品更容易贏得消費者的信任。例如，許多線上課程經常定期漲價，其實是向潛在消費者傳遞明確的信號，讓他們認識到培訓課程眞的物有所值，否則不會提高價格，這樣就能在漲價之前引發了一波購買潮。這種「高價格等於高品質」的思維縮短了吸引潛在消費者報名的過程。

品質保證，解除後顧之憂

中國業界常見的「三包」政策，即包修、包退、包換，就是對產品品質的一種擔保。當消費者對你的產品沒有信心時，讓他們試一下、感覺一下，當然能夠克服訊息資訊不對稱。但是消費者會始終存在一個疑慮，特別是對於價格較高的產品來說，萬一出現品質問題怎麼辦，怎麼解決？

實施「三包」，承諾可退可換就可以了。所以「三包」的辦法，對於解決資訊不對稱有很大的幫助。比如在淘寶買的東西，基本都可以七天包退。有的企業甚至在此基礎上還繼續加碼。比如，很多電子產品，不僅實行「三包」，還提供延長保固服務（簡稱延保）。如果你去一家品牌店購買筆電，店員往往會問：要不要加買延長保固？每台電腦一般會有一年保固期，加一點錢可以延長爲三年保固。

雖然延保的價格並不高，但畢竟是一筆額外開銷，因此預計許多人可能不會選購。那麼，爲何廠商還要提供這項服務呢？主要原因可能是爲了增加收益。如果眞是這樣，將延保的價格訂得更低，或許會吸引更多人購買。但廠商提供延保，也可能是爲了提升品牌形象，讓消費者覺得其產品值得信賴。如果眞是如此，爲何不直接提供三年免費延保呢？

爲了解答這個問題，我們得先了解哪些人會選擇購買延保。假設不購買延保，一年後產品就過了保固期限，這時使用者就需要格外小心，因爲一旦產品出現問題，修理費用必須自己承擔。然而，有些人由於個人使用習慣，例如經常不小心將咖啡灑在鍵盤上，或是出差時電腦常會在行李箱中碰撞受損，抑或是對電腦的性能和品質有著極高的要求，對於這些人來說，購買延保就顯得更有必要。

以公司採購的立場來說，電腦可能會被不同的員工使用，因此損壞的風險較高，公司會傾向於支付額外的費用以獲得延保。廠商提供延保的另一個目的，是為了解決資訊不對稱的問題，將那些可能對產品造成較大損害的客戶篩選出來，並從中收取更高的費用。

這樣一來，廠商在確保產品品質的同時，也不會導致邊際成本過高。例如，鍵盤不用做到百分百防水、螢幕不必堅固到能抵抗尖銳物體破壞、機身也不用堅固到通過一米高的耐摔測試。這意味著，生產成本可以降低，從而降低產品售價，提高市場競爭力。而那些較為粗心或挑剔的顧客，則可以支付額外的延保費用，來確保產品能夠長期使用。即便產品在三年內出現問題，維修和更換的成本也會維持在合理範圍之內，最終達到廠商和顧客雙方利益的最大化。

品牌認知，打造長期信賴

消費者對品牌的認知對品牌非常重要，它塑造了品牌在消費者心中的形象，進而影響他們的行為。因此，在消費者心中建立一種特殊的品牌認知，使品牌與某種特點密切相關，是品牌戰略的關鍵。

品牌認知的作用可以總結為一句話：你是什麼不重要，重要的是消費者認爲你是什麼。

談到認知，就不能忽視心智的角色。那句「在消費者心智中占據一個有利的位置」，無疑引起了許多企業主和行銷人的共鳴。

品牌之間的競爭決定於消費者的心智，因此，在消費者心智中占據有利的位置是關鍵。因此，我們看到市場上許多品牌都在競相爭取消費者的心智。

心智的一個規律是不容易輕易改變，因爲某些認知一旦形成就難以改變。比如，有些人認爲先有雞後有蛋，地球是圓的，不論你怎麼說，他們都不願意改變他們早已形成的認知。

如果想要消費者購買自己的產品，就需要在消費者心中建立一種有利於銷售產品的認知。

第三方平台增強信賴

隨著網路技術的進步和普及，網路平台在解決信任問題方面發揮了極爲重要的作用，買賣房屋和租房、以及二手車市場都是明顯的例子。

在各種二手車平台出現之前，二手車市場雖然存在，但交易非常不透明。由於資訊不對稱，導致交易需要極高的信任成本，這不僅僅關乎價格，還關乎車輛品質，甚至可能影響到人的生命安全。

許多人因爲不信任二手車行業，只能等待賺足夠的錢，或者透過貸款方式來購買全新車輛。

敢於在二手車市場購車的消費者，通常不是對汽車非常瞭解，就是有熟人指導，不然就是與二手車市場的賣家建立了信任。

二手車市場的賣方和買方資訊不對等，買方爲了避免損失不斷壓低價格，最終導致更多品質不佳、價格低廉的車輛進入市場，這加劇了市場的不信任問題。

那麼，應該如何打破這個困境呢？

近年來興起的二手車交易平台提供了答案。他們透過大規模的廣告宣傳迅速提升了平台的知名度，對於進入平台的二手車輛進行專業的檢測，確保二手車輛按照品質評估合理定價，同時透過平台爲交易提供保證，承諾「買貴了可退兩倍差價」，並提供專業的售後服務，確保交易雙方公平。

網路二手車平台所做的一切努力都旨在降低用戶的信任成本。一旦資訊對等，信任建立，品牌也就建立了，原本資訊不對等的存量市場有可能轉變爲增量市場。

因此，我們可以說，平台經濟本質上也是一種信任經濟學。平台通常更注重保護買家，贏得他們的信任，這樣可以更有效地回收投資。平台會對賣方設下進入門檻，確保不值得信任的賣家無法進入平台。

此外，平台還會提供各種資訊，讓買家可以評價賣家。在這種機制下，平台具有監管的功能，同時也促進賣家之間的相互競爭。賣家之間的競爭在一定程度上保護了買家的權益，同時該平台對於買家也更具吸引力。

用誠信建立堅不可摧的信賴

我們之前談到的不論是極端展示、可見效益、體驗服務，還是權威背書、品質保證、品牌認知，甚至是透過第三方平台，本質上都是爲了打破消費者對信任的不安感。很多企業都在這些方面做出了努力，我相信這位蛋糕店老闆也能從中學到很多知識，更好地展現自己的眞誠，贏得消費者的信任。

然而，努力建立消費者信任只是一個表面，最根本的還是必須值得被信任。只有努力成爲一個眞誠可信的人，才能在自己的社交圈中建立信任。

因爲信任的力量不僅存在於商業間，社會和人與人之間的信任更加重要。在任何情況下，信任帶來的影響是難以預測的，而我們也可能因爲彼此之間的信任而獲得意想不到的收益。

信任實際上是一種可以測量的效能加速器。當信任提升時，效率會提高，同時成本會下降，這將產生更多的利潤，這就是信任帶來的回報。

那麼，如何成爲一個值得信賴的人呢？

關於這個問題，富蘭克林．柯維（Franklin Covey）在《信任的速度：一個可以改變一切的力量》一書中提出了答案。他提到信任的四個核心：誠實、動機、能力和成果。

這四個要素不僅是評估一個人是否具有高度信任度的標準，也是對自己的自我反省的指導：我是否擁有高度信任度？我是否值得他人信任？

如果你現在是具有專業資格的證人，在沒有物證的情況下，原告律師試圖讓陪審團相信你是一個有用的證人，他將如何說服他們呢？

首先，必須證明你是一個誠實可靠的人，擁有良好的誠實聲譽，可以信賴。

其次，必須證明你有良好的動機，沒有任何或部分偏見，只是爲了眞相而站上法庭作證。

再者，必須證明你有足夠的能力，在所涉及的領域具有專業知識和技能。

最後，必須證明你有良好的記錄，至今表現出色。

或許有人會說，卽使有上述證明，也不一定能說服人們相信證人的話。但如果缺乏這些要素，一個人在沒有物證的情況下，就更難獲得他人所信任。

在這樣的案件中，最終審判的是證人的可信任度，也就是大衆對一個人的信任，而信任的四個核心是評估一個人是否值得信任的關鍵。

在任何情況下，要擁有良好的信任度，贏得他人的信任，就必須建立高度的自我信任，並專注於長期培養信任的四個要素，因爲這將幫助你認識自己的信任問題，並集中精力改進自己。

現在回到最初的問題，我很淸楚當一個誠實經營的商人，要是遇到不信任的力量、遇到短期內試圖欺騙獲利的人，都可能會對自己的選擇產生懷疑。

但請相信，時間會回報誠實的人。只要你能充分展示你的誠信，顧客會漸漸看到你的眞誠，你的蛋糕店也會贏得越來越多人的信任。

因爲像你這樣的商家，正是顧客所期待的。當我們生活在一個充滿信任的環境中，我們會感到充實和滿足，因爲信任能帶來愛、眞誠和幸福，讓我們的生活變得更加明亮。

人與人之間的互動本來就充滿不確定性，當我們對他人抱持信任時，同樣也會獲得別人的信任。如果世界充滿信任，那麼人際關係也會變得堅不可摧。

24 激勵機制

為什麼說金錢不是萬能的？

激勵機制不只是發獎金那麼簡單

讀者提問專欄

Zumbo：

好久不見。最近我的生活發生了巨大變化，我決定辭去工作，開始創業。我之前在矽谷工作多年，後來擔任某大型公司的技術副總，在技術領域有著相當強的實力。創業數月來，我們順利獲得了兩輪風險投資，公司估值已超過一億美元。

在創業的路上，融資進展順利，技術開發也是我所擅長的領域，但在招聘人才方面，我遇到了前所未有的挑戰。目前，除了我在離職前招攬的幾位核心成員外，我們一直在尋找更多新血。不久前，我注意到了一些年輕有潛力的人才，我提供了高於市場平均的薪資，並承諾了期權，然而最終這幾位人才都婉拒了我的邀請。

我之前一直從事技術工作，對於整個公司的管理經驗相對較少，特別是建立公司的整體架構方面。但我認爲解決這個問題應該相對簡單：根據經濟學的理論，金錢不是萬能的嗎？爲什麼我們在招聘人才時，開出了高於市場平均的薪資，對方還是拒絕了我們的邀請呢？

・・・・

是的，經濟學非常看重激勵機制的作用，但激勵不只是簡單給高薪這麼簡單。

有個有趣的笑話，或許可以幫助我們理解這個概念。

有個任務是準備去南非抓一頭大象，共有三個人必須負責完成任務：一位數學家、一位電腦工程師，和一位經濟學家。

數學家首先嘗試證明南非至少存在一頭大象，因為如果南非根本沒有大象，就不需要抓了。這顯示了數學家的嚴謹思維。

電腦工程師則迅速前往南非，並編寫了一個精心設計的程序：從好望角開始，向北前進 50 米，然後畫一個半徑為 50 米的半圓形，抓住這個區域內的所有四腳動物，並將牠們與電腦中的大象圖像進行比較，如果誤差在一定範圍內，就將其視為大象。如果找不到，就繼續前進。這顯示了工程師的實際解決問題的能力。

而經濟學家則使用不同的策略。他認為只要訂出夠高的價格，大象就會自己跑過來。

這個笑話突顯了經濟學的核心原理：人們對激勵做出反應。當然，在這個笑話中，反應的對象是大象，這使得它成爲了一個幽默的故事。

不同的激勵方式會產生不同的結果。有時候，看似不太重要的細節可能會改變整個激勵機制的結果。制度經濟學強調了制度的重要性，好的制度可以讓不好的人變好，而不好的制度則可能讓好人變壞。

有一個著名的歷史典故——澳洲的囚犯，生動地說明了這一點。

人會對激勵做出反應

在 18 世紀末，英國經歷了兩個重大變革。首先是工業革命，它導致大量人口從農村遷移到城市，大城市變得擁擠不堪，失業率急升。為了謀生，一些人不得不從事盜竊等犯罪行為。當時英國的法律非常嚴苛，偷竊價值相對較低的物品就可能被判刑，甚至被流放。其次，英國需要一個地方安置這些罪犯，但本土已經無法應付。

1770 年，庫克（James Cook）船長發現了澳洲（Australia），並宣布對澳洲東海岸地區擁有主權。由於澳洲地理位置偏遠，成為流放罪犯的理想地點。因此，英國政府決定將罪犯流放到澳洲。

1788 年，第一批囚犯抵達澳洲，之後數十年內總共有 16 萬名罪犯被流放到澳洲。

然而，在將罪犯運送到澳洲的過程中，存在著嚴重的問題。船隻運載大量罪犯，路途遙遠，需要大量淡水和食物，但供應不足，醫療條件也差，因此許多人死於途中。一些船長甚至為了省錢而不提供足夠的食物、淡水，也不給予醫療救助，結果導致死亡率極高。

直到有一位經濟學家提出新的建議之前，任何改善措施都無效。這位經濟學家的建議是，不應該在英國上船時就為所有的囚犯支付運輸費用，而應該在到達澳洲後，只向那些能夠活下來並離開船隻的囚犯支付運費。

1793 年，當新的制度實施後，囚犯的存活率立即飆升至 99%。這個故事告訴我們，經濟考量戰勝了情感和仁愛。

這個故事揭示了經濟學中的一個重要原則：人們對於不同的激勵方式會產生完全不同的反應。

如果在囚犯上船時就已經支付了運輸費用給船長，這樣的激勵機制既無法鼓勵船長們善待囚犯，反而可能促使他們虐待囚犯。例如，一些船長可能會故意節省食物，將囚犯的食物儲存起來，然後在到達澳大利亞後高價出售，謀取暴利。

然而，當激勵機制改爲只有在囚犯活著到達目的地時才支付運輸費用給船長時，情況就截然不同了。現在，船長們的激勵是確保盡可能多的囚犯存活下來。在這種情況下，船長們不再從囚犯的死亡中獲利，而是有激勵去確保囚犯的生存。這種激勵機制確保了對每一位囚犯的生命都有一位忠誠的看護者，因爲只有在囚犯活著到達時，船長才能收到運輸費用。

這個故事告訴我們，儘管看似簡單，但在複雜的市場環境中，激勵機制的設計和運作可能並不簡單，它們可以產生深遠的影響。

不同的激勵方式會引導人們採取不同的行爲，這對於設計有效的激勵機制至關重要。

社會良性運作離不開激勵機制

激勵是無處不在的，不僅存在於組織和企業內部，更是商業社會正常運作的基石。當我們進入超市時，我們總是期待看到貨架上擺滿各種商品。我們每天都依賴著其他人爲我們提供食物、衣物和住所。爲什麼會有這麼多人願意爲我們的利益提供服務呢？亞當·斯密在《國富論》中解釋過：「我們能期待的宴餐，並不是屠夫、釀酒商和麵包師的仁慈，而是來自他們對自身利益的追求。」這正是經濟學中最不尋常的發現之一：在適當的情況下，激勵能夠將私人利益和社會利益有機結合在一起。超市能夠儲存來自世界各地的商品，這是激勵機制的結果。在這裡，商業利潤引導和協調著成千上萬人的私人利益，使其與社會整體利益保持一致。

只需看看你每天早上購買的新鮮蔬菜經歷了什麼，就能明白這一點。農民在清晨5點醒來，前往批發市場出售蔬菜。卡車司機在早上6點將各種蔬菜運送到超市，超市員工在早上7點將所有蔬菜擺放整齊，等待你在起床後前來購買。這些人之所以如此早起，是因爲早起可以獲得更多利潤，這就是早起的激勵機制。他們每個人都在追求自己的利益，同時也在滿足你和我的需求。

除了直接的物質激勵，經濟學家還認爲，人們會對各種不同的激勵方式做出可預測的反應，包括名譽、權力、聲譽、欲望和愛好等。這些都是重要的激勵因素。甚至仁慈也可以視爲對激勵的一種反應。例如，在經濟學家看來，慈善機構爲捐助者的名譽做宣傳是合理的。當然，也有些人選擇匿名捐助。但在你們的校園中，有多少建築物以「無名氏大樓」的名義命名呢？

激勵機制具有路徑依賴

如果我告訴你，美國太空梭的火箭推進器寬度是由古羅馬時期的兩匹馬屁股來決定的，你是否會大吃一驚？但事實上，這個故事告訴我們，歷史中的一些決策和規則可以在後來的設計和建造中產生意想不到的影響。

美國太空梭的燃料箱兩側裝有火箭助推器。這些助推器需要送到發射地點，而運送過程的交通工具包括火車。為了確保順利通過隧道，軌道的寬度決定了火箭助推器的寬度。現代鐵路的標準軌道距離是四英尺又八點五英寸。

你或許會好奇，為什麼火車的軌道要設計成這樣的寬度呢？這實際上是源自於早期電車的設計，而電車的車輪距離正好是四英尺又八點五英寸。

那麼，為什麼早期的電車要設計成這樣的車輪距離呢？其實，這個尺寸最初來自於古代馬車的車輪距離標準，也就是四英尺又八點五英寸。英國的馬路軌跡也是按照這個尺寸來建造的，因為如果馬車的輪距不符合這個標準，它們很容易在道路上行駛時出現問題。

這些馬車的軌跡實際上可以追溯到古羅馬時期，因為整個歐洲，包括英國，都有古羅馬人建造的道路，而這些道路上的軌跡恰好是古羅馬戰車的車輪距離，也就是四英尺又八點五英寸。古羅馬戰車的車輪距離之所以是這個尺寸，是因為戰車是由兩匹馬拉動的，而這兩匹馬的屁股寬度決定了車輪距離的寬度。

這個故事向我們展示了「路徑依賴」(path dependence) 的現象，即過去的決策和規則可能會在未來的設計和建造中產生持續的影響，即使這些決策看似毫無關聯。

如果一個人深陷於路徑依賴，就難以擺脫已經固定的模式。舉例來說，一位有豐富工作經驗的員工被老闆解雇，感到困惑地問老闆：我擁有 30 年的經驗，爲什麼公司要解雇我呢？ 老闆回答說，你不只是有 30 年的經驗，你是把 30 年的經驗一直套用。這就是路徑依賴。

在傳統手工業中，有很多人可以用相同的方式生活。但在現今快速發展的時代，路徑依賴會使人們迅速被時代拋棄，消失無蹤。

然而，一旦選擇了正確的路徑，路徑依賴也能引領你自動向前。公司文化尤其如此。如果一家公司在一開始就建立了積極進取的企業文化，不同背景的人加入後，將不自覺地融入這種文化，一直走在固有路徑上，進入自我成長和進化的良性循環，不會受到其他文化的干擾，保持著公司的核心價值和發展動能。

對於長期在大公司工作的人來說，可能已經習慣了大公司的文化，不需要思考如何建立一個積極可持續的企業文化。但對於剛剛踏上創業之路的人來說，文化建設比你想象的更加重要。文化雖然會自然形成，但如果不在一開始就引導，使文化朝著你所期望的價值觀發展，一旦偏離軌道，克服路徑依賴帶來的挑戰將變得非常困難。

對於一家新創公司來說，創新的業務模式和堅實的技術基礎可能是在競爭激烈的市場中脫穎而出的關鍵。就像你迅速獲得的融資和估值所顯示的那樣。然而，這只能確保你順利起步，但不能保證順利前進。我相信你已經看到許多像你一樣從大公司轉行創業的人，一開始進展順利，但逐漸停滯下來。

爲什麼呢？除了市場競爭的原因，創業公司想要長期成功，還必須重視制度，特別是激勵制度的作用。在一開始就建立公司的企業文化，並建立促使員工進步的激勵體系，建立能夠充分發揮每個人才能的競爭體系，建立鼓勵創新的體系。只有內部運作機制是健康且具備自我激勵能力的，才能始終保持在發展的「快速道路」上。

吸收人才不能只靠錢

作爲吸引人才的激勵機制，僅靠高昂的薪水遠遠不足夠。

馬斯洛需求層次理論（Maslow's hierarchy of needs），包括人類需求的五層次模型，從最底層到最高層分別爲：生理需求（physiological needs，如食物和衣物）、安全需求（safety needs，如工作保障）、社交需求（social needs，如人際關係）、尊重需求（esteem needs）和自我實現需求（self-actualization needs）。這五個層次可以分爲缺乏需求（deficiency needs）和成長需求（being needs）。前四個層次通常被稱爲缺乏需求，而最高層次則稱爲成長需求。

對於你公司目前的招聘標準來說，似乎只有那些具有傑出創新能力的人才才能吸引你的注意。這些人由於更高的自我意識，其需求不僅僅限於基本的生理、安全和社交需求，更在乎的是尊重需求和自我實現需求。特別是在自我實現方面，我注意到你在創業初期吸引了一些核心成員。那麼，新招聘的人才是否有機會適當地發展和升遷？他們是否有機會獨立完成重大專案，或者只能接受主管和資深員工的管理？

你在矽谷工作了多年，對於爲什麼矽谷成爲頂尖人才聚集地可能有自己的理解。根據我的簡短經驗，許多我在矽谷的朋友，儘管享受高薪，也被內在的成就感所驅使，並以他們獨立作出的貢獻感到自豪。矽谷的人重視智力刺激，勇於迎接挑戰，並用創意解決問題。這也解釋了爲什麼這些看似矛盾的特徵存在。根據調查，近一半的矽谷專業人士表示，他們在業餘時間鑽研技術是爲了「樂趣」。

全球最大的諮詢公司埃森哲（Accenture）也得出了類似的結論。大多數矽谷的 IT 專業人員認爲賺錢對他們來說很重要，但他們也承認只要工作本身能夠激勵他們，促使他們在專業領域成長並爲公司創造價值，他們就願意接受較低的薪水。

對於年輕的員工來說，僅僅從一家受人尊敬的公司獲得高薪不足以滿足他們。身爲「00 後」、「95 後」（分別指 2000 年、1995 年後出生者）的他們思想更活躍，也更勇於接受新鮮事物。他們會希望在一個充滿創意的環境中工作、生活和成長。一個提供自由、平等、自我實現和創造性的工作環境對他們更具吸引力。

這正是「錢不是萬能的」的新世代解釋與精髓。

25 商業與慈善

賺了我的錢，你還說是在做慈善？

商業，眞的是最大的利人利己行爲

讀者提問專欄

Zumbo：

我最近正在讀《薛兆豐經濟學講義》，看到了一篇文章〈商業是最大的慈善〉。我實在不懂這是什麼意思，生意明明是以賺錢爲目的的行爲，怎麼還能冠上「慈善」的名號呢？

．．．．

這篇文章眞的引發了廣泛的討論。僅在知名問答平台上，關於「商業是最大的慈善」這個議題就吸引了超過 2 萬人關注，既有批評也有讚賞。

例如，有人質疑：「如果商業眞的是最大的慈善，那些擁有巨額財富的富豪們爲何不積極投資於教育領域？或爲工業基礎設施建設捐款？」有人甚至用比爾・蓋茲、馬化騰和馬雲的故事來諷刺這一觀點：當他們在路口選擇「商業」和「公益」時，比爾・蓋茲毫不猶豫選擇了「商業」，馬化騰經過思考也選擇了「商業」，而馬雲則將兩個路標互換，選擇了「公益」。

2021 年 5 月，比爾・蓋茲和他的妻子宣布離婚，迅速成爲熱門話題。許多人這時才意識到，身爲爲微軟創始人、前世界首富的比爾・蓋茲，目前的主要工作是管理他的慈善基金會。

據報導，蓋茲基金會（Bill & Melinda Gates Foundation）的總資產約爲 470 億美元，是全球最大的慈善基金會之一。這些資產主要來自比爾・蓋茲本人。1999 年，他捐出了當時自己三分之一的財產，約 280 億美元給基金會。他還宣布未來將捐出 95% 的財產給基金會。此外，美國股神巴菲特也提供了巨額捐贈給該基金會。

那麼，究竟是比爾・蓋茲作爲微軟創始人的身份，還是作爲全球最大慈善基金會發起人的身份，對世界貢獻更大呢？

商業是一種雙贏

商業是否等同於慈善，確實取決於商業活動的本質是偏向於利己還是利人。要深入理解這個問題，我們可以從商業的起源和本質進行探討。

商業行爲的歷史悠久，其最初形式可以追溯到以物易物的交換行爲。在遠古時代，人類通過交換來解決各自的需求和剩餘問題。

舉例來說，當一方擁有食物過剩時，他們可能會尋求與他人擁有的其他物品（如工具、衣物等）進行交換。這種互惠互利的交換行爲，是商業行爲最初的雛形，其核心在於通過交換來達到資源的最佳分配和利用。

商業活動在中華文化中擁有悠久的歷史。據古籍記載，夏代的商國（今河南省商丘市）便開始了早期的商業活動，其中王亥被認爲是中國商業的始祖。王亥不僅在治理水患中立下汗馬功勞，還發明了牛車，利用牛車運輸貨物進行交易，促進了農業和畜牧業的發展。因此，從事貿易的商部落[2]被稱爲「商人」，交換的物品被稱爲「商品」，而從事這類職業的行爲被稱爲「商業」。

商業的起源可追溯至原始社會的物物交換，發展至今日，商業活動以貨幣作爲交換媒介，實現了商品的流通。商業建立在商品的基礎之上，其本質是交換，是基於人們對商品價值的共識進行等價交換。

在這一過程中，反映了人性中的「利他」特質。只有滿足他人的需求，使對方以合適的價格獲得所需商品，雙方才能實現利益的互惠互利。這基於一個前提：交易實現了雙方共同的利益。一筆自願的交易不僅使賣方獲益，也使買方滿足需要，實現雙贏。

商業的出現極大豐富了人類的物質文化生活。沒有商業，我們的生活將局限於自給自足，無法享受到多元化的產品和服務。商業也促進了資源的合理配置，透過市場機制中「價格機制」來分配資

2　在古代中國的記載中，有一個名為「商」的部落或群體，他們早期就開始從事商業活動。簡單來說，「商部落」即指在古代從事商業交易的一群人。

源，儘管這不是完全公平，但在當前沒有更有效的分配方法。

正是追求個人利益，間接促進了社會整體的福祉。追求自我利益的個人行為，往往能帶來整個社會的共同利益。

正如前微軟執行副總裁陸奇所指出，市場是一種強大的優化器，它能將個人的行為轉化為對社會有益的成果。市場提供的信號能有效判斷技術的活力及其滿足大眾需求的能力。

商人必須先利人，才能利己

許多人可能會認為，商人的行為僅僅是為了賺錢，並不能說明他們本質上是「利他」的。確實，在商業活動中，我們常常看到的是商人賺取的利潤，他們的各種行為似乎都是追求利益最大化。然而，什麼樣的商業活動才能獲得利潤呢，或者說能獲得更多的利潤呢？

只有那些能更好滿足消費者需求的產品，才能得到消費者的青睞，進而賺取利潤。換句話說，無法滿足消費者需求的產品，不僅難以賺取利潤，甚至可能會帶來巨大損失。

正是因為滿足消費者需求，商人才能實現利益最大化。從這個角度來看，商業活動實際上是一種「利他」的行為。雖然商人一開始的目的可能不是為了利他，但在商業邏輯中，「利他」是實現「利己」的前提。

《道德情操論》中提到，即使是出於自己利益的考量，富人雇用許多人工作，他們還是與窮人分享了他們所做的一切改良。一隻無形的手，讓他們對生活必需品的分配幾乎與土地平均分配給所有人時一樣，從而不自覺地增進了社會的整體利益，爲更多人提供了生活所需。「總的來說，如果某項事業對社會有益，就應該讓其自由競爭。競爭越自由，越普遍，該事業對社會的貢獻就越大。」

因此，從某種角度來看，企業賺取的利潤的確可以作爲衡量其對社會貢獻的一個指標。企業賺取越多的利潤，說明其爲社會提供了更多的價值，也就是更多的慈善。

當然，並非所有的企業家都是善良的，市場上確實存在一些不誠實的商人。但在市場競爭的環境下，商業活動會逐漸趨向良性。公開透明的市場競爭機制會淘汰那些不誠實的商人。在自然淘汰的過程中，只有那些提供優質產品、眞正滿足消費者需求的商業活動才能生存下來。

在商業活動中，消費者擁有選擇權。因爲消費者是用自己的錢購買商品，他們有權選擇性價比更高的產品來滿足自己的需求。這種機制促使商家必須深入瞭解消費者需求，並以此爲出發點來研發和改善產品，以合理的價格吸引消費者。

這種良性循環促使商業活動源於滿足用戶需求，推動市場產品不斷向更好的方向發展，同時也推動了資源的有效利用和開發，形成了正向的能量循環。

透過這種循環，商業的發展最終推動了社會向更美好的方向進步。可以看出，商業活動的最終效果是推動社會發展，而社會的發展又支持了商業的進步，形成了一個良性的循環。

●● 眞的是「無奸不商」嗎？

　　這裡提出了一個問題：儘管理論上看似合理，爲何現實中仍有許多人反對這種觀點？長期以來，不論是哪個文化背景，人們似乎都有一種本能的反感，對商業和從商者持負面看法，普遍認爲「商業本質上是不誠實的」。即便是像莎士比亞這樣的偉大作家，也將商人描繪爲陰險、貪婪且不擇手段的形象。因此，社會上出現了一種奇怪的現象：一方面人們享受著商業社會帶來的豐富與便利，另一方面卻批評商業和從商者，認爲這是保持道德高地的「正確立場」。

　　1974 年諾貝爾經濟學獎得主、20 世紀影響深遠的經濟學家與政治哲學家弗里德里希‧海耶克（Friedrich August von Hayek）曾指出，這種對商業的極大誤解源於一種原始的本能，是一種從個人角度出發的誤解。一個常見的觀點是：商業所得的利潤不就是從消費者那裡搜刮來的嗎？商人從我們這些消費者手中賺取巨額利潤，將我們的錢轉移到他們的口袋，這怎能算是慈善行爲呢？

　　那麼，利潤究竟從哪裡來？如果我們將其視爲從消費者的口袋轉移到商人的口袋，這實際上是把雙方對立起來的一種看法。消費者之所以願意支付一定的價格購買產品，是因爲他們認爲該產品的價值至少等同於其價格。換句話說，消費者付出的金錢在他們看來是「物有所值」的。

　　那麼利潤來源於何處？它來自於商家能夠以低於消費者認知的價值來生產產品的能力。無論是改進工藝、優化供應鏈，還是降低管理成本，商家都在努力降低成本，從而在成本與售價之間獲得更多利潤。這些利潤並非來自於消費者多付的金錢，而是源於商家的高效運營和創新。

創造相同產品時，商家努力降低投入成本，這過程不僅需要付出努力，還伴隨著風險。商家開發一款產品時，必須降低各項成本，同時確保產品品質能夠滿足消費者的期望。這種努力的成果便是利潤。

需要強調的是，這種利潤面臨著巨大的不確定性。成本是否能降低是一大未知數。如果產品成本高於售價，將導致虧損；如果爲了降低成本而犧牲品質，消費者可能不認可，最終不得不以低於成本的價格銷售；產品如果與市場需求不匹配，也會面臨滯銷的風險。這些風險實際上也是產品成本的一部分。從這個角度看，經濟學中將收益視爲對所承擔風險的補償，是合理的。

此外，一定程度的利潤對商家來說是必需的，這保證了商業的持續運營和擴展。市場發展規律是使能滿足消費者需求的產品能夠持續運營，甚至擴大規模，從而讓消費者獲得更多滿足，這是一個「利他」的良性循環。

爲了維持這個良性循環，消費者也需要接受一個事實：優質商品的價格不能低於其成本。只有當商家獲得穩定且持續的利潤時，他們才有動力和能力繼續經營和擴大生產，更好地滿足消費者的需求。

因此，賺錢不應被視爲不道德的行爲，消費者支付的價格也不是虧損，而是商業系統良性運作的必然結果。

商業系統的良性運作是社會健康發展的重要方面。正如法國哲學家孟德斯鳩所說：「有商業的地方就有美德和法治。」商業交易的基礎是公平、等價交換和誠信。現代的商業活動建立在高度的信用基礎上，必須以誠信爲本。孟德斯鳩在《論法的精神》中提到：「貿易的法律使風俗純良，貿易的自然結果是公平」，這正是商業精神的核心，也是商業的價值所在。

當然，有人可能會提到，在市場上遇到不公平的價格壟斷、粗暴的服務，甚至「劣幣驅逐良幣」的情況。這些的確是商業發展中的一些普遍問題。但在經濟發達、生活水準較高的地方，我們通常看到的是較爲成熟和完善的商業文化。所謂「劣幣驅逐良幣」的現象，往往是商業競爭受到了干擾的結果。換言之，這不是商業本身的問題，而是商業競爭環境的問題。

慈善離不開商業

首先，商人常是慈善活動的主要捐助來源。慈善行爲需要經濟支援，而商人的捐款正是企業社會責任的體現，成爲許多慈善行爲的資金來源。許多商人不僅心懷善念，幫助窮困，也期望透過直接的慈善行爲來滿足他們對道德的追求。更重要的是，這些行爲符合成功商人的利益，因爲消費者越來越希望自己支持的商家具有「社會責任感」和「良心」，許多成功企業和企業家因此在慈善活動中十分積極。

其次，商業活動在追求利潤的同時，也間接提供了免費服務。

商家爲了自身發展而建設的設施，例如大型購物中心、餐廳提供的公共廁所，解決了許多城市的公共設施問題；24 小時營業的速食店爲無家可歸者提供了臨時的避風港；大型購物中心還提供了借傘、雨具等服務；住宅區附近的便利商店也開始提供各種日常服務。

最後，商業發展帶來了許多免費產品。隨著科技進步，許多新產品的邊際成本逐漸減少，甚至趨向零。因此，許多大型科技平台開始提供成本低廉的免費商品，包括網路搜尋、短影片分享和免費電子郵件服務，這些都爲消費者和潛在消費者帶來了便利。這些免費產品的出現，極大地提升了消費者的整體福祉。

總之，商業活動透過提供產品和服務來滿足消費者需求，在創造財富和強化企業實力的同時，也滿足了社會需求。因此，商業確實是一種「先利他後利己」的模式，並且能夠眞正地創造財富和改善人們的生活。發達的商業促進了物資的豐富、生活品質的提升以及人們權利意識的增強。

慈善可以替代商業嗎？

這引發了一個問題：既然人類社會需要交換和利他，爲何不能僅靠慈善來達成，而必須透過看似利己的商業活動呢？如果大家都自願爲社會奉獻和從事慈善活動，不也能實現交換的目標嗎？

確實，無論是慈善還是商業，都能在一定程度上促進社會交換和實現利他目標。但從實際運作的角度來看，商業活動比慈善更爲有效率。1974 年諾貝爾經濟學獎得主哈耶克曾深入研究商業與慈善的關係，他認爲貧困人群更需要商業而非慈善。商業不僅提供就業機會，還能有效利用資源。相對而言，慈善雖然高尚，但無法取代商業的核心功能。

首先，商業具有自我驅動力（self-driving force，又譯「內在動力））¸能夠持續創造價值；而慈善則依賴於外部支持。商家爲了持續盈利，必須不斷提供優質的產品和服務。消費者透過購買行爲認可企業創造的價值。在此過程中，企業賺取利潤和擴大生產規模，因而得以源源不絕地爲消費者提供更多、更好的產品和服務。商業活動透過這種互利互惠的方式，可以持續發展並不斷擴大規模。

相比之下，慈善主要依賴於個人的自願奉獻，這種行爲本身無法持續自給自足，需要外部資金支援才能持續。事實上，許多慈善活動的資金來源正是來自於商業所創造的利潤。換句話說，沒有商業的支持，慈善活動難以持續。

第二，商業活動的成果可以被量化，而慈善則難以做到。商業行爲從產品生產到銷售的每一個環節都可以進行量化評估，這些數據可以反映企業的業績，對效果好的行爲給予正面激勵，從而推動良性競爭和優勝劣汰。

面對這樣的情況，我們不禁要問：爲什麼慈善活動本身難以被量化，也難以實現正面激勵呢？由於缺乏利潤和價格的指標，非營利組織主要依靠精神凝聚力來運作，因此在評價和激勵員工方面面臨挑戰。如果員工是兼職的，他們需要另外工作來維生，不能全心投入；即使是全職員工，也難以準確評估其工作表現，進行有效的獎懲。要想持續發展和進步，任何事業都需要長期的投入和積累，但是慈善事業因缺乏自我擴張的能力，常處於不穩定狀態，這成爲了其發展的最大限制。

舉例來說，如果一位企業家決定以慈善方式在全台灣建立 100 所公共圖書館，一開始他的計畫進展順利，在台北和高雄各蓋了 2 座圖書館。但隨著計畫持續進展，他遇到了兩大難題。首先，他需要不斷動用商業利潤來建立圖書館，這導致他的資金出現缺口。其次，隨著圖書館規模的擴大，由於是非營利性質，缺乏價格信號，難以對員工進行有效評估和管理，導致管理混亂。最終，這個計畫在蓋了 9 座圖書館後不了了之。

第三點是商業能夠有效配置資源，而慈善活動可能因缺乏指引機制導致資源浪費。商家追求利潤，必須以滿足消費者需求爲最終目標，因此會不斷調整資源，以最低成本達到最大化的資源利用，從而提供最佳的產品和服務，贏得市場。而慈善活動則缺少市場機制這種引導，導致資源分配可能盲目、效率低落。

舉例來說，某些貧困地區可能過度受到慈善捐助的關注，而其他地區則完全無法得到援助。此外，由於無法準確把握受助者的眞實需求，可能導致資源在某些地區過剩，有些地方則是匱乏。

最後，商業活動能夠最大程度地滿足眞實需求，而慈善則有所不足。商業活動以消費者爲核心，由消費者的需求來驅動。商家爲了盈利，必須不斷關注並滿足消費者多變的需求，提供相應的產品和服務。這種以消費者需求爲導向的模式，正是商業成功的關鍵。相比之下，慈善活動往往是基於發起人的道德需求或理想，而不是以服務對象的具體需求爲出發點，因此在資源分配和服務提供上可能存在偏差。

脫貧，更需要商業，而不是慈善

正如我們之前提到的，相比於慈善，商業在資源配置方面更精準、更具自發動力，並對社會更有益。在資源有限的貧困地區，如何最有效地利用這些資源是關鍵問題。因此，較之於效率較低的慈善，高效的商業活動對於扶貧更爲重要，這樣才能避免陷入「愈扶愈貧」的惡性循環。

慈善活動由於缺乏市場機制的指引，不僅在資源分配上給施助者造成困難，對受助者來說也有使用資源的障礙。如果是免費獲得的東西，由於邊際成本爲零，對於使用效率的考量就變得較爲困難。例如，免費獲得的現金與自己賺取的現金在使用時的心理計算方式明顯不同。俗話說「物輕人不敬」，免費的東西往往容易被浪費。

中國經濟學家茅於軾提出了一種新觀點，認爲慈善事業也可以透過商業化來進行。他認爲，既然商業活動能創造財富，那麼是否可以透過從事窮人所需要的商業來幫助他們賺錢？這樣不僅讓窮人有機會透過商業活動賺錢，也讓這些活動能按照商業規則運作，從而達到互惠互利。例如，透過小額貸款和技術培訓等方式，可以幫助貧困農戶提升生產力，最終達到商業盈利和扶貧的雙重目標。

這種思路實際上在臺灣和中國的脫貧工作中都有所體現，如政府推出的小額貸款、職業培訓補貼等政策，都是透過市場化手段「授人以漁」，幫助人們實現自我提升和自我造血功能，從而有效地推動了脫貧工作。

因此，我們可以對比爾·蓋茲作爲微軟創始人和慈善家的貢獻進行評價。他不僅將原本只有技術人員才能操作的高科技產品普及化，開創了電腦時代，同時身爲慈善家，也爲社會作出了巨大貢獻。這表明，企業家們應該認識到「先利他再利己」的商業本質，以提供社會所需的優質產品爲長期發展的基礎，既爲自身打下堅實的基礎，也爲社會帶來更大的貢獻。

總而言之，賺錢本身是美德，善用賺到的錢來做慈善更是一種高尚的行爲。

第 6 章

投資的基本邏輯

投資小白應該如何入市？

為什麼我買的股票明明一直表現良好，卻突然跌了 10% ？

股票賺了，我該賣出變現嗎？
賠了，該繼續抱著還是認賠殺出？

26 投資入門理論

想學投資，發現理論都看不懂怎麼辦？

打破常識，才能學會投資

讀者提問專欄

Zumbo：

最近我開始認眞學習投資，但是一看經濟學相關的書籍就頭暈。這些理論似乎非常複雜，與我原先的想法大相徑庭，讓我感到難以理解。

於是，我報名參加了一些線上付費課程，主要是關於基本理財知識的培訓。這些課程幫助我快速掌握了基礎的投資知識，例如家庭資產配置的三角模型、定期投資的概念，以及資產配置的均衡性等。我也根據老師的指導進行了一些基本的投資實踐，感覺效果還不錯。但一旦脫離了老師的指導，我就不確定該如何投資了。

我想，這可能是因爲我只學到了一些基本的方法論，而沒有掌握更深層的投資知識。作爲投資的初學者，我在尋找一些淺顯易懂的投資學知識。有沒有適合我這種初學者的資源或建議呢？

．．．．

應該說，對於投資小白，正如我們之前討論的，簡單直接的投資建議和方案會更容易理解和操作，也是很好的入門體驗。但隨著投資經驗的增長，我們不能只依靠別人的指點來投資。市場環境不斷變化，我們的投資組合和策略也應該隨之調整。如果只是跟隨老師或專家的建議，而缺乏對基本經濟學和投資學的理解，就難以在關鍵時刻做出正確的調整。

特別是當財富水平和資產結構不同時，可以承受的風險程度也不同，因此適合的投資策略也會有所差異。例如，退休的長輩們可能不適合投資風險較高的產品，而資金充足的企業家則不應只選擇低收益的投資商品。隨著個人財富的增加，應該不斷調整投資方案和組合。

這意味著你過去學到的理財方案可能適用於當時的你，但未必適合未來的你。解決這個問題的方法是，要嘛找到一位可靠且深入瞭解你情況的理財顧問，要嘛自己深入瞭解資本運作的邏輯和投資的內涵。只有這樣，才能適應市場的變化，做出合理的自主決策。

這個就是「術」和「道」的關係。不是說「術」是錯誤的，是不對的。而是說，隨著自己投資的深入，你應該更多一些瞭解「道」，只有摸清投資的門道，你才能適應各種變化，做出好的判斷。再者，經濟學與日常生活密切相關，很多生活中的問題都可以在經濟學中找到答案。因此，學習投資經濟學不僅有助於財富的保值增值，還能促進更好的人生規畫。

希望這些觀點能夠幫助大家更好地理解投資的本質，並在未來的理財培訓中能夠將理論與實踐相結合，達到更好的學習效果。這樣，你們就有可能堅定正確的投資方法，避免被誤導，並實現長期的財富增長。

爲什麼要打破常識？

正如我們先前所討論的，經濟學的研究範疇常常與人們日常的常識不一致。這種不一致性在電影《華爾街之狼》（*The Wolf of Wall Street*）中得到了生動的展示。這部由李奧納多．狄卡皮歐（Leonardo DiCaprio）主演的電影，講述了華爾街銀行家喬丹．貝爾福特（Jordan Belfort）的故事，展示了他如何利用投資規則的漏洞來獲取暴利。

在電影中，有兩個關於「賣鋼筆」的情節特別引人深思。

在一個場景中，喬丹要求聽眾向他推銷一支筆。每個人的推銷方法都不同，但都未能真正觸及到買家的需求。

另一個場景則發生在電影的尾聲。喬丹在一家店內試圖讓店員向他銷售同樣的筆。店員的回應很簡單：「在那張紙上簽字就行。」喬丹回答說：「我沒有筆。」店員隨即說：「那我就賣給你了。」

這兩個「賣鋼筆」的情節從根本上展示了市場行爲如何突破傳統的思維模式。在經濟學中，成功的市場交易往往基於對買家需求的深刻理解，而不僅僅是產品本身的特性或功能。

這也顯示出，爲了成爲更精明的投資者，我們需要超越傳統的思維方式，更深入地理解市場動態和投資原則。這不僅僅是學習技術手段或方法論，而是要理解更深層的投資邏輯和經濟學原理。

在《華爾街之狼》的第二個「賣鋼筆」情節中，那三位聽衆的回應正代表了大多數人的常識。當面對鋼筆的銷售時，他們都將「優質的鋼筆」作爲銷售重點，認爲消費者會因爲「優質的東西」而付費。對他們來說，鋼筆的價値在於其品質、記錄生活的能力以及個人喜好。他們在銷售時，站在普通大衆的角度，從自己的常識出發，來闡述這支筆的價値。

「品質不錯、可以記錄生活、筆很好用⋯⋯」這些描述是什麼？它們反映了回饋、使用感受和消費者的認知。這些說法有錯嗎？並沒有，但爲什麼聽起來就是缺乏購買的欲望呢？

而電影第一個「賣鋼筆」情節中的金牌銷售員則有不同的理解。他對銷售一支筆的看法完全不同，他認爲筆是買來用的。這樣簡單的邏輯，如果要歸結到經濟學上來說，就是供給和需求的區別。前三位聽衆都把「供給」一支優質鋼筆作爲銷售的出發點，但優質鋼筆並不一定是必需的。而那位金牌銷售員的思路則是從「需求」出發，尋找顧客使用筆的場景，激發出消費者對鋼筆的需求，從而使銷售變得順理成章。

這正說明了銷售和投資都需要打破常規的認知。在投資領域，這意味著要突破大衆的傳統觀念，理解市場的深層運作規律，從而做出更明智的投資決策。

善用「反常識」尋找機會

無論是投資還是銷售，目的都是在市場上透過交易獲取利益。這個「利益」來自於交易的對手。在股票市場上，當你買入股票，必須有人賣出；在產品銷售中，當你賣出產品，也必須有人買入。

要從交易對手那裡獲益，就必須理解對方的邏輯，並逆著這個邏輯去思考和做決策。尤其當你想從大眾市場獲利時，就必須瞭解大眾的共同認知，朝與這個認知相反的方向去尋找交易機會。所謂共同認知，其實就是所謂的「常識」。

為何要「逆常識」尋找機會呢？如果你的思維與大眾相同，跟著大家買入和賣出，會發生什麼情況？就像我們所知的經濟學基本常識「僧多粥少」一樣，當一個投資機會被所有人發現並參與時，你還能從中獲得多少利益呢？

巴菲特曾說：「當別人恐懼時我貪婪，當別人貪婪時我恐懼。」（The time to be greedy is when others are afraid, and the time to be afraid is when others are greedy.）這句話是什麼意思呢？例如，在股市大跌、民眾恐慌紛紛賣出股票時，正是巴菲特大量買入股票的時機；相反，當市場行情好、眾人熱衷投資時，則是他退出市場的信號。

中國也有類似的諺語：「當賣菜阿姨都開始炒股時，就是我們該離場的時候」。這句話並不是在質疑賣菜阿姨炒股的能力，而是點出當普羅大眾紛紛投入股市時，市場的買方力量可能已達到頂峰，股價也可能到達高點。在這種情況下，理智的做法不是繼續追高，而是應該警覺風險，及時離場。

由於大衆容易受從衆心理影響，在經濟運行、股市、房地產市場等多個領域中，都廣泛存在羊群效應，其結果往往是「在絕望中重生，在猶豫中上漲，在瘋狂中崩潰」，並不斷重複這一過程。

因此，投資的眞諦在於打破常規思維，站在大衆的對立面，這樣才能在市場上占據有利位置，獲得更大的收益。

一分收穫，一分風險

我們從小就被教導「一分耕耘，一分收穫」，這在勞動產出領域是對的。當我們用自己的勞動，無論是智力勞動還是體力勞動，來換取收益時，的確是「一分耕耘一分收穫」。但在投資領域，情況並非如此。

那麼，投資的收益從哪裡來？是否與勞力或財力的投入成正比？從絕對數量來看，這似乎成立，但從收益率來看則不一定。實際上，投資的收益來自於所承受的風險。高收益通常意味著高風險，是對承擔風險的一種補償。

讓我們來解釋一下這裡所說的「風險」，特別是系統性風險（systematic risk）。系統性風險，又稱爲不可分散風險、市場風險、大盤風險，指的是影響整個市場的政治、經濟、社會等因素對證券價格造成的影響。它包括政策風險、經濟周期波動風險、利率風險、購買力風險、匯率風險等。

舉例來說，這些風險可能源於全球或特定國家的經濟危機、持續的通膨、重大自然災害等。當這些系統性風險發生時，市場上所有的股票普遍下跌，投資者無法透過買入其他股票來避險。這種風險與企業或投資產品本身無關，也無法被企業所控制或改善。

例如，從事外貿的企業必然面臨匯率變化風險；從事航運的企業則可能面對海盜風險；與美國有業務往來的企業則可能因美國總統換人當而有所影響。

非系統性風險，是指發生於個別公司的特有事件造成的風險，與大局無關，純粹由於個股自身的因素引起的個股價格變化，以及由這種變化導致的個股收益率的不確定性。例如，某上市公司的工人罷工、新產品開發失敗、失去重要的訂單、訴訟失敗等。這類事件是非預期的，隨機發生的，它只影響一個或少數公司，不會對整個市場產生太大的影響。

另一方面，「非系統性風險」則指的是特定於個別公司的風險，如工人罷工、產品開發失敗等，這些風險只影響特定公司，不會對整個市場產生太大的影響。這類風險與收益率無關，因為它們是可以且應該被消除的風險。

資本資產定價模型（Capital Asset Pricing Model，簡稱 CAPM），由威廉．夏普（William Sharpe）、約翰．林特納（John Lintner）、傑克．崔諾（Jack Treynor）、賈恩．莫辛（Jan Mossin）等人提出，主要研究證券市場中資產的預期回報與風險資產之間的關係。**CAPM 模型**公式為：

$$E(r_i) = r_f + \beta_{im}[E(r_m) - r_f]$$

$E(r_i)$ 是資產 i 的預期報酬率；r_f 是無風險報酬率；β_{im} 是 Beta 風險係數，即資產 i 的系統性風險；$E(r_m)$ 是市場 m 的預期市場報酬率；$E(r_m) - r_f$ 是市場風險溢價這個模型說明，投資的報酬率等於無風險報酬率加上風險溢價。無風險報酬率通常以美國 10 年期國債收益率爲基準，風險溢價則是根據投資的 Beta 值來計算的。CAPM 模型顯示，唯一能獲得更高回報的原因是投資高風險的產品。

低風險爲什麼不能有高報酬？

市場運作遵循著供應和需求的原則定律。當市場上某個產品或服務的供應少而需求多時，價格便會上升；隨著價格的上升，利潤增加，進而吸引更多的供應和產能，最終使供需逐漸平衡，價格回歸合理區間。相反，若供應過剩而需求不足，價格便會下降，隨著價格下降，需求逐漸增加，市場最終也會恢復平衡。

現在讓我們思考一下：如果市場上眞的出現了一個低風險且高報酬的投資機會，比如投入 10,000 元，每年收益 5,000 元，那會發生什麼？市場上會出現搶購狂潮。這種搶購意味著供不應求，隨之而來的結果很可能是價格上漲。因爲賣方會利用這種強烈的需求來提高價格，從而獲得更高的利潤。

但價格上漲對買方意味著什麼？如果原本 10,000 元的投資可以帶來每年 5,000 元的獲利，而現在需要 20,000 元才能得到相同的收益，這意味著收益率降低了。卽使如此，只要收益仍然吸引人，賣方可能會持續提高價格。

價格會漲到什麼程度？直到市場認爲那筆投資不再是低風險高

收益，而是風險和收益相匹配的時候，價格就會穩定下來，需求也將變得合理，市場不再出現瘋狂搶購的情況。中國房地產市場就是很好的例子。

市場上的高報酬往往伴隨著高風險，即使低風險的投資在市場波動中暫時擁有高報酬，最終也會因市場競爭而回歸合理的獲利。

那麼，高風險就一定會帶來高收益嗎？高風險意味著存在較大機率的損失。這意味著，承擔高風險並不保證高獲利，甚至很有可能一點好處也沒有。這就是高風險的眞正含義。如果高風險總是伴隨著高收益，那這所謂的「一定」就變成了低風險。

沒遇到風險不代表風險低

有些人或許會說自己投資了公認的高風險理財商品，但一直沒有遇過風險，而且現在也賺了不少錢。這樣的商品眞的存在嗎？當然有，而且還不少。但值得注意的是，沒有遇到風險並不代表風險不存在，也不代表風險是低的。

風險承受程度，在經濟學上是可以量化的，並細分爲兩個要素：機率和影響。機率表示風險發生的可能性有多大，例如，這個風險發生的機率是 90% 還是 10%。影響則表示一旦風險發生，會對你造成多大的損害。

這兩個要素共同形成風險矩陣，並影響風險的等級。換句話說，風險高低不僅取決於機率，還取決於影響。舉例來說，如果風險發生的機率非常大、但影響非常小，那麼可能被視爲低風險。例如，你投資 1 萬元在某種商品上，有 50% 的機率失敗，但即使失敗，你最多只損失 100 元，其餘的 9900 元可能會收回。這種風險可以視爲較低。

然而，如果是風險發生機率很低、影響卻相當大的商品呢？與之前的例子相比，你投資 1 萬元在一個標的上，失敗機率只有 5%，但一旦失敗，你不僅損失 1 萬元，還需要再投入 1 萬元來彌補損失。這種風險相對而言是難以承受的。

經濟學上使用機率和影響的乘積來計算風險的大小。第一個風險的機率是 50%，影響是 1%，所以總的風險指數可以視爲 0.5。而第二個風險的機率是 5%，影響是 200%，總的風險指數就是 10。

這解釋了爲什麼比特幣作爲一種虛擬貨幣，其風險相對較高。因爲美元有美國政府的信用支持，投資美元的主要風險是匯率波動，波動幅度有限。然而，比特幣的主要風險在於可能被新的虛擬貨幣或政府主導的數字貨幣所取代。儘管這種情況發生的機會很低，但一旦發生，影響將極大，可能導致比特幣價值歸零。

因此，比特幣在任何風吹草動時都可能出現劇烈波動。即使像特斯拉執行長馬斯克（Elon Musk）這樣對比特幣充滿熱情的人也表示：「加密貨幣很有前景，但請謹慎投資」及「人們不應將畢生積蓄投入加密貨幣。坦白說，我認爲這是不明智的。」

從事高風險投資，沒有遇到風險的同時還獲得可觀收益，當然是好事，但不該視爲理所當然，也不應該將運氣視爲一種能力。在絕大多數情況下，你只是被機率所選中，偶然地取得了成功。如果將這種成功歸功於自己的能力，最終你可能會被同樣的方式損失。

正確看待風險

瞭解風險與收益的關係之後，現在該怎麼做呢？

首先，我們絕不能因爲高回報而忽視風險。正如耶魯大學首席投資長大衛．史雲生（David F. Swensen）所言：要妥善管理風險，收益自然會隨之而來。

妥善管理風險意味著我們不應該對風險感到畏懼。要理解的是，收益本來就伴隨風險而來，如果不承擔風險，就難以實現更高的收益。但過度冒險也可能使自己陷入損失甚至完全損失的風險中。

關鍵在於正確的風險認知。我們必須強調正確的風險認知，這不僅關乎你是否有面對風險的韌性，同時也關乎你是否能夠承受這樣的損失，以及其他資產的流動性是否足以應對需要。

我們經常聽說「有錢人更容易賺錢」，這並不是因爲他們喜歡高風險，而是他們更能承受損失，對資金的流動性要求也相對較低，可以在高風險環境中持久地堅持下去，直到獲得收益。

首先，我們應該瞭解自己的風險承受能力。當我們在銀行或證券公司開立投資帳戶時，務必要參加風險承受能力測試，以確保我們的風險承受能力與我們所選的投資風險相符。

正確認知自己的風險承受能力是關鍵，我們應該在能夠接受的範圍內承擔風險，並善用風險以追求更高的收益。但絕對不要冒著風險承受能力以外的損失去投資高風險的標的，因爲一旦損失發生，可能遠遠超出我們的承受範圍。我身邊也有一些朋友，看到高報酬的機會，衝動地投入所有資金，甚至使用槓桿，最終無一倖免於慘重損失的命運。

那麼，如何計算自己的風險承受能力呢？我們可以審視自己的家庭資產狀況。一般來說，如果擁有穩固的固定資產，有穩定的收入來源，以及儲備較多的現金資金，那麼風險承受能力就相對較高。

例如，如果一個人已經擁有兩個房屋（無貸款），並且暫時沒有計畫購買其他房產，手頭有 100 萬元現金，每月固定收入爲 5 萬元，生活開支相對穩定，這救代表他的風險承受能力較強。因爲即使他將這 100 萬元用於投資，導致 50 萬元、甚至 100 萬元的損失，也不會對他的生活造成影響，甚至不會降低他的生活品質。

然而，對於一般領薪水的上班族，即使收入不錯，如果需要用一部分收入還房貸，有孩子的還需要教育費用，他們的風險承受能力就較低，不應該投資高風險商品。因爲一旦損失發生，會明顯降低家庭生活品質，甚至可能難以擺脫困境。

總之，個人的風險承受能力會隨著家庭狀況的變化而變化，因此，我們的投資策略也應該隨之調整，以更好地配置我們的投資組合。

其次，切勿輕信強調高獲利的標的。我們都應該透過不同途徑來瞭解各種號稱高報酬的投資機會和理財產品。

最近，我們也看到許多社群媒體平台上的軟性宣傳文章，它們宣揚理財知識培訓課程，聲稱透過這些課程可以實現高回報。有些甚至編造成功案例，聲稱工資只有 5,000 元，但透過理財就能賺到

10 萬元等。這種宣傳可能會制造人們對未來的經濟安全感到焦慮，並聲稱提供一條「財富自由的可複製之路」，以吸引消費者付費參加。

然而，我們必須明白，任何投資都伴隨風險和回報，並不存在一種確定的高回報知識。唯一確定的是，有人會賺錢，有人會虧錢。因此，我們應該對這種廣告保持警惕，深刻理解：保本投資的投報率不太可能超過 5%，除非存在非法行爲。

許多號稱高回報的理財產品實際上是複雜的結構性產品，風險被巧妙地隱藏在細節中。如果你遇到這樣的投資機會，一定要冷靜下來，仔細研究產品說明書的每個細節。此外，任何公司聲稱的預期報酬率並不等同於實際報酬率，保證，可能存在無法按期支付預期回報的風險。

資產管理是一場「錢生錢」的遊戲，因此最重要的是管理回撤風險。在你進行購買決策時，應該考慮最壞的情況是什麼？你的資產配置組合首要考慮的不應該是可能賺多少錢，而是應該思考如果出現大幅度回撤，你將採取什麼樣的應對策略。

再者，要學會分散風險。風險是客觀存在的，不代表風險不可以被分散、降低或消除。

因爲風險具有一定的機率，所以它可能發生，也可能不發生。在這種情況下，如果我們將投資分散到夠多的標的，即使某些標的因風險而導致損失，這些損失也只會影響局部，不會對整體收益造成重大影響。這正是我們常說的「不要把所有的雞蛋都放在一個籃子裡」。

這種策略被稱為分散投資，與之相反的操作方式稱為投資組合（portfolio）。投資分散意味著將資金分散投資在多種品項上，以降低風險。而投資組合則是將不同風險的產品組合在一起進行投資。

那麼，為什麼要這麼做呢？這涉及到投資組合理論（portfolio theory），該理論由美國經濟學家馬科維茨（Markowitz）於 1952 年首次提出，並得到了諾貝爾經濟學獎的肯定。在成熟的證券市場中，馬科維茨的投資組合理論被證明是有效的，並且廣泛應用於投資組合選擇和資產配置。

投資組合理論的核心思想是：將不同風險的投資組合在一起，其收益率將是各個投資的收益率的加權平均值，但風險卻低於各個投資風險的加權平均值。換句話說，透過投資組合，可以在保持預期收益不變的情況下降低風險，從而獲得更好的回報。

甚至透過計算，可以得出一條稱為「有效邊界」（efficient frontier）的曲線，該曲線表示透過不同比例的風險資產和無風險資產組合，可以實現最優的風險和回報平衡。

簡而言之，這意味著資產配置得宜的話，我們就能在可承受的風險範圍內實現更高的預期收益。當然，這個組合會因個人差異、風險承受能力和市場變化而有所不同。但這強調了資產配置的重要性。

我們談了很多，基本上都是關於如何從風險的角度獲取更大收益。我曾經提到，經濟學反映了生活，它能夠幫助我們解決生活中的各種問題。那麼，風險意識對我們的生活又有哪些值得參考的地方呢？

實際上，人生中存在著高風險高收益和低風險低收益的情況。沒有人能輕易取得成功，所有的成功都建立在承擔較大風險的基礎上。那些看似輕而易舉的成功背後都經歷了無數的挑戰。

每一位綻放光芒的人背後都潛藏著一路淚水。如果有人聲稱某種投資不需要你付出成本，也不需要努力，只要用滑鼠點一下，錢就會湧入，你會相信嗎？

此外，人的能力也需要像資產配置一樣謹愼思考。人的能力是最重要的投資，也是最大的風險所在。雖然時運有時會給予某些人特殊的機會，但人生總是公平的，如果不在能力上下功夫，那些依賴運氣賺來的財富，終究會因能力不足而流失。

30 年前，會計科系最重要的一門課是打算盤，但如果只會這項技能，即使是當年最頂尖的會計師，如今也難以立足。因此，「斜槓青年」成爲一種個人能力的資產組合，擁有多種技能，同時兼顧多種職業，這不僅提升了自己的投資回報，還大幅降低了投資風險。不是嗎？

長期主義，不等於長期

不論你是已經投資理財，或是剛開始打算投資理財的人，應該都常聽到這個說法句話：投資需要長期主義，避免頻繁交易。只有堅持長期持有，才能充分體現複利的價值。近來，長期主義成爲了投資界的熱門話題。

像羅振宇就說過：「只有長期主義者，才能成爲時間的朋友。」而投資界的大咖、高瓴資本的 CEO 張磊也強調：「長期主義不僅僅是一種方法，更是一種價値觀。流水不爭先，爭的是滔滔不絕。」

或許有些人對張磊這個名字不太熟悉，他的名字確實很普通。然而，他被譽爲中國當今最具影響力的投資人之一。他在 15 年內將高瓴資本打造成管理超過 600 億美元基金的金融帝國，是亞洲地區效益最好的投資機構之一。他對投資的理念必然具有一定的價值和可參考性。

那麼，究竟什麼是長期主義，它是否意味著堅持不懈、永不放棄？對一支股票持有很長時間，就一定是長期主義嗎？在投資某支股票長期持有，但持續虧損且看不到改善，應該繼續堅持，還是應該考慮賣出？對於一個行業持續從事，不怕困難和失敗，是否就是長期主義？如果所在的行業已經式微，獲利微薄，是否仍然應該堅持？

長期主義固然重要，但也應具備靈活性和理性，不應執拗地堅持，應該時刻考慮市場條件和風險，保持開放的思維，以做出明智的投資和生涯決策。放棄有時候也是一種明智的選擇，因爲我們的人生不應該僅僅局限於一個選項，而是應根據情況做出適當的調整，以追求更好的未來。

何謂長期主義

張磊的書《價值》深入探討了「長期主義」這種投資邏輯。從投資者的角度來看，這本書並未提及投資回報率或金錢收益率等數字概念，而是專注於商業背後的邏輯，著重於尋找和傳遞價值的探索。

簡單來說，「長期主義」的核心思想是持續不斷地做正確的事情，即使在短期內看不到明顯效果，但只要秉持長期主義，最終將體會到時間的價值。

如何才能算得上是長期主義呢？比如春季播種秋季收穫、十年種樹百年樹人、千年修得同船渡等都是長期主義的例子。

農夫在春天播種，夏天除草灌溉，這段時間看不到收穫，反而需要不斷揮汗和化肥。只有到了秋季，才能期待豐收或失敗。這需要耐心等待和堅持。

林業工人爲了種植森林，種下小樹苗，需要數年至數十年才能長大成樹木。這期間，需要不斷等待和守候。

以 SpaceX 爲例，執行長馬斯克將「殖民火星」定爲 2050 年的目標。從 2002 年創立以來，SpaceX 一直在投入大量資金，多次面臨失敗和破產的危機。尤其是多次火箭發射失敗，但馬斯克堅持開發火箭回收技術，經過無數次的嘗試和失敗，終於實現了火箭回收的突破。

即使在進行「星際飛船」的測試時，仍然多次失敗，但馬斯克依然堅持，並且因爲每次的失敗都是前進的一步，他在其中見到了價值。

這些例子都體現了長期主義的精神。儘管經歷的時間長短不一，失敗多寡不一，成本高低不一，但他們因看到最終目標的價值而持續堅持，不因中途失敗而放棄，也不因中途收穫而止步，一直持之以恆，直到最終實現價值。

這才是長期主義的眞正意涵：透過整個生命周期來看待價值。

爲什麼要堅持長期主義？

相對於長期主義，短期主義曾經流行，其主要特點是追求快速收益、立即行動，注重即時變現，偏好快速獲利，這幾個特點在各個方面都能找到相應的例子。

短期主義通常表現爲追求「機會」，我們身邊常見這樣的人：不論網路上流行什麼，他們都喜歡參與其中。譬如，當比特幣正夯時，他們迅速投資；P2P 貸款風行時，他們急於參與；房價上漲時，他們迫不及待地投資房地產。

當然，無論是長期投資還是短期投資，本質上並沒有對錯之分。然而，從本質上講，短期主義者通常忽視了事情的整個過程，只看重快速收穫，並希望毫不費力地實現財務自由。

換句話說，追求短期收益的人，常常抱有一種幻想，希望能夠突然間致富，賺取高額利潤，而忽略了中間的辛勤耕耘和成長過程。

雖然有些短期主義者在特定時刻和機率情況下確實能夠獲得暴

利，但在大多數情況下，大多數短期主義者都會失敗，只有少數幸運者能夠獲利，這些案例通常更容易被人關注，成爲引導更多人參與的「成功案例」。

既然短期主義也可以帶來收益，爲什麼還要堅持長期主義呢？

獲取收益基本上可以分爲三種方式：賭博、投機和投資。

賭博是毫無思考，完全沒有邏輯，盲目跟風，聽誰說什麼就跟著做的行爲。

投機是經過研究後找到一個基於特定事件或機會的投資，比如預測公司的財報是否會超出預期。

投資則是注重長期複利效應，對一家公司整體進行研究，相信其長期業績優秀，長期能夠超越市場。這種方式更著重於價值。

因此，投資是基於對企業整體的研究，而投機則是基於事件的研究，賭博則毫無研究可言。

長期投資的核心是價值，而短期投機則主要關注價格。這並不是說投機不對或不好，但實際上投機比投資更難，因爲價格受到衆多變數的影響，包括宏觀環境、市場情感、公司業績波動，甚至突發事件等，這些因素會使一家公司的價格在其內在價值周圍波動，成功地「低買高賣」極爲困難。

而如果選擇投資，就是相信一家公司的價值，不論外界環境如何變化，只要企業內在價值保持穩定，就可以在長期內實現穩定的回報。

讓我們來舉一個生活中的例子來闡述這些概念。

想像一下，你剛剛高中畢業，面臨著兩個不同的選擇：是外出工作還是繼續上大學？

如果你選擇外出工作，可以立即獲得收入，不論是送外賣還是從事建築工作，每月薪水可能會超過 3 萬元。然而，如果你決定繼續上大學，就需要支付 4 年的學費、住宿費、生活費等，平均下來每月可能也要花上一兩萬元。而且，大學畢業後，你的月薪甚至可能不到三萬。

在這種情況下，你會如何做選擇？

大多數人可能會選擇繼續上大學。爲什麼呢？因爲我們知道，儘管當下大學生的收入可能比高中生低，但隨著時間的推移，大學生擁有更多的選擇和晉升機會。我們都清楚地知道，隨著時間的流逝，大學生的收入增長速度將更快，而送外賣的高中生的收入已經達到了頂峰，無法再實現更快的增長，甚至會隨著年齡增長而減少。大學生身份所帶來的確定增長機會的價值，遠遠超越了當下的收入。

這正是長期主義的最好例證：唯有拉長時間，我們才能在不確定的世界中找到確定的答案。

再回到賭博、投機和投資的選擇。我們可以看到，有人在賭場贏錢，但我們很難判斷這是運氣還是技巧的結果。投機也是如此，你可能從股市的曲線圖中學到了很多知識，感覺自己已經把握了投資的脈絡，掌握了投資的竅門，實際上你可能確實抓住了很多機會，賺取了豐厚的回報。

然而，這是否取決於你的能力，還是單純的機會？或者只是大趨勢所致？

2020 年，全球股市都經歷了瘋狂的上漲，許多人首次入場就賺大錢。有些人投一支股票，就能獲利，每一支股票都回報豐厚。投資收益如此之高，以至於一些實業界的人都對自己的投資能力充滿信心，甚至停止了工廠和餐館等實業，將資金集中，專注於投資。

然而，這種情況沒有持續太長時間，在 2021 年春節後，只用了一個月的時間，去年的收益基本上都被抵銷了，甚至一些大家普遍看好的科技股也直接下跌。

雖然這不是「終局之戰」，但足以讓我們看到長期主義的答案。

我們常說，時間會給我們答案。這背後的原因是什麼？因爲短時間內的樣本數太小，無法確定結果。只有將時間拉長，你才能客觀地自我理解，進而分淸楚這點：你的成功，是運氣占比多、還是實力居多。

爲什麼要做一個長期主義者？

短期主義者通常只能依賴偶然的成功，然後在一次又一次的基本機率事件下，最終陷入平庸。唯有長期主義者才有可能實現最終的「必然」成功。因爲在投資領域，長期主義不僅有助於平滑掉週期性的各種波動和撤回，還能夠跨越不同的時期，實現最終的價值增長，特別是隨著時間的推移所帶來的價值。

讓我們以一個容易理解的例子來說明這一點，那就是複利。

想像一下，你現在年齡是 25 歲，拿出 10 萬元進行投資，將它放入一個年化報酬率為 20% 的理財商品中。經過 20 年，你將年滿 45 歲，這個時候你的投資價值已經達到了 380 萬元，而且它還在不斷增長。如果再過 40 年，你已經退休，年齡是 65 歲，你將擁有 9.1 億元的資產。這僅僅是基於你在 25 歲時投入的 10 萬元資金所帶來的回報，如果你能夠每年持續投資相同的金額，那麼你的資產將變得非常驚人。

當然，現實情況是，保持每年 20% 的收益率是相當理想的，這很難實現。但即使是較為保守的 10% 年化回報率，也能夠實現驚人的回報，50 年後的回報將達到 117 倍。這就是長期主義所帶來的回報，只要堅持不懈，就能夠實現驚人的財富增長。

但是，長期應該是多長？ 5 年、10 年、20 年，還是永遠？

這些答案都對，也都不對。因為長期的單位不是年份，而是「週期曲線」。

長期是萬事萬物發展的波動週期，而不是時間上的長短。時間上的長度，只是外表看起來的樣子而已。

世界上的一切人和事，都是一條時間上的拋物線。

比如，山上的一棵蘋果樹，春生、夏長、秋收、冬藏，一次次的生命輪迴，就是一條條時間曲線。

又好比公司創立、崛起、成熟、衰退……這種抽象的生命脈絡，同樣是一條時間上的拋物線。

股票、愛情、事業、時尚……一切的一切，都逃不開這個時間曲線。

既然長期的單位是「週期曲線」，那就呼應了我們先前提到的：透過整個生命週期去看到價值。如果說長期的意義就是穿梭整個週期，那麼長期主義的意義就是看到價值的方向。

長期主義要求我們能夠「看到價值」，即理解事物在時間上的變化軌跡，並找到價值的趨勢，以便能夠持續投入並選擇適當的方向。

如果一個長期主義者選擇了錯誤的方向，那麼隨著時間的推移，他的結果可能會變得更糟。正確的方向至關重要，因爲時間的持續只會使它們更加明顯。

長期主義者不僅僅是堅韌不拔的持久者，更是具有預測能力的先知，他們能夠準確地預測未來趨勢，並因此而堅持不懈。

成功的人不一定每次都能準確預測趨勢，但他們成功的時候通常是因爲他們正確地看準了趨勢，而失敗的人則通常是因爲他們沒有看準趨勢。

長期主義對大多數人來說都是具有挑戰性的，因爲它要求我們能夠準確預測未來趨勢，這對於商業領袖來說也不一定能夠做到。

有些大佬可能因爲看準了趨勢而崛起，但也有可能因爲堅持自己的觀點而錯過了新的機會而衰落。

一個投資標的中提到了「堅持不賣」的觀念，認爲只要不出售，就不會虧損。然而，這種觀點無法確保不會發生實際虧損，即使帳面上看不出虧損，當一支股票被下市、清零或破產時，仍然會帶來實際虧損。

最後，長期主義並不僅僅是指長時間的持有，它更關注價值和趨勢的持續觀察，並不一定等於長期，有可能在某些情況下長期和長期主義背道而馳。

如何堅持長期主義

對於一般民眾而言，如何能夠持續地堅守長期主義，獲得穩定的收益呢？首先，對於投資，需要擁有長期主義的心態。從價值的角度出發，將長期穩定的價值回報視爲目標，不受短期市場波動的影響，尋找符合自己長期主義觀念的投資標的，以期實現長期的回報。

這就要求我們不應輕率進入或退出一個投資計畫，應精挑細選，一旦做出決定，就不受短期虧損、獲利的左右，讓時間爲你增值。

以股票投資爲例，如果你看好科技行業的長期潛力，可以選擇持有幾家在不同領域獨占鼇頭的企業股票，並長期持有。如果你看好消費領域的穩定報酬率，可以選擇數家領先的消費企業股票，長期持有。在這個過程中，分散風險是很重要的，所以選擇不同領域的股票是明智之舉。

如果你選擇投資基金，也適用相同的邏輯。選擇幾家你信任的基金，進行定期定額投資，以持續累積長期回報。

總之，堅守長期主義需要我們擁有耐心和堅持的品質，並且以價值爲導向，不受短期波動的影響，尋找穩定的長期投資機會。這是實現長期財務目標的關鍵。

其次，長期主義並不表示放任不管，也不意味著無論發生什麼情況都不會放棄。事實上，即使像高瓴資本這樣強調長期主義的投資公司，也經常會密集地買進和賣出某一家公司的股票。

舉例來說，2010 年，高瓴資本投資了近 3 億美元到京東，這筆投資成爲了張磊投資生涯中最重要的代表作之一。然而，2014 年京東上市後，高瓴開始有規律地減持，一直到 2018 年第二季度，高瓴將自己的京東股份減持至散戶水平。同時，高瓴開始大幅增持阿里巴巴的股份，但僅一季度後就全部清倉，然後開始增持拼多多的股票。再過一兩年，高瓴又重新買進京東和阿里巴巴的股票，但是以更高的價格。

連股神巴菲特也經常進行類似的操作。例如，2020 年初疫情肆虐時，巴菲特曾明確表示：「我不會賣掉航空公司的股票。」然而，在疫情發展後期，巴菲特的波克夏．海瑟威（Berkshire Hathaway，簡稱波克夏）公司已經出售了出售達美航空（Delta Air Lines Inc.）、西南航空（Southwest Airlines Co.）的股票，分別占總持股 18% 和 4%。巴菲特在股東大會上表示，他之所以改變立場，是因爲航空業未來的不確定性極高，疫情對其造成了嚴重損害，而這已超出了他所能掌控的範疇。

這些例子也告訴我們，巴菲特的投資理念並不僅僅是單純的長期持有，而是基於價值觀和風險評估做出的決策。如果發現某家公司的長期前景出現問題，他會迅速調整投資組合，而不會固守不變。正如巴菲特所言，如果你發現自己走錯了路，堅持下去也不會有好結果。

因此，長期主義並不意味著盲目長期持有，而是站在長期回報的角度，根據市場情況和公司基本面做出明智的投資決策。高瓴資本的交易策略也可以被視爲基於長期戰略的選擇，而非短期投機。

那麼，什麼時候應該考慮「賣出」呢？我建議，在兩種情況下考慮退出投資：

首先，當你在生活中確實需要這筆錢時。我們進行投資的目的是改善生活，提高生活品質。如果你確實需要這筆錢來改善生活，那就毫不猶豫地動用它。否則，即使資產增值了，也無法實現你的生活目標。

其次，當你對這筆投資的價值判斷發生了巨大變化時。例如，某支股票可能已經進入衰退期，經營模式發生了重大變化，受到新興競爭者的威脅，或者面臨宏觀環境和監管法規的重大變革，或者關鍵管理層離職等。如果這些事件嚴重損害了該企業的長期發展潛力，使其價值下滑，那麼就應該果斷賣出。即使是在買入後不久發現這些問題，也應該及時果斷地調整投資組合，這並不違反長期主義的理念，相反，它是長期主義的必然選擇。

因此，對於我們來說，以長期主義進行投資意味著不斷回顧、評估投資標的的長期價值，隨時根據變化做出調整。如果發現某標的的長期價值無法維持，就應該果斷處理。

舉例來說，投資科技龍頭並不意味著所有科技龍頭都能持續提供長期價值。許多知名的龍頭企業在歷史上都曾衰退。如果未能及時退出這些衰退中的科技企業，轉而投資新興有潛力的科技企業，就會錯失長期投資的機會。

對於那些缺乏時間和精力去關注投資標的長期價值變化的人來說，我建議考慮投資指數基金。指數基金追蹤特定股票指數，例如標準普爾 500 指數基金、納斯達克 100 指數基金等。這些指數都包含精選的股票，並進行定期調整，以確保指數的價值。這意味著你間接投資於多家公司，相對較少需要主動管理投資組合。

最後，長期主義不僅適用於投資領域，還可以應用於人生的各個方面，如婚姻、求職、創業等。當你考慮加入一家企業時，也應該考察該企業的長期價值觀。它是否具有長期主義？它是否具有發展潛力？它是否擁有獨特的競爭優勢，特別是在原料和技術方面？該企業是否以長期發展爲目標，而不僅僅關注短期利益，甚至損害員工和合作夥伴的利益？這些問題的答案可以幫助你做出明智的決策。

你看到的成本，都不是成本

如何判斷一個投資是不是划算？大家是不是都會用收益減去自己付出的成本，利潤爲正就是划算的投資，利潤爲負就是失敗的投資。換句話說，在決定要不要做某一種投資，能不能賺錢，就是我們檢驗成功與否的唯一標準，對吧？如果我說，這上面的每一句，都不對呢？對於投資來說，成本永遠不是表面上看到的那些成本，收益也遠非表面上看到的那些收益。

怎麼看待投資的成本

如果你現在打算開一家茶飲店，並考察了一個品牌，根據測算，初始投入成本如下：加盟費 20 萬元，裝修費 50 萬元。開始運營後，每月可以收入 10 萬元，運營成本 6 萬元，每月淨利潤爲 4 萬元。

加盟費的授權期是兩年，裝修基本上也大概可以用兩年，等於兩年的收益是 96 萬元，除去加盟費和裝修費，淨賺 26 萬元。

你覺得這個生意可以繼續經營下去嗎？

看起來確實是很有吸引力的生意對吧？一開始投資 70 萬元，兩年可以賺回 26 萬元，報酬率相當可觀。

好的，那麼現在你付出 20 萬元獲得了這個品牌兩年的加盟權，協議規定兩個月內沒有開設的話，加盟費不予退還。

付完加盟費後，政府發布了一則公告，你選好的店鋪周邊即將進行拆遷，居民將會被搬遷到別的區域，這必然會對顧客流量造成影響。但是，加盟費都已經支付了，總不至於退出吧，只能先完成裝修再做決定。

在裝修完畢準備開業的時候，你大致計算了一下，發現顧客流量的減少對店面銷售的影響超出了預期。新的測算結果顯示，每個月收入將降低到 6 萬元，每月利潤只剩下了 2.5 萬元。這時候你會如何決策？

按照每月利潤 2.5 萬計算，兩年的淨利潤是 60 萬元，扣除初始投資 70 萬元後，還虧損 10 萬元。那麼這家店你還會繼續經營嗎？

很多人可能會認爲兩年後最終虧損達 10 萬元，入不敷出，是否應該放棄？

但事實上，我們在計算虧損與否時，需要對所發生的成本進行區別看待。比如，加盟費 20 萬元和裝修費 50 萬元，已經支付且無法退還。也就是說，無論是否繼續經營，這筆費用都不可避免，這被稱爲沉沒成本。

在經濟學上，無論是投資決策還是生活決策，沉沒成本都不應納入考慮。

這樣來看，如果不計算加盟費和裝修費的話，兩年的淨利潤是 60 萬元，你是否還有興趣繼續經營呢？

至此如果覺得有點難懂，不妨這樣想：如果繼續開店，兩年虧損 10 萬元；不繼續經營的話，虧損是 70 萬元（加盟費和裝修費），請問你該如何做出選擇？

看來，這是一個哪怕虧損也要繼續的生意了

我們繼續來看這個例子，當你下定決心繼續經營的時候，品牌方也出了新政策。由於店鋪所在區域的拆遷是非自然、不可抗因素，品牌方提供兩個補助方案：一是放棄這個位置，你可以選擇一個跟原來顧客流量差不多的新地方開店，加盟費不會再另外收取；二是如果你決定退出，可以採取特殊政策，全額退回加盟費，並補償裝修款 10 萬元。這時候，你該怎麼決策？

大家可以看到的數據是：重開的新店，由於跟之前預估的顧客流量差不多，兩年的淨利潤跟最早估算的一樣是 26 萬元；但退出的話，可以一次得到 30 萬元。

大家怎麼看，會選擇退出嗎？

實際上，我們在估算時，又再次忽略了沉沒成本。

由於換到新的店址用的還是原本那筆加盟費，雖然這筆費用是我們開店的成本，但是由於在這個時間點，加盟費已經產生，在我們決定開設新店的時候，不需要再支付這筆費用，也就不需要考慮進來了。

這樣計算的話，我們開設新店，只需要承擔裝修的成本，兩年的淨利潤就可以達到 46 萬元，遠超退出的收益了。

所以，我們還是應該選擇換到新店址，繼續經營。

沉沒成本，爲什麼不是成本？

在做投資決策時，所考慮的成本跟我們看得到、摸得著的成本完全不一樣。所有不會因爲這次決策而發生改變的成本都叫作沉沒成本，都不應納入決策的考量範圍。

沉沒成本在投資中扮演著極爲重要的角色，這也爲我們提供了一些有益的建議：

首先，當我們做投資決策時，應該要區分沉沒成本，並有勇氣排除它對我們判斷的影響。人們普遍都害怕損失，因此我們會盡力避免錯失機會。然而，要在這個過程中排除沉沒成本對我們判斷的影響並不容易。

舉例來說，假設你花了 350 元買一張電影票，當時這部電影非常熱門，你非常期待。然而，當你到達電影院後，才發現你買錯了票，看的是一部你完全不感興趣的電影。由於這種票是不能退的，你不得不重新買一張觀看你原本想看的電影，這樣一來你就會浪費掉那張買錯的票。在這種情況下，許多人可能會認爲既然錢已經花了，那就硬著頭皮看吧，至少不會浪費錢。

然而，眞的是這樣嗎？事實上，那 350 元花在這部你不感興趣的電影上並沒有爲你帶來任何價值，同時還浪費了兩個小時的時間。也許你還是更想觀看原本想看的電影，但現在你不得不再花 350 元去買另一張票。

那麼，什麼才是正確的選擇呢？正確的做法是，在你發現買錯票時，那 350 元已經成爲沉沒成本，你不應該再考慮它。在當下的決策中，應該選擇觀看自己喜歡的電影，付錢，進場。

投資，也是如此。

其次，我們更要認識到，決策越遲緩，沉沒成本越高，實際損失也就越大。

在前面這個例子中，剛付完加盟費的時候，如果不被加盟費這個沉沒成本影響決策，這時候就開始來評估顧客流量變化的影響，就可以減少裝修費這個新的沉沒成本的發生。這種情況下，我們不管繼續經營與否，所承受的實際損失也都會少很多。

所以，當情況發生變化，決策必須果斷，不然越拖延，損失越大。

生活中也是如此。不管是在感情中，還是在人生的一些關鍵變化上，我們經常面臨選擇時猶豫不決，因爲自己之前投入了太多的情感，乃至財力、精力，情感上難以割捨。實際上，我們如果學會了沉沒成本的概念，就知道，不要爲過去的損失哭泣，勇敢甩掉已經無法改變的歷史包袱，輕裝上陣才能開啟新的生活。

你看到的收益，並不是收益

剛剛我們談完了沉沒成本，也就是我們前面所說的「你看到的成本，都不是成本」，下面，我們來看看另一個概念，「你看到的收益，並不是收益」。

我們還是用剛才這個例子來解釋。讓我們先忘記例子後半段的拆遷，回到我們最初的設定：一開始投資 70 萬元，兩年賺回來 26 萬元。

現在，我們來說說這個收益。

兩年的報酬率 37%，看起來是非常不錯的投資，已經遠超過很多投資標的了。但是這個收益只是實際收益，在投資決策的時候，我們還要結合別的因素進行調整。

比如，70 萬元的投資資金從哪裡來？如果這 70 萬元之前是你一直放在銀行裡定期定額買基金，收益每年能穩定達到 10%，也就是說每年可以有 7 萬元的收益，按照複利的方式計算，兩年的收益是 14.7 萬元。

因爲投資這個飲料店，你失去了基金收益的 14.7 萬元，那麼 70 萬元的投資，由銀行理財變成了飲料店，相對增加的收益只有 11.3 萬元，相對收益率也就降到了 16%。

此外，開飲料店就需要有人打理。人事成本不低、出錢的你也可能不放心交給別人，決定自己辭掉每月薪水 1 萬元的工作來開店。所以，因爲開飲料店，你不僅放棄了 70 萬存款的理財收益 14.7 萬元，還放棄了工作兩年的收入 24 萬元，共計 38.7 萬元。

也就說是，如果你不開飲料店，個人的薪水加上理財，兩年間能夠創造的收益是 38.7 萬元；你把自己加存款都投入了飲料店，兩年能創造的收益只有 26 萬元。

沒有比較，就沒有傷害。

這就是投資決策時，必須進行對比。比較相同資源投入到其他標的上的收益，從而選擇相對收益較好的標的。

在經濟學上，這個相對收益也被作爲成本，叫做機會成本。

透過對機會成本的分析，有助於我們在經營中做出正確選擇，其依據是實際收益必須大於機會成本，從而使有限的資源得到最佳配置。

正如我們前面所說的，機會成本是由選擇產生的。一種經濟資源往往具有多樣用途，選擇了一種用途，必然要喪失另一種用途的機會，後者可能帶來的最大收益就成了前者的機會成本。

機會成本在我們做任何決策時都會存在，只是我們很多時候沒有去考慮。如果我們把機會成本引入我們的投資乃至生活的各項決策之中，會發現很多時候，你的想法會大相徑庭：

首先，你在決定投資一個投資標的的時候，不再單純考慮這個標的的回報，而是要更廣泛地考察這些投入的金錢、資源，所有能實現的、所有可能的投資回報，從中選擇最高的回報標的。打個比方，你在老家有塊地，平時都是種水稻，要知道水稻的回報是不是最好的，你就應該廣泛考察一下魚塘養魚、種果樹等的收益情況，選出報酬最大的一種。

其次，你不應該再被單純的收益所迷惑，你需要考慮這個收益背後所要付出的代價。比如，剛剛我們舉例的這個理財商品。

最後，你還要知道我們生活中的一切行爲——不僅僅是投資——都存在機會成本的選擇。比如，我們的時間就有機會成本：你今晚有空，是去看電影，還是在家看看職業考試的書？是陪陪家人，還是去見見合作夥伴，都會有不同的結果。

一旦選擇，時間就匆匆走過，再也無法回首。你做出的選擇，都在一步步地影響著你將來的生活。你用來工作，那麼你的事業將越來越大；你用來陪家人，你的家庭會越來越和諧；你用來發呆刷手機，那麼你會越來越無聊。是啊，如果我們多比較一下，多想想別的方案，也許就不會浪費那麼多時間去無聊了。

如上，希望能夠讓大家對投資的基礎邏輯，特別是與常識不一致，甚至是「反常識」、「反人性」的一些邏輯能夠有一些初步的認知。

27 — 看對趨勢，抓準趨勢

低頭走路與抬頭看天，哪個更重要？

緊跟大趨勢，才能成爲「在風口上飛的豬」[1]

讀者提問專欄 QA

Zumbo：

我跟你年齡相仿，今年 30 多歲，目前在上海奮鬥。

我自認爲能力還不錯，運氣也較好。雖然不是知名大學畢業，但幸運地機會降臨，我加入了一家創立不久的公司。那時候，公司只有少數員工，我算是最早加入的一位。我在公司中成爲了銷售部門的佼佼者，親眼見證了公司從初創到五年內上市的全過程。

當然，我也獲得了可觀的回報。在畢業十多年後，我的年薪已達到百萬水準，買的房子也全部還清了貸款，現在的市值已超過千

1　出自小米創辦人雷軍的名言。

萬。

理論上，離財務自由還有很長的路要走，但至少我可以被歸爲中產階級了。我有車，生活無憂，生活應該算是相對舒適的。

然而，我一直感到內心深處有種焦慮感。似乎我不得不竭盡全力，才能夠走到現在的地步。然而，所謂的千萬身家僅僅是一套房子，我覺得再要積累財富的機會似乎不多了。

我不知道運氣還能持續多久，一旦遭遇突如其來的打擊，我是否能夠重新站起來，還是只是維持目前的生活狀態呢？

· · · ·

我曾在一篇文章看到此一論點：在上海，住在 1000 萬的房子裡，依然過著窮人的生活，該文談到即使身價高達千萬人民幣（約合新台幣 4 千 4 百萬元），但在上海，買下一間在學區的房子，就可能把你拉回社會的底層。千萬資產在二、三線城市可能足以實現財務自由，但在上海，只能買一間體面但不奢華的住宅。

所謂的千萬富翁實際上是生活品質沒有明顯提升的「被富翁」，他們住在一千萬的住宅中，卻仍然過著經濟緊繃的日子。社會的財富分配不均已經嚴重到出乎我們的想像。社會的財富急速增長，但普通人辛勤工作一輩子的薪水卻不足以買一套房，即使勉強進入中產階級，也常常承受著沉重的壓力，擔心稍有差池就會被現實拋在身後。

你已經算是搭上時代快車的人，作爲公司早期員工，分享了公司上市所帶來的好處。然而，對那些主要依賴工資生活的人來說，儘管他們的房產可能價值千萬，但每個月得支付高額房貸，即使看似收入不錯，實際上也被戲稱爲「僞中產」：如果不出售房產，他們就是窮人，而出售房產後，才成爲中產階級。

根本原因在於手頭的流動資金和金融資產過低，所有資產都被固定在無法轉移的房產中。一旦房價增長趨緩，甚至下跌，他們又如何分享整個社會財富的增長呢？

●● 賺錢是苦差事嗎？

在這個世界上，賺錢並不一定要讓自己過得非常辛苦。在高速發展的時代，成功更多是取決於機遇，而不僅僅是個人能力。只有當社會變得相對穩定時，個人的能力才會成爲決定收入的主要因素。

如果我們比較辛苦的工作，是否能超越那些在工廠生產線上工作的人，或是農民伯伯呢？他們辛苦勞作，卻只能維持基本生計。爲什麼一些技術工人在發達國家能夠賺取高收入呢？因爲只有當社會相對穩定時，個人能力才比機遇更爲關鍵。

年輕時，我們總是相信無論多困難的事情，只要努力就能實現。但隨著年齡和經驗的增長，我們的觀點逐漸改變，也長了許多見識，努力只是一個方面，更重要的是洞察事物的本質和規律，並運用這些規律。

儘管許多致富的人傾向於歸功於自己的努力，但同樣努力的人有時也無法獲得成功，因爲有一個看不見的力量左右著財富的分配，這就是大勢。創業或就業的方向選擇非常重要，即使付出相同的努力，結果也會大相徑庭。選擇追隨趨勢性的機會，抓住整個市場向上發展的潮流，只要稍微做得好一些，就有機會獲得成功。而有些行業，不論你如何努力，最終結果可能也不太樂觀，這是大勢的影響。

投資是認知的體現，同時也是一個放大器，它可以無限放大所有的邏輯、審美、性格和情緒，因此對認知體系的覺察至關重要。智慧並不僅僅體現在記憶力或思維速度上，更在於是否能保持開放的心態，快速理解新情境，並及時調整自己的狀態，以保持準備狀態。

透過你公司的上市，我相信你對於把握趨勢有深刻的理解。儘管你可能最初加入公司時未必完全認識趨勢，但公司之後迅速上市就代表他們對時代發展趨勢很有把握。如果你擁有分辨趨勢的能力，是否就不必過分擔心運氣是否能持久呢？

最終，我們都應該明白，要抬頭看天，認清大勢。大勢不管在哪個行業都非常重要。儘管某些成熟行業當下可能有更高的利潤，但競爭激烈，可能只剩下基本收入，甚至可能衰退。只有在新興行業和前景看好的領域，才能實現迅速發展，拿到開疆闢土、賺到錢的機會。

趨勢這個東西，頗有意思

認清趨勢很重要，但更關鍵的是抓住時機。

首先，趨勢只有在它尚未開始的時候才具有意義，過早地看到趨勢毫無幫助，太晚看到則可能錯過許多機會。這就是爲什麼許多聰明人無法成功的原因。如果你在趨勢還未成熟之前就看到了它，但當時還不具備實施條件，你可能會感到巨大的挫敗，最終可能失去機會。然而，等到風口來臨時，你可能已經錯過了機會。

看得太遠的人可能更適合當先知，因爲過早地看到趨勢可能會讓人感到無能爲力，而當時機尚未成熟。有太多的例子一再顯示，過早的洞察可能會帶來不好的結果，就像哥白尼早早提出地球不是宇宙中心的理論，最終被害而喪生。

如果趨勢已經發展到大多數人都看到的程度，那麼趨勢的意義也就不大了，因爲當事情變得衆所周知時，它就不再具有競爭優勢，你也不再有機會成爲領先者。

在這一特點中，預測時機非常重要。如果你能提前看到，並在人們尚未發現之前行動，那麼你可能會擁有先發優勢。

我們經常聽到許多人說：「當年我就知道這會發生。」但是眞正的關鍵在於，你是否在正確的時機採取行動。總之，熱愛嘗試的人可能更有機會成功。未來的創業往往取決於試錯的次數和成本，尤其是當趨勢的時間窗口變得越來越狹小時。

認清趨勢，關鍵是發現最大的趨勢。

另一個特點是，大趨勢來臨時會具有顛覆性。在一個大趨勢崛起時，往往不需要太大的努力，就能輕鬆擊敗傳統規則體系中的領先者。蘇寧曾經是線下銷售的王者，但隨著網路時代的崛起，它遭受到了重大顛覆。這不僅是一個企業對另一個企業的競爭，更是一個時代對另一個時代的競爭。每個時代都有自己的王者，但一旦新時代來臨，傳統規則體系的優勢可能迅速消失。

有時候，即使你努力了很多，打敗了對手，成爲系統內的王者，但在另一個維度的變化下，你可能也會一蹶不振。這就是所謂的「用大砲打蚊子」。有時，城門失火，殃及池魚。例如，微信的紅包改變了無現金交易，淘寶和京東的崛起對傳統零售市場產生了巨大的影響。

如今網路時代是一種底層革命，改變了許多生產方式，從而使傳統王者的優勢消失。不同層次體系的競爭是極具挑戰性的，絕對不是單純的「能力」之爭。

趨勢預測能力，只有少數人能掌握

趨勢的第三個特點是不可測的，充滿了隨機性和偶然性。

在追隨趨勢賺錢的人中，可以分爲三類：

第一類是**引領者**，例如馬雲、馬化騰、張一鳴、王興、黃峥等人。他們擁有敏銳的市場嗅覺，深刻理解市場，執行力強，且具備冒險精神。這樣的人如果找對方向，有機會取得巨大的成就。

第二類是**跟隨者**，他們能夠識別引領者，堅定跟隨，不怕失敗，擁有堅定的信念和持久的戰鬥力。蔡崇信就是一個例子，他是一位擁有耶魯大學經濟學士和法學博士學位，具有豐富風險投資背景的職業經理人。他在 1999 年遇到了剛創立阿里巴巴的馬雲，雖然當時的融資未能成功，但他敏銳地察覺到了阿里巴巴的潛力，毅然捨棄高薪職位，以每月 500 塊人民幣的薪水加入了阿里巴巴，爲公司獲得了重要的投資機會。

第三類是**亂入者**，他們的成功通常是出乎意料的，並不是主動選擇的結果，而是偶然的結果，跟隨社會趨勢。例如，盛一飛，他是阿里巴巴的 Logo 設計者，大學畢業後付出了超過 1,600 元人民幣的學費學習美術設計。他之前對網路幾乎一無所知，但因爲所在的廣告公司參與了馬雲的「中國黃頁」專案，進而加入了阿里巴巴，成爲公司的元老之一。

前段時間，我遇到了一位和我年齡相仿的創業者，他曾在 UT 斯達康工作過。或許現在不太多人熟悉 UT 斯達康，但這家公司在現代通信設備領域曾是翹楚，成立於 20 世紀 80 年代，由一位在美國留學的中國學生創辦，起初在美國矽谷發展，後來在中國市場蓬勃發展，於 2000 年 3 月在美國納斯達克上市，擁有多個研發中心，業務遍布全球。

在 21 世紀初，UT 斯達康可謂比現在的 BAT（百度、阿里巴巴、騰訊）要熱門得多。我遇到的這位創業者是當年 UT 斯達康招聘的少數本科生之一，經過激烈競爭，成功進入了 UT 斯達康。與此同時，那些輸給他的人不得不轉而加入阿里巴巴，當時阿里巴巴接受了一大批職業技術學校畢業的學生，幾乎沒有名校畢業生。

十多年過去了，這位被譽爲「天才」的創業者，在 UT 斯達康衰落並失去發展機會後，決定創業。他的第一個任務是找到願意投資的大佬，而這些大佬竟然是當年未能進入 UT 斯達康而只好投身阿里巴巴的同行。這些大佬現在身價過億，他們反過來爲那些當年被迫選擇阿里巴巴的人提供資金支援。

這讓我們思考，是能力決定一切嗎？答案或許不盡然。透過你在那家在幾年內就上市的公司工作的經驗，你可能深刻體會到：有時候運氣比能力更爲關鍵。這正是大勢對個體的壓倒性影響。

在大勢面前要順勢而爲

當我們擁有引領者的能力時，應該積極探索未來的發展趨勢。而對於那些具備專業技能的人來說，則應該主動尋找站在時代前沿的引領者，成爲他們的合作夥伴，全力參與。

如果我們目前一無所有，那就應該全力培養自己的技能，或者，希望運氣能夠眷顧我們。正如有句俗話所說：「站在風口上，豬都能飛起來。」這裡的風口代表著時代的力量，雖然風口存在的時間可能不長，但趨勢卻能夠持續數年。在趨勢中工作就像順水行舟，是積累財富的重要途徑。回顧世界上的富人，他們通常是隨著時代的發展機會而崛起的，時代的趨勢對他們起到了關鍵作用。

那麼，對於普通人來說，如何順勢而爲呢？ 首先，我們需要識別「勢」所在，也就是要洞察趨勢，這是至關重要的。有人曾經問過我一個問題：「我們明白順勢而爲的道理，但是我們不知道趨勢在哪裡？我們無法具備那麼高的洞察力，無法預見未來的趨勢。當我們終於看到時，市場已經競爭激烈。此時參與可能只會被淘汰，更別提賺錢了。我們如何順勢而爲？」事實上，趨勢並不是我們想像的那麼複雜，它就在我們身邊，就在我們所處的行業發展中。我們無須關注全球經濟的大趨勢，只需關注自己的行業，觀察稍微遠一些的消費需求和能夠滿足這些需求的工具，就能看到趨勢。

舉例來說，網路的發展導致電子商務成爲一個趨勢，而消費者對體驗的重視使新零售成爲未來的趨勢。當新零售崛起時，那些與電子商務平台合作的傳統小店，就是抓住了這個新零售趨勢中的小趨勢。

現代社會是一個極爲開放的時代，所有的資源、資訊和市場動向都可以在網路和媒體上找到。這種便利性爲每個人提供了瞭解市場和趨勢的機會。只要我們不封閉在現有的成功中，持開放的態度接受外界的資訊，關注前沿的市場動向，觀察到新趨勢的出現，就並不難。

其次，如果你覺得自己的視野有限，難以準確預測未來的商業趨勢，那麼可以參考同行業的大企業家是如何行動的，因爲他們的選擇通常代表一種趨勢。正如今日資本的創始人、被譽爲「風投女王」的徐新所說：「如果你是一個品牌，只有跟著勝利的大船才能成功，如果跟著市場的停滯不前就難有出頭之日。」她所謂的「勝利的大船」即代表方向和趨勢。成功不一定可以複製，但可以參照。

第三，如果無法追隨大趨勢，那麼可以在自己現有的行業內積極累積經驗，等待小趨勢的到來。LINE 就是抓準「小趨勢」並成功的例子，成功的例子。LINE 於 2011 年 6 月誕生，當年因爲日本 311 地震導致通訊大中斷，一群員工因此快速創造出一個能讓所有人都能快速確認親友安全的 App，然而，這款 App 很快就抓住了智慧手機和行動通訊的趨勢，迅速擴展到全球，成爲多功能的社群媒體平台，除了傳送文字、圖片、影片等訊息之外，還提供了許多服務，包括購買或販售貼圖、支付轉帳、遊戲、電商等。LINE 也因此成爲全球知名的科技公司。

做個靠譜[2]的人

有些非常聰明的人，他們閱讀了許多書籍，研究了大量案例，卻一直未能取得成功。是因爲他們未能把握準確的機會嗎？未必如此。優秀並不一定等於成功，事實上，有時過於聰明反而會成爲自己的絆腳石。

聰明的人通常難以安心執行單一任務，他們在一些知識方面稍有瞭解，可能就自以爲已經完全掌握，甚至可能對某一行業的運作

2 源自中國，中國人會以「靠譜」或「不靠譜」，來形容表人事物合不合邏輯，是不是很可靠、值得信賴等。反義詞為「離譜」，即指太過荒唐，或是不合情理的人事物。本書因尊重作者內容，以及引述名人語句亦有「靠譜」一詞，故保留此用詞，不做更改。

和邏輯提出不同看法，認為可以從頭到尾改變整個行業。

有時甚至會聽到關於某人的評論，例如「巴菲特根本不懂金融學」，只因為巴菲特認為比特幣毫無價值，不值得投資。

這樣的聰明人，或者說自認為聰明的人，往往成為所謂的「知道分子」。他們對於新事物充滿好奇，渴望學習。他們可能會在路邊看到一株陌生的小樹苗，充滿好奇，仔細測量它的高度，觸摸它的幹，畫出它的形狀，保存它的嫩葉，努力記住所有細節，然後妄下結論。

但這樣的「知道」只是看到小樹苗發芽的一部分。他們未能看到，這棵小樹苗在夏季會開花，在秋季會結出美味的果實，在冬季會落葉。隨著時間的推移，它會長成一棵參天大樹，遠遠超出他們最初的想像。這才是眞正的知識。

過於信賴「眼見為實」，執著於憑個人觀察下結論，這不代表學習能力強，反而是一種偏見。

李嘉誠曾說，要找靠譜的人合作，因為聰明的人只擅長談天。那麼，如何成為既聰明又靠譜的人呢？

知名經濟學家任澤平提出了靠譜的人有九個特點：守信、守時、勇於認錯、不愛背後八卦、關心他人、不吹噓、足夠眞誠、不占小便宜、具備一定的能力。

我認為，最重要的是：

一、擁有清晰的自我認知。瞭解自己的長處，更深入地認識自己的不足，明白自己適合從事什麼，制定計畫並進行驗證。看待事情不應過於主觀，不可草率下結論。既要理解世界的多樣性，又要堅持內心的選擇，同時也要不斷學習、進步，更新自己的認知。

二、堅定的意志力至關重要。持之以恆，不達目的不罷休。不因挫折而氣餒，不輕言放棄。無論成功或失敗，都不會自滿或自卑。不受外界評價或誤解的影響。

三、自我約束力強。擁有高度的底線，不會輕易陷入誘惑。遵守規則，信守承諾。有責任心，為自己的行為負責，情感不會影響正常判斷。

四、具備同理心。不以自我為中心，關心同事、客戶和社會。對待上級不諂媚，對待下級不輕視。懂得傾聽和尋找事物的眞相，不該占便宜，不容易被人欺騙。

終身學習，是認知世界的基礎

回到你最初的問題，當面對世界不斷變化和未知的情況時，如何在已經取得一定成就的基礎上，抓住機遇並順應趨勢呢？我理解你對於依賴運氣的擔憂，因為運氣並不總是長久存在，我們必須依靠自身的能力來應對未來的挑戰。在這個快速變化的世界中，我們不能停滯不前，而應該與時俱進，跟隨世界的變化。

以巴菲特為例，他的長期投資表現可能是人類歷史上最優秀的之一。然而，他明白過去的成功並不保證在未來仍然有效，因此他必須不斷學習和調整自己的策略。在 21 世紀初，當科技行業蓬勃發展時，巴菲特決定避開科技股，這在當時被視為一個錯誤，因為他錯過了許多投資機會。

然而，在 2016 年底至 2018 年初，巴菲特卻對蘋果公司進行了多次大規模投資，使他的投資組合中蘋果的持股比例超過了 20%。他之所以做出這一決定，是因爲他並不是基於是否應該增持科技股的考慮，而是基於對蘋果公司的分析，評估了蘋果的競爭優勢、生態系統的價值、持續性、潛在威脅等一系列因素。他並不需要深入研究 iPhone 的技術細節，而更關注消費者行爲和心理的分析。

因此，巴菲特的合作夥伴查理・蒙格認爲，購買蘋果股票是巴菲特持續學習的象徵。他們之所以成功，主要是因爲他們善於挑戰自己過去的觀念，不斷學習和調整自己的投資策略。

爲了說明學習的重要性，查理・蒙格經常分享一個有趣的故事，涉及到量子力學創始人馬克斯・普朗克（Max Planck）。普朗克獲得諾貝爾物理學獎後，他在德國各地做演講，內容大同小異，都是關於新的量子物理理論。隨著時間的推移，他的司機記住了所有演講的內容，因此提議：「教授，我們一直這麼做有點無聊，不如我來講，您戴我的司機帽坐在前排，您覺得如何？」普朗克欣然同意了這個提議。

於是，司機登上講台，針對量子物理開始長篇大論起來。然後，一位物理學教授提出了一個極難的問題。該司機只能說：「哇，眞沒想到在這麼先進的慕尼黑，我們會遇到這麼簡單的問題。我想請我的司機來回答。」

這個故事強調了知識的兩種不同類型：一種是像普朗克那樣眞正理解知識，他們付出了努力，擁有深刻的理解和「知其所以然」的能力；另一種是像司機那樣的「死知識」，他們只是重複學習而不是眞正理解。

如果你僅僅爲了應付考試而死記硬背知識，這種知識對你的成長幫助不大。相反，我們需要將知識組合成一個思維框架，使其能夠在日常生活中得以運用。

雖然學習並不容易，但它仍然是必要的。學習的過程是漸進的，但它會深深地影響我們的思維方式。當你將學習納入日常生活，你將保持對知識的開放態度和謙遜心態，這樣，世界的大圖景將在你面前逐漸展開，未來也會變得更加清晰。

正如賈伯斯所說：Stay hungry. Stay foolish.，對應中文經典老話：「求知若饑，虛心若愚。」

28 複利

存入 1 萬元，50 年後輕鬆變 1 億元。複利的力量這麼強大嗎？

複利確實有強大魔力，但「躺贏」是不存在的

讀者提問專欄

Zumbo：

最近我開始對投資產生興趣，因此關注了許多社群媒體。我注意到，許多人都在討論「複利」這個概念，將其視爲投資中最具魅力的策略之一。無論是推銷基金或理財產品的人都在強調複利的重要性。我認爲這很合理，因爲堅持長期的投資策略，並獲得持續穩定的回報，這與我的投資理念相契合。但最近，有些人試圖說服我加入他們的線上平台，並利用複利的吸引力來分析利潤。例如，有一個宣稱「投入一分錢、一個月內賺取一千萬」的「輕創業」計畫，聲稱不用投資，只需邀請朋友到平台購物。每當朋友購物，或是朋友邀請其他人購物，你就能獲得一筆微薄的佣金。即使每筆交易的佣金只有一分錢，但只要每天都有新朋友加入並購物，一個月的總佣金就能超過一千萬。我心裡覺得這個計畫似乎有些不切實際，但又說不出哪裡有問題。請問，複利的力量真的能如此強大嗎？

．．．．

讓我們藉由一個著名的故事——「阿基米德與國王下棋」來理解複利的神奇之處。。

> 有一天，數學家阿基米德與棋藝高超的國王對弈。經過一整天的對弈，兩人仍難分勝負。國王問阿基米德，如果他贏了，想要什麼獎勵。阿基米德請求在棋盤的每個格子中放米粒，第一格放一粒，第二格放兩粒，如此類推，每格的米粒數都是前一格的兩倍。國王同意了，但當阿基米德贏得對弈後，國王驚訝地發現，即便是他龐大的糧倉也無法滿足這看似簡單的請求。

那麼，國王到底欠了阿基米德多少米呢？

如果把第一個格子的一粒米寫成 20，第二個格子寫成 21，第三個格子寫成 22，那麼第 N 個格子就可以寫成 2N-1。

這個棋盤共有 64 格，到第 64 格時需要的米粒數量高達 2 的 63 次方，也就是 9,223,372,036,854,775,808 粒。將整個棋盤的米粒總數加起來，則是 18,446,744,073,709,551,615 粒。以一粒大米大約重 0.016 克計算，這相當於 2951.48 億噸大米，幾乎是 2019 年全球糧食總產量的 108 倍。

這個故事深刻地揭示了複利的力量。起初看似微不足道的增長，最終卻能達到令人難以置信的程度。這就是複利的魔力所在：在看似不起眼的起點中，透過時間的推移，可以實現難以想像的巨大增長。

複利需要遵循三個底層邏輯

複利不單是數字遊戲，更是一種可應用於投資的重要哲學。要有效運用複利，我們必須關注三大核心邏輯：

首先是本金的重要性。就像滾雪球一樣，起始的大小決定了最終的體積。你投入的本金越多，未來透過複利所能達到的效果也就越大。例如，初始投入一分錢，即使增長 100 倍，也只是 1 元；而初始投入一元，增長 100 倍就能達到 100 元。複利的本質是讓你的本金翻倍增長，因此起始金額的大小對最終結果有顯著影響。

其次是收益率的作用。儘管我們難以達到國王棋局那樣 100% 的收益率，但即便是小幅的收益率，隨著時間的推移，也能產生巨大的差異。舉例來說，如果你以 1 萬元的本金、20% 的年收益率投資，30 年後就能增長至 237 萬元。收益率越高，長期下來對結果的影響越大。這就是為什麼提高收益率是投資者的主要目標。

最後是週期的長度。複利效應的實現，高度依賴於投資的時長。以 20% 的年化收益為例，10 年可增長至 6 倍，20 年則是 38 倍，而 50 年就能達到驚人的 9100 倍。隨著時間的推移，收益的增長會越來越明顯，這就是「時間的朋友」價值所在。

追求財富的過程，並非短暫的競賽，而是一場長達數十年的耐力挑戰。只要堅持複利原則，放棄短期的滿足，讓時間爲資產增值，即便起始資金不大，搭配足夠的耐心和穩定的小收益，最終也能在這場長跑中勝出。

複利不等於躺贏

複利的概念固然吸引人，但僅憑投入本金和時間並不能保證「躺贏」。查理．蒙格將複利視爲重要的思維模型之一，他強調了理解複利魔力的同時，也要理解獲得它的困難。

首先，要實現穩定的收益率並不容易。通常我們在計算複利時假設收益率是固定不變的，但實際上經濟增長是有週期性的。這些週期性的波動有時足以抵消之前的複利增長。例如，如果在週期中的某一年出現 100% 的損失，那麼之前所有的積累就會歸零。這也是爲什麼許多長期投資者願意犧牲一部分收益率，以換取更穩定的收益。

其次，時間是複利的朋友也是敵人。雖然複利效果需要足夠長的時間才能充分顯現，但這也意味著你需要爲了未來的收益放棄當下和一段長時間的滿足感。從財富累積的角度看這是對的，但人生即時的幸福感與未來的潛在收益相比，哪個更重要？比方說，你現在投入 1 萬元，即便 100 年後能增長到 100 億，但如果人都不在了，這又有何意義？

最後，複利的實際價值可能並不如想象中那麼大。以中國改革開放初期的「萬元戶」爲例，即使當時將 1 萬元投資在「50 年翻 1000 倍」的投資標的中，如今 1000 萬元在像上海這樣的大城市也已不算什麼了。這是因爲，即使「50 年翻 1000 倍」看似驚人，實際年化報酬率也只有 15%，而同期的經濟增長已經在很大程度上抵消了複利帶來的收益。

複利與報酬沒有直接關係

複利的魅力無疑令人著迷，但在投資中，計息方式並不是決定投資收益高低的唯一因素。爲了證明複利的優越性，許多文章會將複利和單利經過數十年的滾動比較，顯示出兩者之間的巨大差異。然而，在實際的投資中，情況眞的如此簡單嗎？

舉例來說，如果你投資 100 萬元，在兩年後得到 144 萬元，淨賺 44 萬元。按照單利計算，收益率是 44%；而按照兩年的複利計算，年化報酬率（又稱內部報酬率，Internal Rate of Return，簡稱 IRR）是 20%。這裡的問題是，收益率並不是由我們預設的數字來決定，而是根據最終的回報來計算出來的比率。換言之，收益決定了收益率，而不是相反。

至於計息方式，無論是複利還是單利，都不是決定收益高低的關鍵。關鍵在於投資的實際收益。當評估一筆儲蓄或理財是否值得投資時，我們應該更關注其能產生的實際收益，而非合約上的計息方式。

但如果是不同金額的投資標的，單憑收益額無法判斷哪個更值得投資。這時，我們可以使用內部報酬率（IRR）這一經濟學指標來進行評估。IRR 是一個反映年化報酬率的指標，可以用來衡量不同投資標的的回報。它將一筆投資的所有現金流（無論是投入還是回收）都納入考慮，計算出使淨現值爲零的折現率。因此，IRR 實質上就是基於「年複利」概念的計算方式。

使用 IRR 來評估投資時，如果一筆投資的計息方式不是年複利，那麼我們無法單純以利率的大小來比較投資的收益率高低，必須利用投資的總收益來計算 IRR，才能確定其眞正的年化報酬率。

由此可見，複利只是反映「金錢的時間價值」的一種計息方式，而非決定投資收益高低的決定性因素。單純對比複利和單利來評估其回報的高低是不準確的。

複利也有陷阱

複利確實體現了「金錢的時間價值」，並且在理解和應用這一概念時，能夠幫助投資者實現長期穩定的財富增長。這種對時間價值的重視和堅持長期投資的策略無疑是值得提倡的。然而，過度迷信複利同時也可能將投資者帶入危險的「複利陷阱」。

例如，某些商業模式會利用複利概念來吸引人參與「拉人頭」的活動，就如同你提到的，每人每天邀請一位新朋友購物，一個月後總佣金可超過一千萬。這類似於「國王的棋局」故事，需要在短時間內吸引大量人次參與才能實現，這在現實中顯然是不可行的。

另一種複利陷阱則來自於金融產品的營銷策略。例如，一些車貸平台爲了吸引消費者，會打出「免頭期，低利率」或「日付低至 50 元」等誘人廣告。這些廣告實際上是在利用複利概念，隱藏了更高的實際年利率。例如，某款車貸產品每天的名義利率可能只有 0.027%，但實際的年利率（IRR）高達 10.52%，遠超一般銀行貸款利率。

複利神話有時被包裝成一種「躺贏」的美好夢想。但實際上，這個世界沒有眞正的「躺贏」，只有「躺輸」的風險。

因此，理解複利的同時，我們也應該警惕其潛在的風險，避免盲目追求高收益而陷入陷阱。

29 談股票漲跌

為什麼我買的股票明明一直表現良好，卻突然跌了 10%？

因為股價是對未來所有回報預期的反映

讀者提問專欄

QA

Zumbo：

您好！作為股市的新手，我非常希望得到一些建議。去年底當股市熱度上升時，我也忍不住投入其中。身為一名理性的理工男，我在選擇股票時非常謹慎，對每家公司的經營績效、本益比等指標都進行了仔細分析，選擇了我認為具有投資價值的股票。

然而，到了 2021 年春節過後，股市突然出現重挫，我所選擇的股票也隨之大幅下跌。這些公司的經營狀況並沒有明顯變化，我不解為何會發生這樣的跌勢。尤其是有一家公司，公布的業績非常亮眼，業績增長達到 30%，但其股價卻出乎意料地大跌。我不明白，為什麼一家業績良好的公司股價反而會下跌？

另外，一些持續虧損的公司，例如特斯拉，其本益比曾經高達1000多倍，這是否意味著需要1000多年的利潤才能回本？然而股價卻持續上升。這讓我對股市的漲跌模式感到困惑，想知道股市是否有一定的邏輯，或者只是隨著情緒「跟著感覺走」？

．．．．

2020年，股市呈現熱絡局面，越來越多朋友加入投資行列。大家各據所知，討論著哪些股票值得買入，哪些則應該及時賣出。幸好在那時，幾乎所有股票都在上漲，無論基於什麼分析理論，似乎都得到了證實。

然而，2021年春節一過，整個股市突然轉向大幅下跌，許多表現良好的股票也跟著大跌。此時，先前大家常用的分析方法似乎都失去了效用，讓不少投資者感到困惑。

本益比並非股票定價依據

正如你的疑惑，大家在討論股價時，經常會談到一個重要指標：本益比（Price-to-Earnings Ratio，簡稱 P/E Ratio）。但在仔細分析市場上不同股票時，會發現本益比有很大的差異。有些股票的本益比可能只有20倍，而有些卻高達1000多倍。這就意味著，有些投資需要20年回本，有些則需要1000年。但爲何後者的股票仍受到熱捧呢？

此外，股價淨值比（Price-to-Book Ratio，簡稱 P/B Ratio）也是另一個值

得關注的指標。有時你會發現某些股票的股價淨值比低於 1，這是否意味著其市值甚至低於淨資產值？這就像一輛車子整體價值低於其零件單獨出售的總和一樣，爲什麼會發生這種情況呢？

要理解這些現象，首先需要明白一個常見的誤解：本益比並不是決定股票價格的因素，而是股價的一種反映。換句話說，不是本益比決定股價，而是股價決定了本益比。

當我們以本益比來評估股價是否偏高或偏低時，可能會遇到一個根本性的誤解。股票的市價並不僅僅基於公司的盈利或資產狀況。那麼，決定股價的究竟是什麼因素呢？

股價的形成並不僅僅依賴於公司的當下盈利能力或資產狀況。股價實際上是市場供需平衡的結果，由買賣雙方的出價決定。在以機構投資者爲主的市場中，這個定價過程更是非常嚴謹的。

大部分人都接受的一種定價模型是資產定價理論。根據這一理論，一家公司的價值取決於其在整個生命週期內能爲股東帶來的總回報。因此，股價實際上反映的是公司未來能夠創造的所有價值的當下變現。

公司未來的價值創造能力取決於多種因素，包括公司的壽命、每年的發展規模，以及其回報率。對這些因素的假設和預期構成了股價的基礎。例如，某家公司雖然目前虧損，但由於其獨特的市場競爭優勢，市場普遍預期它在未來將快速成長，因此會給予該公司高估值，進而推高其股價。

從這個角度看，本益比達到 1000 多倍，並不是意味著投資者願意等待 1000 多年才能回本，而是市場普遍預期該公司未來增長迅速，利潤增速高，因此給予高估值。反之，如果一家公司雖然當下利潤高，但市場認爲其未來將逐年衰退，則其股價可能會下跌，導致出現低本益比的情況。

企業市值可能低於資產淨值

企業市值的高低，實際上取決於企業未來創造價值的能力。這也解釋了爲什麼一些尚在虧損的公司能夠擁有較高的股價。市場普遍認爲，儘管這些企業目前虧損，但由於其經營模式先進、成長性高，預期在未來將迅速成長並實現大幅盈利。這些對未來盈利的預期，成爲了現在投資者的主要驅動力。

相對地，如果一家公司已經進入衰退期，失去了成長潛力，市場認爲其經營績效將逐年惡化，那麼其本益比也會相對較低。在股價淨值比方面，這種情況可能導致市值甚至低於公司的淨資產值，因爲投資者認爲這些資產無法創造足夠的價值。

以某房地產上市公司爲例，該公司在 2021 年某日的股價淨值比僅爲 0.27，意味著市場只認可其一塊錢淨資產的價值爲兩毛七分錢。儘管公司擁有價值不菲的商業不動產，市場依然不看好。這是因爲該公司的物件，無論商業還是居住，租金報酬率非常低。該公司的淨資產報酬率僅有 1.46%，與銀行短期定存利率相當，甚至低於許多保本型理財產品。

這就意味著，如果你向該公司投資 1 萬元，所得到的回報與存入銀行相差無幾。在這種情況下，投資者自然會對購買其股票持保留態度。雖然該公司的資產很值錢，但由於其無法爲股東帶來令人滿意的回報，其未來的價值創造能力被認爲是低的。正如我們前面提到的，股價反映的是對未來回報的預期，回報低則股價也難以受到市場的青睞。

以一個具體的例子來說明：假設某公司的淨資產爲 1 億元，但其年利潤僅爲 10 萬元，這意味著其資產報酬率僅爲 0.1%（1‰），這遠低於一般銀行存款的利息率。在這種情況下，如果有 1 億元，你可能不會選擇用這筆錢來收購該公司。因爲將錢存入銀行以獲得利息可能是一個更有利的選擇，除非該公司的售價遠低於 1 億元，否則這樣的投資可能不太划算。

有時，我們會看到某一整個行業的股價與淨資產值比率普遍下降，甚至降到接近 1 倍。這反映出投資者對該行業的長期前景持悲觀態度，不願意爲其未來發展買單。以房地產行業爲例，許多上市公司的股價與淨資產值比率相對較低。例如，某房地產龍頭儘管過去的淨資產收益率超過 20%，但到了 2021 年 5 月，其股價與淨資產值的比率已經下降到 1.3 倍。另一家領頭羊房地產公司的股價與淨資產值比率甚至跌破 1 倍，這表示即使是業界霸主，其市值也可能低於其淨資產。

那麼，爲什麼曾經繁榮的房地產企業，在房價持續上漲的情況下，市場前景卻不被看好呢？原因在於當前政策對房地產行業的經營模式產生了影響。新的土地供應規則使得拿地競爭加劇，成本增加，同時房價的限制壓縮了房地產公司的利潤空間，甚至可能導致損失。因此，市場對這些企業未來盈利能力的悲觀預期，正是導致其市值低於淨資產的直接原因。

業績成長快不等於市值會漲

你提到的情況揭示了一個重要的現象：雖然股價與公司業績密切相關，但並不是單純的業績好就導致股價上漲，業績差就導致股價下跌。這是因爲股價反映了市場對企業所有已知資訊及其未來預期的綜合判斷。

換句話說，當投資者購買股票時，他們已經對公司未來的業績有了預期，並將這些預期反映在股價中。對於那些成長型企業來說，投資者往往對公司業績的增長抱有很高的預期。因此，即使公司公布的業績十分亮眼，如果未能達到投資者先前的預期，仍可能導致股價下跌。

例如，2021 年 1 月 25 日，小熊電器公布了業績預告，預計 2020 年淨利潤同比增長 50% 至 70%。然而，隨後股價卻出現了大幅下跌。這可能是因爲市場認爲，雖然當期業績出色，但未來的增長前景並不樂觀。隨著小家電市場的競爭加劇，投資者普遍看淡了小家電企業未來的盈利情況。

另一方面，如果某公司股價大漲，這可能反映出市場對該公司出現正面變化的預期調整。這些變化可能超出了市場先前的預期，意味著該公司的成長潛力和未來發展前景可能比之前預估的還要好。

總的來說，股價的漲跌實際上是市場對一家公司現在及未來各種資訊的綜合反映。

對企業經營業績的預期會隨時波動

正如你在問題中所提，即使是表現優異的股票，其股價有時也會出現大幅度的漲跌，甚至一天內漲跌幅度達到 10%。這是因為股價反映了市場對公司當前及未來所有已知資訊的綜合評估。當這些消息發生變化，尤其是影響到市場對公司未來業績預期的消息，就會導致股價進行相應的重估。

那麼，哪些資訊會影響我們對企業未來業績的預期呢？一方面是宏觀經濟層面的因素，例如經濟形勢的變化、產業環境的調整、國家政策的出台等。這些因素對企業的發展預期影響巨大。

例如，如果國家推出了支持新能源企業的政策，這將加速新能源行業的發展，從而提升相關企業的股價。反之，如果國家對某一行業進行調控或限制，如 2020 年對螞蟻金服的調查及隨後對金融科技領域的政策調整，可能會減緩該行業的發展，從而影響相關公司的股價。

這些例子顯示出股價的漲跌，實際上是市場對這些企業未來業績預期的反映，而這些預期受到各種宏觀和微觀因素的影響。因此，股價的波動本質上是市場對這些訊息的綜合反應。

國家政策對企業股價的影響，大家都很容易理解，也容易接受。實際上，利率對股市有著直接且重要的影響，但這個概念對許多人來說可能有些難以理解。讓我來詳細說明一下。

利率實際上是金融產品的報酬率，代表我們投資於一個金融產品時預期或實際能得到的報酬。舉個例子，如果我們在銀行存 1 萬元，一年後能拿回 10,400 元，那麼利率就是 4%。這裡的利率不僅僅指銀行存款的利息回報，還包括債券、股票等各種金融產品的報酬率。

利率之所以存在差異，是因爲承擔的風險不同。風險越高，投資者對報酬的要求也就越高，從而導致利率提高。利率的確定主要基於我們對投資的風險程度所做的最低回報預期，也就是所謂的必要報酬率（required rate of return）。

我們通常將美國 10 年期國債收益率視爲無風險收益率的基準。在此基礎上，根據不同投資的風險等級，我們會計算出相應的風險報酬率，並將其加上無風險收益率，從而得出該投資的必要報酬率。

那麼，爲什麼利率與股價是負相關的呢？也就是爲什麼利率越高，股價越低？這就涉及到資產定價模型的問題了。

搞懂利率對股價的影響，才能成爲股市贏家

資產定價模型是一個幫助投資者對投資標的（例如公司或投資產品）進行定價的工具。這個模型的核心在於將公司未來所有可能的收益折算成現值，從而形成股價的基礎。

當然，資產定價模型可能相對較爲複雜，因爲需要考慮未來業

績和利潤的多種可能性，並且這個計算過程帶有主觀判斷，需要根據當前所有已知訊息來進行估計和推算。

折現是將未來收益換算成現值的過程，而折現率則取決於必要報酬率。必要報酬率越高，折現後的價值就越低。這個必要報酬率通常是根據基準利率（如美國 10 年期公債殖利率，10-Year U.S. Treasury Yield）加上特定投資的風險溢價來計算的，並且與資本定價及資產最終價格息息相關。

舉例來說，如果你將 100 元存入銀行，並期望一年後能得到 4% 的利率回報（即 104 元），這就是你對該存款的必要報酬率。如果銀行提出的條件是一年後返還 102 元，那麼你不會接受，因爲未達到你預期的回報。在這種情況下，你會計算在 4% 的必要報酬率下，102 元一年後的現值是多少，從而決定目前願意投入的金額。

因此，必要報酬率讓我們能夠根據預期的未來收益來確定現在應該投入的金額，或者將未來的確定收益折算成現在的價值。這就是資產定價模型的核心。

將這個原理應用到投資領域，當我們評估投資某標的是否合理時，需考慮將來的收益折算成現值後的價值。舉例來說，假設我們現在要購買一台機器，這台機器能使用一年，預計一年後能產生 100 元的收益，那麼我們現在應該支付多少錢才算合理？

這取決於我們對這台機器的必要報酬率所抱持的期望。假設我們期望的必要報酬率是 10%，那麼合適的投入金額應該是 100 元除以 110%，即 90.9 元。以此價格購入，一年後的收益會達到我們預期的 10%。如果投入超過 90.9 元，則無法達到 10% 的必要報酬率，因此不會進行投資。

如果你對同一機器的必要報酬率期望是 20%，那麼你會願意的投入金額就降至 100 元除以 120%，即 83.33 元。這意味著，在收益固定的情況下，期望的報酬率越高，對該機器認定的價值就越低。

最終這台機器的市場價格將由市場上的供需狀況決定。市場中供應方和需求方的數量決定了最終的平衡價格。但無論如何，人們期望的報酬率與資產定價是負相關的：必要報酬率越高，資產的定價就越低；必要報酬率越低，資產的定價就越高。

必要報酬率，也就是我們對一個投資標的期望的最低回報率，與投資的風險程度息息相關。風險越高，對應的必要報酬率也就越高，反之則較低。爲了將風險與必要報酬率聯結起來，一般會將美國 10 年期國債收益率作爲無風險的基準利率，再根據不同投資的風險等級，加上一定的風險溢價，從而計算出特定投資的必要報酬率。

這就解釋了爲什麼在 2021 年春節過後，全球市場（尤其是科技股）都呈現大幅下跌的態勢。當時市場普遍預期美元利率將升息，導致美國 10 年期國債收益率上升。這不僅吸引了部分資金轉向購買債券，減少了股市的流動性，也直接導致了各種投資的必要報酬率隨之提高。由於公司未來的預期收益沒有變化，但折現率升高，使得它們當下的市值顯得不再那麼有吸引力。

科技股之所以跌幅尤爲嚴重，是因爲這些公司通常具有較高的成長性，市場對其未來收益的預期較高。由於這些收益主要預期發生在較遠的未來，所以一旦基準利率上升，它們未來收益的現值就會受到更大的影響，從而導致市值大幅下降。這種效應在成長型科技企業身上尤爲明顯，因爲它們的主要收益來自於較遠的未來，這些未來的收益在折現時受到的影響更加顯著。

綜上所述，基準利率的微小波動，對於一般性資產會造成相應的反向波動。而對於以未來成長爲主的科技企業而言，這種反向波動會更加劇烈，因爲它們的主要收益來自於遠期，受到折現率變化的影響更大。

宏觀經濟市場對個股的影響是多方面的，而利率只是其中一個因素。國家的宏觀政策、國際關係、貿易關稅，甚至一些不可預見的事件，都會影響市場對一家公司未來發展的預期。這些因素共同作用於股價調整過程中，因爲股價不僅反映當下狀況，更重要的是市場對公司未來各種可能性的判斷。

除了宏觀因素，微觀層面的影響也很明顯。企業與競爭對手的關係、公司自身的發展情況都會影響企業價值的重估。例如，公司爆出負面新聞或出現意外事件，甚至大股東個人的問題，都可能導致股價劇烈波動，因爲這些事件會直接影響投資者對公司的信心和長期發展的預期。

回到你之前提出的問題，股價的波動不僅是公司當前業績的反映，還需結合宏觀總體經濟形勢的變化、公司創造價值能力的變化以及市場參與者心理的波動來綜合分析。作爲股市的新手，重要的是保持冷靜，學習投資的基礎知識，不要被短期的股價波動所影響。從長期來看，公司的股價與其經營業績密切相關。在整體環境良好時，大多數公司的股價可能都會上漲，但只有眞正優質的公司能夠在變幻莫測的市場中穩定地爲股東創造價值。

30 談股票買賣

股票賺了，我該賣出變現嗎？賠了，該繼續抱著還是認賠殺出？

股市小白，你得先想清楚是買長線還是短線

讀者提問專欄

QA

Zumbo：

今年（2021 年）以來，股市持續低迷，少見反彈。交易量也降至極低，有投資者選擇離場，也有新手加入。

每當股市下跌時，我總是堅決告訴自己，一旦市場回暖，我就立刻賣出虧損的股票。但當股市真的開始反彈，我又猶豫不決，希望股價能再高一些，讓我減少虧損。然而，在我等待更好的賣出時機時，市場又一次下滑。

你看，股市總是這樣起起伏伏，究竟何時是賣出虧損股票的最佳時機呢？另外，應該先將盈利的股票變現，還是保留這些股票，等待虧損的股票回升呢？或者，我應該先賣掉虧損的股票，保留那些表現良好的股票？

．．．．

股市本來就是一個波動的市場，但對於剛開始接觸股市的小白來說，看著自己辛苦賺來的錢在股市中忽上忽下，心情難免受到影響。近期股市不穩定，許多新手投資者可能正感到焦慮，甚至影響到日常生活和工作。那麼，面對這種情況，應該賣出手上的股票離場，還是趁著股價低迷時入市呢？

這需要從投資者的心態——長線投資和短線投資著手分析。

所謂長線投資，是指對一支股票的長期前景持樂觀態度，不在意股價的短期波動。這類投資者會在股價處於相對低位時買入股票，打算進行長期持有，這裡的「長期」一般指的是一年以上。

短線投資則不同，這類投資者主要是爲了賺取短期的價差，不太關心股票的基本面，而是依賴技術分析進行操作。短線投資的時間範圍通常在一周到兩周內，有時甚至更短。一旦短期內沒有利潤可取，或股價開始下跌，這類投資者就會迅速賣出股票，轉而尋找其他機會。

長線收益來自公司價值提升

長線投資的收益主要來自於公司股票價值的增長。只要選擇了優質的公司，隨著公司價值的提升，股價也會相應增長。這種增長遵循經濟學的基本規律，因此長線投資更加符合這些規律。

短線投資的收益則主要來自於股價的短期波動。這種策略是在低價買入，高價賣出，賺取的價差不是源於股票本身價值的增長，而是來自市場交易的對手方。短線交易者的利潤來自別人的虧損。

就像巴菲特所說，股價短期內像投票機，長期則像秤重機。長線投資者的收益來自市場的增長和公司的發展，這是一種雙贏的情況；而短線投資者的利潤來自市場博弈，從別人的虧損中獲利，這是一種單贏的情況。

以 A 公司爲例，假設其股價從 2020 年 1 月 1 日的 100 元漲到 2021 年 1 月 1 日的 300 元。長線投資者持有期間的收益就是 200 元的增值。然而，在這一年間，A 公司的股價會有多次波動，這正是短線操作者的機會所在。短線操作者的目標是在每次波動中在最低點買入，最高點賣出，賺取低賣高的價差。請看下圖 6.1，在第一波操作中，投資人可能在股價最低的 100 元時買進，然後在 150 元時賣出，賺取 50 元的價差。

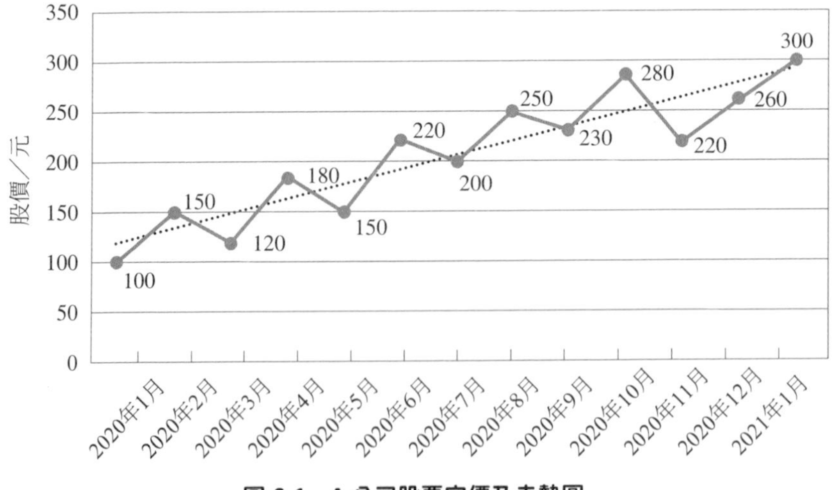

圖 6.1　A 公司股票定價及走勢圖

如果將 A 公司一年內股價波動的低點和高點之間的價差全部加起來，我們得到的總和爲 360 元（這包括了 6 次波動期間的價差累計）。這意味著，如果一名短線操作者能夠完美掌握每一次波動的最低點和最高點，那麼他們在這一年間從 A 公司股票中獲得的總收益將達到 360 元，遠高於長線投資者的 200 元。

乍看之下，短線操作似乎比長線操作的收益更高。然而，正如前面所述，短線操作的收益來源於市場的對手方，而非公司股價的本質增長。換句話說，短線操作者的利潤來自於其他市場參與者的損失。換句話說，如果你炒短線賺了 300 元，那麼市場上必然有人損失了同等金額。

但現實中，能夠完美把握每次波動的投資者幾乎不存在，尤其對於股市新手來說更是如此。假設成功與失敗的機率各爲 50%，那麼平均來看，短線操作的整體收益其實是零。在所有人最終整體收益爲零的情況下，就要看誰最有可能在市場中擁有超過 50% 的成功機率，從而從其他人手中賺取收益呢？

弄懂短線、長線的收益

這時就要瞭解哪些人會做短線？

短線交易的主要參與者往往是採用高頻交易的機構，這些機構利用高效的計算機系統進行交易，沒有人爲情感干擾。他們的盈利主要來自三方面：

市場資訊的掌握：這些機構能夠提前獲取市場波動的重要資訊，例如內幕消息，從而提前做好準備。

操作速度：透過高頻交易系統，他們能在毫秒級別內快速反應市場變化，從短暫的市場波動中迅速獲利。

強大的機構投資者：一些資金規模龐大的機構投資者，如做空機構，能創造或操縱市場波動，從而獲取利益。

一般投資人需要評估自己是否能在這種環境中取得成功。對於大多數投資人來說，短線交易的成功機率通常低於 50%，因此容易遭受虧損。

另一方面，一些普通投資者可能會因爲短期操作而賺到錢，但這並不完全意味著他們的短線交易策略成功。例如，如果某投資人在一年內透過短線操作賺到了 100%，但該公司的市值實際上增長了 200%，這就意味著他們的實際收益其實來自公司市值的增長，而非純粹的短線操作。

因此，短線交易看似賺錢，實際上可能只是市值增長的一部分，而短線操作本身可能還是虧損的。

由此可見，短線操作在理想狀態下有可能帶來豐厚的回報。然而，這樣的操作需要嚴格的條件，這也是爲什麼許多大型機構和市場主導者（莊家）會選擇從事短線交易。這些機構具備強大的科技實力，配備先進的高效率交易軟體和高效能電腦系統，以確保在第一時間迅速反應市場變化。

此外，這些機構聚集了衆多高智商的人才，特別是券商招募了許多聰明人，他們不斷分析市場動態，建立各種交易模型。這些高智商人才，尤其是聚集在華爾街的專家，利用自己的智慧和經驗在瞬息萬變的市場中快速做出反應。再加上這些機構擁有龐大的資金量，有能力影響甚至操縱市場趨勢，因此他們更有可能從短線交易中獲利。

對於一般投資人來說，特別是股市新手，較爲穩健的策略是進行長線投資，堅持價值投資的原則。長線投資相對而言風險較低，更適合尋求長期穩定回報的投資人。

如何做好長線投資

在面對股市震盪時，投資者通常有兩種策略。

第一種策略是嘗試預測股市甚至個別股票的短期走勢。的確，股市的波動有時會出現一些前兆，例如利率或匯率的變化、國家宏觀政策的調整、特定產業的動向等。很多股市分析師和新手投資者經常研究 K 線圖、陰陽線等技術指標，這些分析有時似乎與市場走勢相符，從而增強了他們的預測信心。但這種預測有其局限性：首先，它們只能指出大趨勢，而無法精準把握細節；其次，投資者的確認偏見可能使他們過度自信於自己的預測能力；最後，有時看似準確的預測可能只是巧合。

爲何短期預測股市如此困難？股市的長期走勢更多取決於估值，而短期走勢則受群體心理影響較大。目前還沒有可靠的理論可以完全把握群體心理的反應。就像科幻小說《基地》（*Foundation*）中提到的心理史學那樣，雖然理論上可能預測群體行爲，但現實中這仍屬於未知領域。

第二種策略則是放棄對短期走勢的預測，轉而關注由宏觀政策帶來的長期變化。投資機構和大投資者通常採用這種策略，透過投資組合來實現長期、整體的收益。這就是所謂的價值投資，不追求短期的得失，而是專注於企業的長期價值和市場的宏觀趨勢。

在股票市場上，常言道「短線是銀，長線是金」，強調的正是價值投資的重要性。然而，長線投資並非像看起來那樣簡單。

長期持有一支股票意味著必須經歷股市的大幅波動。在短期內，持有的股票可能常常虧損。例如，你可能長期持有一支股票達一年之久，但在最初的 11 個月內，股票持續虧損，直到最後一個月才開始盈利。若對長線投資缺乏深入的理解，很難堅持到最後。

知名基金經理人張坤曾指出，任何長期有效的方法都會有短期的失靈。如果投資者的信心建立在股價上漲之上，那麼賺錢將會變得困難，因爲股價總會有下跌的時刻。任何投資方法都會有某些時期的業績落後。

因此，長線投資需要能夠承受業績的短期波動，並在市場低估時進行投資。如果不是在市場低估時入場，難以獲得較高的收益。巴菲特喜歡在市場低估時入場，並長期持有股票，因爲市場需要較長的時間從非理性狀態中恢復。

所以，長線投資實際上比短線更加困難，它涉及對市場本質的深刻理解。

當打算進行長期投資時，必須先回答張坤所提的「靈魂三問」：是否相信公司的基本邏輯？是否對公司的長期發展充滿信心？如果股市關閉三年無法交易，是否仍然願意投資這家公司？只有對這三個問題都有堅定的肯定回答，才能確定該公司是適合長期投資的。

此外，一旦做出投資決策，還需要有持之以恆的耐心，堅持長期持有、緊抱不放。

近日中國有個新聞在網路上熱度很高：一位老太太於 2008 年以 5 萬元購買長春高新股票，後來將其遺忘。2021 年初，她在註銷帳戶時驚訝地發現，這 5 萬元已增值至 500 萬元。這不是虛構的故事，而是眞實事件，相關券商已經證實。這正是長期持股並忍受價格波動最終帶來豐厚回報的典範。

據微信公眾號「招財大牛貓」統計，2008 年 11 月，A 股市場約有 1,560 支股票，其中 1,540 支仍在市場交易。若當時隨機選擇一支股票持有至今，其中 1,277 支會盈利，盈利機率達 83%。老太太所購買的長春高新，在累計漲幅排名中位居第 13。排名第一的順絡電子，13 年內回報高達 1817 倍，而排在第 20 的紫光國微，回報也達 60 倍。

這故事雖然充滿偶然性，但它啟示了在股市賺取 100 倍收益的可能性：

1%的機率（運氣）＋10年以上長期持有的時間＝100倍收益

很多人曾擁有這樣的運氣，但缺乏長期持有的耐心。許多人雖然內心認同長期主義，卻無法實際執行，終究未能享受到長期投資的巨大收益。

因此，對於投資小白而言，最佳的股票投資方式是選擇業績優良、具有潛力的公司，特別是那些在當前和未來有望受到社會和資本關注的熱門行業。當股價低於其內在價值時，果斷買入，耐心等待，即使面對市場波動也不輕易動搖。只要公司基本面沒有根本變化，就堅定持有，相信時間會帶來豐厚的回報。

股神巴菲特就一直秉持長期持有的投資理念，自 20 世紀 90 年代中期，他旗下的公司波克夏買入可口可樂與美國運通的股票之後，就再也沒有碰過（截至 2023 年九月的數據），公司對這兩檔個股各投資 13 億美元，如今持股價值都來到了 240 億美元，漲幅達 18 倍，波克夏每年從這間公司獲得的股息更超過 10 億美元。

我們所需做的，就是持有優質基金，與偉大的祖國一同成長，做出恰當的選擇。世事無常，不必過於操心難以掌控的事物，更應珍惜當下，專注於工作與生活，愛護身體，活在當下。

31 基金

投資小白應該如何入市？

關於投資，我有一些簡單粗暴的建議

讀者提問專欄

Zumbo：

看完了你這些破除一般破常識的「入門理論」，我頓時覺得眼界大開。但是對我這種投資小白來說，哪些理財培訓可以教會我更多實際的操作知識？可以請幫人幫到底，直接給我一些簡單粗暴的建議嗎？

．．．．

最近我和朋友討論了投資的一些基本觀念，這些觀念實際上是投資的基石。希望透過這些原則，大家能夠先掌握基本概念，然後更好地應對投資過程中可能遇到的各種特殊情況，從而精準地理解投資的規則。

不過，這些原則僅是揭開投資邏輯大門的一小部分。投資領域廣泛而深奧。雖然理解這些原則能夠提升我們對投資的認知，但它們不能直接告訴我們應該進行哪些具體的投資決策。因此，許多朋友可能跟你一樣，在聽完我的分享後似乎有所收穫，但過不了多久就可能會忘記。或者更確切地說，當你實際開始進行投資時，可能會不知從何下手。

對於那些沒有經濟學背景的朋友來說，即使掌握了宏觀經濟學的知識，在實際投資時也可能會感到困難，實際上這也不是必須的。學習基礎的經濟學知識，然後根據自己的實際情況建立投資思維，持之以恆並不斷優化，這是一種有效的投資策略。

那麼，如何建立自己的投資思路呢？既然我們已經掌握了投資的基本理念，接下來我會提供一些簡單而明確的投資建議，幫助剛開始投資的朋友們得到一些啟發。

致還是一張白紙的投資小白們

首先，我們需要清楚地界定這些建議的目標對象是誰。為何要定位對象？因為投資是根據個人的財務配置和風險偏好而定的。每個人的資產組合、能承擔的風險程度，以及他們偏好的風險都有所不同，這自然導致投資策略也會有所差異。例如，剛畢業進入職場的年輕人，通常資產較少，缺乏投資經驗，理論上風險承受能力也應該較低。然而，這群年輕人通常沒有太多家庭負擔，可能暫時不用考慮買房，也沒有太多撫養責任，如果收入超過日常開支，那麼可以用於投資的資金就能承擔較高的風險。即使投資出現一定程度的虧損，甚至達到 50%，也不會影響他們的生活。因此，這些年輕人可以考慮將小額資金投資於股票等高風險領域。對於年齡稍大、工作經驗豐富且收入較高的人來說，情況可能就不同了。這個年齡階段的人通常處於購房、結婚、育兒等階段，生活開支增加，即使收入有所提高，也可能難以覆蓋生活成本的增加。這個階段的人，即使是專業人士，也可能難以承受大幅度的投資虧損。接下來是那些達到職業生涯高峰的三、四十歲人士。這個時期，隨著經驗和能力的提升，收入通常達到高峰。同時，家庭的「大件資產」如房屋、汽車等已經配置完畢，許多人甚至已經有了投資性房產，實現了職業之外的穩定收入。這個時期的人，由於資產已經相對豐富，且短期內不需要新的資產購置，可以承擔更高的風險，以追求更大的回報。然而，當人生進入後半段，職業晉升的難度增加，收入開始穩定，難以再有大幅提升。這個時期，大多數人需要開始考慮退休後的生活。不論之前的投資收益如何，這個時段的投資策略應該趨於保守，以確保老年生活有穩定的經濟支持。綜上所述，不同人生階段的風險承受能力是持續變化的，沒有任何一種投資建議適用於所有情況。這正是爲什麼我們需要持續評估自己當前的風險承受能力。

從以上分析中我們可以看出，對於多數人來說，主要的收入來源是薪水，可用於投資的閒錢並不多。即使有來自投資的收益，但比例和金額通常不會太大，因此大多數人的風險承受能力並不高，穩健投資成爲主要的需求。基於此，本書的投資建議主要鎖定四種族群：

1. 年齡在25至40歲之間，投資知識有限，也缺乏深入學習的時間和精力；

2. 有穩定收入且略有盈餘，希望透過投資獲得一定的增值收益；

3. 風險承受能力中等或偏低，只能承受有限的損失；

4. 對投資收益持有合理的預期，不抱有一夕暴富的幻想。

本建議的目的

根據我們討論的四種投資取向，我提出的建議旨在實現風險與收益之間的平衡及穩定性。以下是對這兩個概念的進一步解釋。

「風險平衡」意味著在追求收益的同時，也要留意風險控制，不可一味追求高收益而忽視風險。就如我們先前討論的「突破常識」所提，風險是獲取收益的必經之路，沒有風險便無法獲得收益。要想獲得更高的回報，就必須承擔更高的風險。我們需要明白，所有的投資都伴隨著一定的風險。

即使是普遍被視爲較安全的銀行存款，實際上也並非無風險。舉例來說，台灣的銀行自動提款機上都貼有存款保險標誌，自民國100年1月1日起，存款保險最高保額提高爲新台幣300萬元。最高保額是指每個存款人，在國內同一家要保機構新臺幣及外幣存款（包括本金和利息）受到存款保險保障的最高額度。超出300萬的部分可能存在風險，雖然這種風險通常很低，特別是在大型銀行中。

因此，沒有絕對無風險的投資收益。如果想要獲得收益，就必須承擔一定程度的風險。所謂的風險平衡，是指在追求收益的同時，也不過度承擔超出自己能力範圍的風險。這種策略總體上以保守爲主。

而「收益穩定」則是在保持風險平衡的基礎上，通過合理的投資策略，實現與風險相匹配甚至略高於市場平均水平的收益。穩定不代表完全無波動，而是透過精心的投資策略，減少劇烈的價格波動，實現穩健的增長。

投資市場總是會受到宏觀經濟環境的影響，例如 2008 年的金融危機對各類資產造成了重大波動。因此，追求絕對無波動的投資是不切實際的。我們所能做的，就是盡可能地維持收益的穩定性，避免劇烈的起伏，確保收益能夠穩定增長。

「梳理」自己的資產配置圖

如果你認爲自己符合先前提到的四種投資類型，並且願意接受我所建議的風險與收益配置，那我們就可以開始了。首先，我們要先來整理一下自己的「資產配置圖」，這樣才能評估出自己能承受多大的風險。整理資產配置圖的目的，是爲了明確瞭解自己有多少資產可以投資。

標準普爾公司（Standard & Poor's Financial Services LLC），總部設在美

國紐約，是全球極具影響力的金融分析機構之一。他們所計算並公布的「標普 500 指數」，自 1957 年以來就是美國股市最知名的三大指數之一。除了標普 500 指數，標準普爾公司還進行了一項意義深遠的研究。他們調查了全球 10 萬個資產持續穩健增長的家庭，發現這些家庭在過去 30 年裡資產一直穩步增長。進一步深入分析這些家庭的理財方式後，標準普爾公司總結出了一張成功理財的「寶地圖」——標準普爾家庭資產象限圖，這被廣泛認爲是家庭資產配置最合理的方法。

圖 6.2 將家庭資產分爲四個不同的帳戶，每個帳戶擔任不同的角色，因此投資管道也各有不同。只有擁有這四個帳戶，並依照一個固定而合理的比例進行資產分配，才能確保家庭資產的長期、持續和穩健增長。

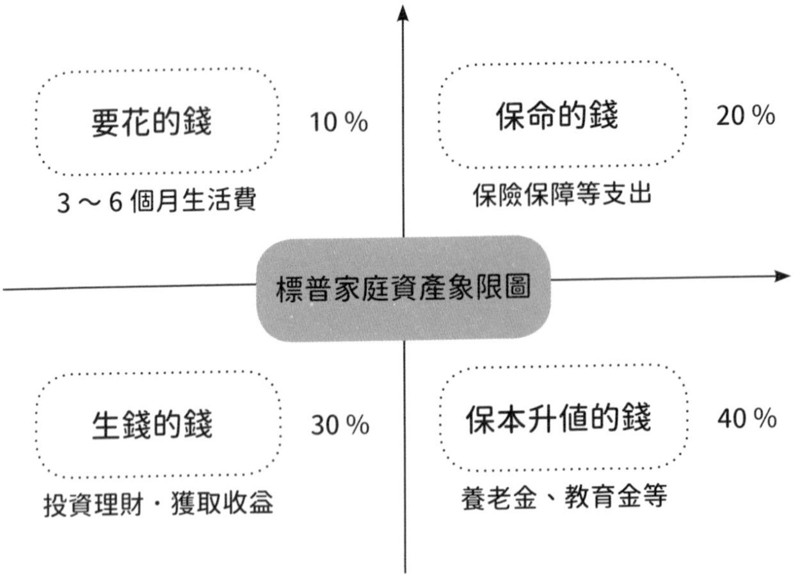

圖 6.2　標準普爾家庭資產象限圖

首先，我們的第一個帳戶是日常開支帳戶（要花的錢），也就是用於日常生活消費的資金，通常占家庭總資產的 10%，約爲家庭 3 到 6 個月的生活費用。這個帳戶用於支付日常生活開銷，如購衣、房租、旅遊等。雖然這個帳戶必不可少，但我們常見的問題是這部分資金占比過高，導致其他帳戶的資金被壓縮。

第二個帳戶是用於緊急狀況的資金（保命的錢），占家庭資產的 20% 左右。這部分資金主要用於應對突發的大額開支，如意外事故或重大疾病。這些資金通常會投入人身意外保險和重大疾病保險。這是每個家庭都必須配置的資金，雖然在平時看似沒什麼用處，但在關鍵時刻卻能避免家庭因急需用錢而不得不賣房賣車或向外借錢。

第三個帳戶是投資收益帳戶（生錢的錢），也就是用於資產增值的部分，一般占家庭資產的 30% 左右。這部分資金的特點是偏向風險投資，既要關注收益也要注意風險，所以控制好投資比例非常重要。

第四個帳戶則是保本升值的資金，用於長期收益，如子女教育金或養老金等，通常占家庭資產的 40%。這部分資金的投資策略相對保守，旨在保證本金安全並對抗通貨膨脹，因此收益雖然不一定很高，但是可以實現長期穩定增長。

值得注意的是，這個資產配置圖主要是針對美國中產階級家庭而設計的，因此其各部分的比例可能不完全適用於台灣家庭。例如，對於較年輕的人來說，日常開支帳戶的比例可能遠超過 10%，甚至高達 30% 或以上。因此，可能需要相應減少保本升值帳戶或投資收益帳戶的比例。同樣，年輕人對於緊急狀況資金的需求可能不需要達到 20%。

所以，資產配置的比例並不需要完全依照上述模式，但確實有必要依據這四個帳戶來規劃自己的資產。

首先，第一個帳戶是日常開支帳戶，應根據家庭 3 到 6 個月的開支來準備。對於年輕且收入穩定的人來說，可以準備相當於 3 個月的開支；而對於工作收入不穩定的人來說，則可能需要準備 6 個月的開支。具體的準備金額應依個人情況而定。

接下來，第二個帳戶不僅限於「保命的錢」，也包括近期可能的大額開支，如購買車輛、房屋等。這些開支的共通點在於對資金流動性的高需求，隨時可能需要動用，因此不適合作爲投資資金來源。

最後，第三和第四個帳戶則根據個人的風險承受能力來分配。由於我們已確定爲保守型投資者，這兩個帳戶的區分可能不那麼明顯。你應該確定除了前兩個帳戶之外，還有多少資金可用於投資，並考慮這些資金的使用時程。

確定了可用於投資的金額後，接下來就是評估自己的風險承受能力。雖然我們已經確定爲保守型投資者，但保守型也有不同的級別。建議各位善用網路銀行的風險評估系統來實事求是地對自己的風險進行評估。

不同銀行的風險評估測試內容雖各異，但大致相似，通常包括投資者的年齡、月收入、投資經驗等。根據評估結果，投資者的風險承受能力將被分爲保守型、穩健型、平衡型、成長型和進取型五類。

如果你的評估結果爲保守型、穩健型或平衡型，那麼接下來的投資建議就適用於你。但如果你是成長型或進取型投資者，這裡的建議可能不太適用，需要另尋他法。

好了，接下來我們將進入投資建議階段。但在此之前，還是要再次強調：投資有風險，入市需謹慎。

建議一：買什麼？買基金

對於經驗豐富的投資者而言，直接購買股票可能是一種高收益的選擇。但對於剛開始接觸投資市場的新手來說，股票的高風險是不容忽視的，一次不當的股票選擇可能會導致重大損失。因此，一開始先從基金入手，無疑是熟悉投資市場的較佳方式。

需要明白的是，相較於直接購買股票，投資基金的成本通常較高。如果你在基金剛成立時認購，可能會有認購費；若是中途加入則可能需要支付申購費；退出時則有贖回費用，且在持有期間還會產生管理費。如果你想將投資轉移到同一家基金公司的其他基金，還會有基金轉換費。

那爲什麼在成本較高的情況下，我們仍然建議投資基金而不是直接購買股票呢？以 2020 年的股市來說，雖然市場普遍上漲，但許多投資者的實際收益卻未必能享受到市場上漲所帶來的紅利。有的投資者甚至在 2021 年的市場中遭遇虧損。

出現這種情況的主要原因是市場結構已經發生了顯著變化，投資者的結構也隨之改變。傳統的「炒小、炒新、炒概念」的模式越來越難以奏效，取而代之的是專業化投資。只有深入研究公司的基本面，對公司的價值有前瞻性的判斷，才能在波動的市場中靈活應對。

觀察績效良好的基金，我們可以發現，無論是科技成長主題基金還是醫療主題基金，都需要對相關行業進行深入研究，而不僅僅是簡單的概念炒作。然而，對於大多數普通投資者來說，在面對迅速變化的科技創新時，缺乏專業的研究能力，自然也就缺乏選股的能力。事實上，在歐美等發達國家的資本市場中，個人投資者已經逐漸退居二線，市場主力變成了專業機構投資者。

在任何行業中，成功者都是專注於他們最擅長的領域。拿比爾．蓋茲來說，他一生致力於電腦行業，並因此積累了巨大財富。他為何不涉足石油行業或其他行業呢？原因很簡單：他不擅長這些領域，也擔心會虧損。同樣的例子還有巴菲特，他清楚知道自己的能力範圍，在這範圍內進行投資，不涉足自己不瞭解的行業。例如在 2000 年科技股熱潮中，巴菲特坦承對科技類股票一知半解，並選擇不參與。這種投資習慣大幅降低了他的投資失敗率，有效避免了隨後科技股的大跌帶來的損失。這種「不熟不做」的思維有助於資產增值，而非貶值。

這正是我們常說的：你所熟悉的不一定是你擅長的，但你擅長的一定是你熟悉的。只需把自己擅長的事情做好即可。例如，對於一般上班族而言，如果缺乏研究能力和精力，可以選擇將權力委託給專業人士，付出一定的費用，讓他們幫你賺錢，這不是更好嗎？

既然決定選擇基金而非股票，那麼我們的選擇就從選股轉向選基金。如何選擇合適的基金？首先要考慮的是：我們的風險偏好適合哪一類型的基金？

基金根據投資對象的不同，可分爲股票型基金、債券型基金、貨幣型基金和混合型基金。股票型基金主要投資於股票，資產中有超過 80% 投資於股票的基金被歸類爲股票型基金。這類基金的風險最高，但長期收益也最爲可觀。

許多股票型基金的名稱中會帶有「價值」、「成長」或「平衡」等詞彙。這些詞彙的含義是什麼呢？被低估的股票稱爲價值股，而發展前景好、利潤增長快的股票則稱爲成長股。專注於價值股投資的基金稱爲價值型股票基金，專注於成長股的則爲成長型股票基金。平衡型股票基金則同時投資於價值股和成長股。

不同類型的基金因其投資性質的不同，所承擔的風險也各異。從風險程度由低至高來看，價值型股票基金風險最低，平衡型股票基金風險居中，而成長型股票基金則風險最高，不過它也提供了最高的長期收益潛力。

接下來是貨幣型基金。這類基金主要投資於一年以下期限的金融市場工具，如銀行短期存款、短期政府或企業債券等。這些投資品種能在較大程度上保障本金安全，但也導致貨幣型基金在各類基金中的風險和長期收益均爲最低，收益率略高於同期的銀行活期存款。然而，貨幣型基金的一大優勢在於其變現能力強，大部分支持當日贖回。

債券型基金則主要投資於由不同機構發行的債券，包括政府債、金融債和企業債等。當一個基金的 80% 以上資產投資於債券時，它就被稱爲債券型基金。一般來說，債券型基金的長期收益高於貨幣型基金，但低於股票型基金。在股市波動劇烈時，債券型基金的收益通常較爲穩定。

混合型基金則具有更大的靈活性，可以同時投資於股票、債券和貨幣市場，而且對股票和債券的投資比例沒有嚴格限制。這讓基金經理人能夠根據市場變化調整投資策略，以追求最佳的收益與風險平衡。

因此，從風險角度排序，基金類型的風險由高至低依次是股票型基金、混合型基金、債券型基金和貨幣型基金，而其收益情況也與之相符。

作爲保守型投資者，我們應該主要關注混合型和債券型基金。對於貨幣型基金，雖然其收益較低，但由於變現能力強，適合用於存放暫時不需要的資金，如第一和第二帳戶中的閒置資金，或者等待投資機會時的暫存資金，以獲得比銀行活期存款更高的收益。

除了選擇基金的類型，我們還需要考慮基金的投資策略。基於投資策略的不同，基金主要分爲被動型基金和主動型基金。

這兩種基金的策略分別被稱爲 Beta 和 Alpha。Beta 代表投資組合的系統性風險，其目標是實現與承擔風險相匹配的收益，這種策略常用於被動型基金；而 Alpha 則專注於追求超越 Beta 收益的額外收益，這通常需要通過積極的選股策略來實現，所以是主動型基金的主要操作手法。

被動型基金通常是指數基金。那麼，什麼是指數呢？交易所裡有許多股票，每支股票的價格都在不斷變動，有漲有跌。指數則是一種能夠及時反映股票市場整體走勢的參考指標。

以中國的滬深 300 指數爲例，它是由滬深兩市的 300 支股票編制而成的指數。這些股票被稱爲指數成分股。瞭解了指數之後，理解指數基金就容易多了。指數基金就像是指數的影子，它的目標是追蹤某個特定指數，通過購買該指數中的成分股來構建投資組合，目的是盡量與指數保持一致。例如，許多基金公司都有推出基於滬深 300 指數的基金產品。

相對於被動型基金，主動型基金則是尋求超越市場平均業績的基金。這種基金需要基金經理人對證券市場進行深入研究，主動選擇股票和債券來確定投資組合。由於主動型基金涉及更多的人爲判斷，因此在選擇理財顧問、基金經理人和基金公司時需要特別謹慎。

對於我們這些保守型投資者來說，特別是缺乏足夠投資經驗、無法迅速判斷優秀基金公司和基金經理人的情況下，指數型基金成爲一個極佳的投資選擇。

首先，指數型基金對基金經理人的要求並不高，主要工作是跟蹤指數的變化，因此我們不必過分在意基金經理人過往的業績和選股能力，只需選擇主流、大型的基金公司設立的指數基金即可。儘管指數基金屬於被動投資，操作相對簡單，但精確跟蹤目標指數仍是一個複雜的過程，需要精密的計算和嚴謹的操作流程。大型基金公司通常有更強的能力來密切跟蹤標的指數。

其次，由於管理相對簡單，指數型基金的管理費用通常低於主動型基金，這意味著我們的投資成本也更低。雖然不同的指數基金在費用上有所差異，節省投資成本固然重要，但我們應以基金的整體收益作爲選擇的前提，切勿僅僅因爲低費用而盲目選擇指數基金。

第三，指數基金一般能夠獲得超過大盤甚至超越主動型基金的表現。有研究機構（如 Portfolio Solutions 和 Betterment）發布的研究報告顯示，分析了 1997 年至 2012 年間持有 10 種不同資產的投資組合表現，結果發現在 82% 到 90% 的情況下，指數基金的表現優於主動管理投資。

那麼，爲何在操作較少的指數基金會有高於投入大量精力和成本的主動型基金的收益呢？

先來說一個故事：巴菲特的賭局。

巴菲特每年都會撰寫一封給股東的公開信，分享他的投資理念和豐富的投資經驗。這封年度致股東信成為全球投資者關注的焦點。

在 2005 年的股東大會上，巴菲特提出了一個挑戰，他賭注 100 萬美元，任何人都可以挑選最多 10 檔市場上的避險基金來與他對賭，而巴菲特則選擇了標普 500 指數。2008 年，避險基金經理人泰德．塞德斯（Ted Seides）接受了這個挑戰。塞德斯是一位業績卓越的主動型基金經理人，他選擇了 5 檔頂尖避險基金來參與這場十年賭局。

然而，在 2017 年賭局結束時，標準普爾 500 指數獲得了 125.8% 的累積投資報酬率，而塞德斯挑選的避險基金組合最高回報僅為 87.7%，最低僅有 2.8%。結果，塞德斯在賭局中途認輸。

這場賭局的另一個亮點是賭金的處理。賭約開始時，巴菲特和塞德斯各投入 50 萬美元購買了 10 年期的美國國債。五年後，考慮到國債低收益率，巴菲特建議將這些國債轉換成波克夏・海瑟威公司的股票，到賭局結束時，這些股票的價值已飆升至 222 萬美元。最終，這筆金額被捐給了巴菲特指定的慈善機構。

爲何被動型指數基金往往能超越主動型基金？主要原因之一是主動型基金的管理費用較高，這減少了投資者的實際回報。另一方面，指數基金所追蹤的指數是精選的股票組合，這些股票通常表現優異，並且定期調整，確保了成分股的質量。

巴菲特一直是指數基金的堅定支持者。在 2021 年的股東大會上，他再次強調，從長期來看，投資標準普爾 500 指數基金通常比挑選個別股票更有利，甚至包括波克夏的股票。他指出，他過世後，他的部分資產也會投入到標準普爾 500 指數基金中。

實際上，巴菲特在多個場合都向普通投資者推薦過低成本的標準普爾 500 指數基金。在 2018 年的股東信中，他總結道，即使在股市不佳時期，對沖基金的表現也往往無法超越指數基金。在這場賭局的九年間，五檔避險基金的年均複合成長率僅爲 2.2%，遠遠落後於指數基金的 85.4 萬美元回報。

決定了要投資被動型的指數基金之後，下一步就是選擇合適的指數。市場上的指數種類繁多，每個指數都有其特定的市場範疇和風險收益特性。例如，有的指數專注於特定市場的大型藍籌股，而有的則聚焦於中小型企業的表現。

此外，ETF（exchange traded fund，即指數股票型基金，也稱爲交易所買賣基金）也是指數基金的一種，可以在證券交易所買賣。與其他類型的指數基金不同，ETF 的交易機制相對複雜，對投資門檻較高。爲了方便普通投資者，基金公司推出了與 ETF 投資組合相同的 ETF 聯接基金。隨著跨境 ETF 的推出，將滬深 300 指數基金與投資於海外市場指數的基金相結合，也成爲了一種不錯的資產配置策略，能有效分散投資和風險。

如果你覺得自己的風險承受能力較高，可以考慮投資一些指數增強基金。這類基金在基本遵循指數的前提下，會加入少量的主動投資操作。例如，基金經理人可能將大部分資金用於跟蹤指數，而將剩餘的一小部分進行自選股票投資，目標是在追蹤指數的同時，爭取比指數本身更高的收益。

因此，雖然指數增強基金仍以被動投資爲主，但它對基金經理人的主動管理能力要求更高。如果管理得當，指數增強基金有望實現超越原指數的收益，但如果管理不善，其表現可能僅與指數持平，或者甚至達不到指數的正常獲利水準。

實際上，指數增強型基金是否眞能帶來增強的收益呢？以中證 500 指數增強基金爲例，我們可以透過比較 2015 至 2020 年間這些基金的年平均收益與中證 500 指數的漲幅來評估其表現。

根據數據顯示，除了 2015 年中證 500 指數增強基金的平均收益與中證 500 指數相當外，其餘五年中，指數增強基金都實現了明顯的增強效果。例如，2020 年中證 500 指數增強基金的平均收益爲 34.26%，相比之下，中證 500 指數的漲幅僅爲 20.87%；2019 年這類基金的平均收益爲 31.24%，而指數漲幅爲 26.38%。

因此，從長期來看，大多數時間裡，指數增強型基金確實實現了超越其追蹤指數的回報。這類產品適合那些希望跟蹤特定指數同時追求更高收益的投資者，或是不確定如何選擇主動型基金的投資者。

不過，指數增強型基金的差異主要在於基金經理人的那一小部分「主動操作」，這也使得挑選這類基金變得更爲複雜。

近年來，基於指數增強型基金的基礎，出現了所謂的 Smart Beta 基金。這種基金不涉及主動操作部分，而是完全跟蹤經過 Smart Beta 策略優化過的指數（通常涉及成分股和權重的優化）。這些優化可能包括品質因子或價值因子，形成一個新的指數成分股和權重，然後基金會完全複製這個指數。Smart Beta 是一種透過透明化、標準化方式來提高收益、降低風險的指數投資策略。

這種方法是基於指數的基礎，通過接受較高的風險來尋求更高收益的一種途徑。

建議二：怎麼買？定期定額就對了

現在我們已經決定投資於被動型指數基金，下一步就是開始購買。不論是透過銀行還是像支付寶這樣的線上平台，即使已經確定了要購買的基金類型，仍會面臨衆多基金公司推出的相似產品。那麼，該如何挑選合適的基金呢？

之前我們提過選擇大型主流的基金公司，但這些大公司也不少。要如何進行篩選呢？首先，可以先查看基金的收益排名。現在許多平台都能展示各基金在特定時期的收益曲線。建議將時間拉長，觀察基金過去半年、一年甚至三年的收益情況。

透過這樣的比較，你對基金的收益率就有了初步的認識。但這個收益率究竟是高還是低呢？一般來說，每個基金的收益曲線都會與大盤的同期漲跌進行比較。這時你可以分析，某個基金是否在不同時期都能持續超越大盤，特別是在市場下跌時，這檔基金的跌幅是否比大盤更小。

即使一檔基金平時的表現都超越大盤，如果在市場下跌時跌幅更大，那就說明此基金的風險較高，而不僅僅是收益相對更好。作爲保守型投資者，我們不僅希望基金能持續超越大盤，還希望在市場低迷時，基金相對抗跌，從而降低風險。

在選擇基金時，專注於長期回報而非僅僅關注短期表現是非常重要的。許多投資者在選擇基金時常參考一些簡單指標，例如基金過去一年的回報。當一個基金經理人聲稱他們上一年的回報超過 80% 時，大多數投資者往往認爲這是一支優秀的基金，而願意進行投資。相反地，如果某個基金在過去一年出現虧損，很多投資者則會選擇迴避。然而，研究顯示，僅根據短期業績來挑選基金是很多人會犯的錯誤。

這是爲什麼呢？因爲基金經理人的短期高回報可能是由於其專業技巧，但也有可能僅僅是因爲運氣好。運氣是無法持續的，一旦運氣變差，投資者可能就會遭遇截然不同的結果。

巴菲特曾用一個翻硬幣的大猩猩比喻來說明這一點：假設有 1,000 隻大猩猩參加翻硬幣的比賽，每次翻到正面的大猩猩留下，翻到反面的則被淘汰。經過多輪比賽後，最後留下的那些大猩猩可能被認爲非常聰明，但實際上它們僅僅是運氣好而已。

巴菲特透過這個例子強調，如果基金經理人的群體夠大，運氣可能在短期業績中扮演了重要角色。從外部觀察來看，很難區分這些經理人是眞正有能力，還是僅僅是幸運的大猩猩。因此，只有透過長期的業績觀察，我們才能夠找到眞正優秀且不依靠運氣的基金經理人。

經過長期走勢的比對，我們可以對一檔基金的風格和回報有一定瞭解，並判斷它是否符合自己的預期。然而，可能會有多支基金符合我們的預期，我們的目標是從這些基金中挑選出表現最佳的「那一個」。幸運的是，現在許多平台提供直接比較不同基金的功能，讓我們的選擇過程變得更爲便捷。

但在進行基金間的對比時，必須記住：不同類型的基金之間進行比較是沒有意義的。例如，將股票型基金與貨幣型基金進行比較是不合理的，因爲在正常的股市環境下，股票型基金的收益通常高於貨幣型基金。然而，這並不意味著股票型基金一定優於貨幣型基金，尤其在股市大跌時，股票型基金的表現可能還不如貨幣型基金。

因此，我們可以根據之前的篩選標準，選出幾支符合自己風險偏好和心理預期的基金。接下來應該如何投資呢？首先，不要將所有資金僅投入一兩支基金。這是因爲從分散風險的角度來看，即使某一兩支基金看似優秀，但實際上各個基金在不同時期和環境下的表現各有千秋，並不是絕對的優劣之分。選擇多支基金進行分散投資，一方面可以防止自己判斷失誤，另一方面可以在不同情況下減少單一基金收益的大幅波動，從而降低整體風險。

選擇基金時，我們不應僅侷限於一種類型。根據資產組合理論，通過組合不同風險屬性的資產，我們可以在確定的風險下獲得更大的收益，或在確定的收益下降低風險。因此，我們應根據自身風險承受能力，組合貨幣型、指數型、指數增強型、混合型，甚至股票型基金。先確定每類基金的比重，再在每一類中選擇表現較佳的幾支基金。有時，配置一些投資海外市場的基金也能幫助我們在更大範圍內分散風險並追求更大的收益。

此外，在資金投入市場的節奏上，我們應逐步進行。除了已確定的基金之外，不建議一次性將所有資金投入。這是因爲，即使是基於過往業績選出的基金，實際上只能提供有限的訊息。唯有在購買後長期跟蹤其走勢，我們才能對其有更深刻的瞭解，並確認是否符合原先的投資預期。

因此，最佳做法是逐步投入，先投入一小部分資金，持續觀察基金的表現，並與大盤、其他基金進行比較。一段時間後，我們可以得出更準確的結論：這支基金是否眞正符合我們的初期預期？如果是，則可以繼續增加投資；如果不是，則應果斷更換。

透過持續跟蹤和逐步操作，我們可以逐漸形成一個穩定的基金組合。接下來的工作就是持續關注大盤動態，不斷優化投資組合。

持續關注大盤的原因有三：一是提升自己的投資敏感度，發掘更好的投資機會；二是持續驗證並優化自己的投資理念；三是在市場出現重大變化時，能夠及時調整投資策略。在面臨市場的劇烈或長期變動時，如果我們不及時調整策略，可能會受到系統性風險的影響，從而帶來重大損失。

確定投資被動型指數基金之後，下一步就是根據市場變化靈活調整投資組合。比如，在 2008 年金融危機時，如果發現市場存在整體性巨大風險，且大盤指數將遭遇重挫，就應該及時將資金從指數基金轉移到貨幣型基金中以避險。

再如，2020 年疫情後，各國爲振興經濟而實施量化寬鬆政策，導致利率持續走低。在這種環境下，與利率掛鉤的債券型基金收益可能受到壓縮，而與利率負相關的股票型基金收益則可能提升。因此，應適時增加股票型基金的比重，降低債券型基金的配置。

到了 2021 年春節後，隨著疫情緩解和經濟復甦，升息預期增強，我們也需要及時調整股票型和債券型基金的比例。

在確定好基金組合後，重要的是根據自己的現金流進行持續投入，這就引入了定期定額投資（automatic investment plan，簡稱 AIP、「定投」）的概念。定期定額投資的優勢包括：

1. **無須判斷入場時機**：定期定額投資被稱爲「懶人理財」，透過定期定額的方式投資，不必擔心市場的波動，也就避免了對入市時機的主觀判斷。

2. **攤平成本**：定期定額透過在不同市場價格下購買基金，可實現自動逢低加碼、逢高減碼的效果，從而獲得較低的平均成本，並減少市場波動性的影響。

3. **簡單方便**：對於大多數上班族而言，定期定額是一種簡單方便的投資方式，可以透過設定自動扣款從指定帳戶中定期投資，省時省力。

通過這種方式，我們不僅能夠在市場變化中及時調整投資策略，還能通過持續的投資行爲，積累財富並優化投資組合。

確實，基金定投能夠帶來較大的投資回報。投資的基本策略是低買高賣，最理想的狀態當然是在市場最低點買入，最高點賣出，從而獲得最大的盈利。然而，在現實中，我們無法精確預測市場的最低點和最高點，也就做不到在最低價購買和最高價出售。

因此，我們需要採取不同的策略，以相對較低的價格買入，相對較高的價格賣出，從而放寬投資的路徑。這就引入了平均成本法的概念，即在市價下跌時分批購買基金，以降低平均成本，從而提高收益。

定期定額投資的魔力就在於此：在市價下跌時增加單位數，在市價上漲時獲得收益。由於基金定投通常是定期定額的方式，市場價格的波動會導致相同金額所購買的基金單位與價格呈現負相關。例如，在市價持續下跌期間，每一期購買相同金額的基金，意味著每期購買的單位數在增加，從而降低每一單位的平均成本；當市場開始回升，購買的單位數減少，對平均成本的提升作用也相對減弱。通過這種方式，定投能夠在市場波動中降低平均成本，從而提高收益。

舉個例子，如果基金價格從 1 元降到 0.8 元、0.5 元、0.4 元，再升回 1 元，對於單筆投入（又被稱爲 Lump Sum 投資，是指一次性投入一筆資金到投資組合中）的投資人來說，這是一個平衡狀態，不虧不賺。但對於定投投資者來說，在價格下降過程中透過定投，成本已降低，實際上已進入盈利狀態。這個過程可以用「微笑曲線」來形象地描述，這就是定投的魅力所在。

舉個例子，當基金價格從 1 元降到 0.8 元、0.5 元、0.4 元，再升回 1 元的過程中，對於一次性投入的基金投資來說，帳面是平的，不虧不賺。但是對於定投的投資方式來說，透過 0.8 元時的定投，成本已經降低，這時候已經是盈利狀態了，將這一過程用圖形表達出來即是「微笑曲線」（圖 6.3）。

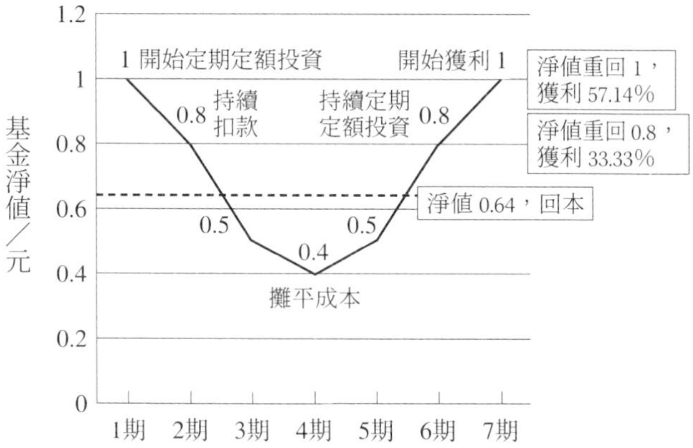

圖 6.3　微笑曲線

基金定投的「微笑曲線」是一種先下跌後回升的投資曲線，形成一個 U 形模式，代表著一個先苦後甜的過程，這種曲線也是爲什麼很多定投者對其有好感，喜稱其爲「微笑曲線」。然而，要實現微笑曲線的效果，投資者需要滿足以下幾個條件：

1. **堅持投資**：許多投資者在市場下跌、投資出現虧損時會停止定投，這樣就會中斷微笑曲線的形成，最終導致虧損。

2. **保持資金投入的持續和穩定**：無論市場是上漲還是下跌，保持投資的穩定性非常重要。理想狀態是在市場下跌時加大投資金額或次數，在市場上漲時適當減少。

3. **堅持投資邏輯和紀律**：保持平和的心態，避免過度樂觀或悲觀。市場波動是常態，重要的是堅信自己的投資邏輯，遵守投資紀律。

透過定期定額投資，基金定投可以在基金淨值較低時購入更多單位，在淨值較高時購入較少，從而降低整體持有成本，實現超越基準的利潤。但也需注意，定投不能完全考慮市場行情的變化，對投資者收益有一定限制。

近年來，隨著自動化和智能化技術的發展，出現了所謂的智能定投，它是基金定投的升級版。智能定投根據市場環境的變化，對定投金額進行調整，低位時增加投資金額，高位時減少，從而進一步降低成本，在股市的波動中獲得更佳的收益表現。

智能定投的調整幅度通常是根據均線策略或估值策略來確定的。估值策略關注的是追蹤指數的估值狀態，進行不定期不定額的基金購買。這種策略會在指數處於低估值區間時自動購入基金，而在高估值區間時則停止購買，從而實現在低位加碼和降低成本，同時控制風險。這種方法確保投資者購入指數基金時處於低估區，從而獲得成本上的優勢，並減少高估時買入的風險。

另一方面，均線策略則是根據證券市場指數的走勢進行定期不定額的購買。這種策略在市場高位時減少投入，在低位時增加投入。許多智能定投的均線策略設定了不同的扣款率，比如在基金漲幅大時，實際扣款可能降至定投金額的 60%，而在基金跌幅大時，實際扣款則可能提升至 210%。這種靈活的調整方式有助於投資者在不同市場環境下更好地控制成本和風險。

隨著投資者對市場的理解加深，以及閒置資金的靈活度提升，智能定投可以作爲一種有效的投資策略，幫助投資者在股市波動中實現更高的收益。

建議三：買多久？做長線

為何長期投資更受推崇，而不是短線操作？這背後的理由是長線投資的收益主要來自於資產價值的穩定增長，穿越市場周期的可預見性增長。對於謹慎的投資者來說，這種確定性意味著降低風險和穩定收益。這個原則不僅適用於保守型投資者，實際上適用於所有類型的投資者。因此，在討論這個問題時，我們不僅限於基金，也應該考慮到股票等其他投資標的。

短線投資的收益除了來自於期間的資產價值增長，主要來自於價格波動。這部分收益與風險緊密相關。更重要的是，價格波動帶來的短期收益往往意味著對手方的虧損，這是零和遊戲的一部分。

因此，短線操作不僅依賴運氣，還極度依賴投資者的短期判斷能力和技術手段。這包括從各種突發事件中快速判斷其對市場的影響，並通過技術手段迅速做出反應。面對華爾街等金融機構的專業投資者和他們的先進設備，一般投資者要從這些高手手中獲得短期收益是非常困難的。

另一方面，短線操作的一個極端形式是高頻交易，這是一種利用市場極短暫波動來獲利的計算機化交易策略。它可能涉及到股價在不同交易所間微小的價差，或買賣價格的微小變化。這種交易速度極快，以至於某些交易機構會將伺服器放置得非常靠近交易所的計算機，以減少數據傳輸時間。

在美國，高達 73% 的交易是由高頻交易（HFT）計算機進行的，這些計算機執行交易的速度快到令人難以置信，甚至超過了人類眨眼的速度。這些高頻交易每次的盈利目標可能只有幾美分甚至是更少，但因為交易量巨大，最終能夠積累起巨額的利潤。

高頻交易的本質是一場關於速度和資訊的競賽。在這種交易中，股票或貨幣會在幾微秒內被買賣。這也是一種只有少數高頻交易員真正瞭解規則並能夠操控的遊戲，而普通投資者往往只能按照表面規則操作。

高頻交易的速度到底有多快？美國電影《蜂鳥計畫》（*The Hummingbird Project*）用蜂鳥扇動翅膀的速度作為比喻，意味著這些交易的速度可以達到每次 17 毫秒以內。電影中講述了兩位表兄弟在美國從堪薩斯州到新澤西州之間鋪設一條光纜，目的是將股票和證券交易的操作時間降至 17 毫秒以內。高頻交易公司為了節省這些微小的時間，甚至願意投入數百萬美元。

這樣的交易速度和技術投入，對於普通投資者而言是難以想象，更無法實現的。這也說明了，為什麼對於絕大多數普通投資者而言，長期投資策略遠比短期、高頻等專業交易策略更為合適。

顯然，短線操作已經進展到了普通投資者難以參與的階段。實際上，許多因素都顯示我們這些個人投資者在金融市場上處於不利地位。與專業金融機構相比，個人投資者無法在投資研究上投入太多時間和精力，我們接受和處理相關資訊的能力也遠不及專業機構。

在進行投資時，大多數個人投資者常常在不知不覺中支付給金融機構各種費用，這些費用長期累積下來將嚴重影響投資回報。在資金、科技，甚至市場規則的制定上，我們都處於劣勢。如果我們過於專注於短期收益，很可能會成爲機構投資者的「輸家」。

但這並不意味著我們沒有出路。正如巴菲特所言：當一個人意識到自己的局限後，他就不再那麼容易上當。在這場投資比賽中，個人投資者就像是烏龜。如果試圖在機構投資者擅長的領域與之競爭，那無異於自討苦吃。但是，一隻聰明的烏龜會充分認識到自己的優勢和弱點，尋找適合自己的投資策略，從而增加勝算。這就是堅持長期投資策略的智慧所在。不追求一夜致富，而是長期堅持，進而獲得相對穩定的投資回報。

要做好長線投資，首先，最重要的是保持穩定的心態。投資心態往往是被許多投資者忽視的一環。舉例來說，風險偏好這個概念。每位投資者應該根據自己眞實的風險承受能力來選擇合適的基金。很多人在未眞正經歷市場波動前，往往高估自己的風險承受能力。當面臨眞正的市場下跌時，許多人無法堅持原本的投資策略，導致過早退出。因此，建立一個眞實且穩健的投資心態，才能在市場波動時保持冷靜，實現長期收益。

其次，需要準確把握退出時機。長線投資不等於長期持有，而是以追求長期價值增長爲目的。當投資標的的環境或形勢發生變化，不再符合長期增長的前景時，就應該考慮退出。例如，當某公司因業績造假等問題而失去長期價值時，卽使原本是長線投資，也應該及時退出。此外，如果需要資金進行其他投資或改善生活品質，這也是合適的退出時機。

由於我們誰都難以做到「完全的理性」，爲了能夠讓自己堅持長期主義，有時我們還需要以短期思維來平衡一下。例如，很多人會「止盈」，也就是在股價走高、盈利比較豐厚的時候撤出一部分資金，哪怕是自己繼續看好這個股票，認爲肯定還會上漲，但是都會進行一個「止盈」操作。這個看起來是短期主義的做法，但這種操作一是可以避免單一股票上的投資比重過高，二是可以透過止盈讓自己的成本攤平，甚至將成本全部先收回。此後即使遇到價格回調較大的情況，也能夠理性看待，對於一些風險承受能力沒那麼高，虧損時心態難以穩定的投資者來說，還是比較有用的。

除了改善生活外，因爲更好的投資標的而退出，往往是出於戰略思考。例如，看到了更好的成長型公司，能夠提供更好的價值增長機會；再比如，需要多元化投資各類型的標的，如果投資太集中於某一個標的，也會稍作分散。

2021 年 4 月，騰訊最大的股東 Prosus 打算出手 1.92 億股的騰訊股票，持股比例將減少 2%，從 30.9% 降至 28.9%。雖說減持比例並不算多，但是根據文件來看，Prosus 打算最多以每股 595 元的價格，減持 1.92 億股的股份。細細來算一筆帳，Prosus 減持的 2% 股份竟然價值 1200 多億港元。

對於 Prosus（拉丁語爲「前鋒」）這家公司，大部分投資人可能都覺得陌生。騰訊的大股東不是一直是南非傳媒集團 Naspers 嗎？

其實早在 2019 年，南非傳媒集團 Naspers 就把 Prosus 獨立出來，Prosus 是一家控股公司，用來持有 Naspers 的國際網路資產。

Prosus 除了持有騰訊股權外，還持有俄羅斯的 Mail.ru 的股權、美國網上零售商 Letgo、德國送餐公司 Delivery Hero 等的股份。

爲何騰訊大股東要減少持股呢？ Naspers 投資騰訊，持股長達近 20 年，投資回報 7,500 倍，年複合收益率是波克夏公司的 3 倍以上，堪稱全球最成功的風險投資。可見，這筆投資絕對不是短線投資，而是長期價值的投資。

其實，原因很簡單，就是騰訊大股東 Prosus 要有新的投資布局了。Prosus 表示自己打算用這些股票的收益來提升公司財務的靈活性。此外，我們也可以看到，騰訊迅速飆升的價值使 Naspers 在約翰尼斯堡股市所占權重增至四分之一，因其投資組合中的集中度風險太高，迫使許多南非投資者出售該股，所以多元化的分散就勢在必行。

以上就是我給保守型投資的建議，而更簡單粗暴的精華版如下所示：

首先要確定可用於長期投資的資金總額，包括當前可用和未來可逐步投入的資金。接下來，定期評估自己的風險承受能力，以決定投資類型。基金是理想的投資工具，日常和應急開支可投資於貨幣型基金，閒置資金則可根據風險承受能力分配到債券型或混合型基金。建議以指數型基金作爲入門選擇，隨後根據風險承受度過渡到其他類型基金，並逐步考慮股票型基金和直接股票投資。建立自己的基金組合後，通過定期投資來優化並獲得穩定回報。堅持長線投資思維，關注投資標的價值變化，對於未能達到價值增長目標的投資及時退出。最後，從戰略角度多元化投資，以平衡風險並尋求更高收益。

請注意，這些建議只是關於投資的一般性觀點，並沒有特指具體的投資標的，且不承擔任何投資責任。這是我個人的投資方式，我也是這樣承擔相應的風險和收益；若各位選擇仿效我的投資方法，請自行承擔相應的風險和結果。

32 保險

我這麼年輕力壯，還需要買保險嗎？

這才是買保險最好的時機唷！

讀者提問專欄

Zumbo 好：

我叫 Sunny，今年 35 歲，丈夫 37 歲，目前定居在上海。我們都來自偏遠的小城市，相識於大學時期，畢業後一同留在了上海，現已婚 8 年。

由於我們兩人都出身於農村，家庭無法提供太多支援。畢業後，面對微薄的薪水，不僅需要供養雙方的父母，還要籌備買房子和育兒，生活壓力巨大。在這樣的背景下，我的丈夫決定辭去工作創業。

創業初期，我親眼見證了丈夫創業的艱難：他經常工作到深夜；為了爭取客戶，節省成本，往往一天之內往返飛行至其他城市參加會議，然後晚上趕回家。即使居住在同一個屋簷下，我也曾有半個月看不到丈夫的情況。

爲了支持丈夫，我不僅打理所有家務，還將自己的積蓄投入到丈夫的事業中。一開始，爲了節省成本，我甚至在業餘時間處理公司的行政和人事事務，有時甚至負責清潔工作。

幸運的是，經過不懈努力，公司逐漸穩定下來，業務也在不斷擴大。目前公司員工已超過 100 人，業務遍及全國，年淨利達到數千萬元。

隨著公司業務的好轉，我應丈夫的要求辭職專職在家照顧孩子。丈夫在家庭方面十分慷慨，不僅對我和孩子，甚至連兩家的父母都是有求必應。

卽便如此，我仍有時會感到不安，擔心未來可能發生的變故。最近，一位朋友建議我爲丈夫購買意外險，爲孩子購買教育險，甚至爲自己購買分紅險。然而，當我與丈夫討論時，丈夫認爲已經賺取了足夠的財富，購買保險沒有必要，並認爲自己身體健康，買保險等於是浪費。

我現在面臨的抉擇是，應該根據自己內心的安全感購買一些保險，還是依照丈夫的觀點，認爲自家財富足以應對未來的不確定性？

．．．．

創業就像一場修行，你們抱持著改變自己生活的決心，勇敢地踏上了未知之旅，這種勇氣不是每個人都擁有的。更難能可貴的是，修行的眞諦在於並非所有人都能達到預期的目標，但你們通過不懈的努力，實現了自己的目標，改變了生活。這種成功旣是拚搏的結晶，也是一份幸運。

所有的創業成功者都離不開幸運女神的庇護，所以你內心一直感到不安。因爲幸運女神並不總是伴隨著你，也許某一天她會離開，也許她會帶走你的財富、事業、健康，甚至是你的老公。這就是人生的常態。

最近，我去醫院探望了一位老朋友，他只有 42 歲，過去一直事業有成，家庭幸福，讓我們都很羨慕。然而，他突然被診斷出罹患癌症末期，不得不住院治療。

這一突變對他的事業造成了巨大的衝擊，因爲他沒有任何應變計畫。許多核心管理人員、普通員工都紛紛求去，未收的款項無人追，未完成的業務陷入困境。他的家庭也一片混亂，因爲失去了主要的經濟支柱，父母和妻子都感到不知所措。

幸運的是，有朋友們的幫助，公司成功整理了各種複雜的事務，雖然散盡了大半家產，但至少能確保他安心住院，家人不至於缺衣少食。

雖然這樣的情況不常見，但是「你永遠不知道，明天和意外哪一個先來」，這是我們每個人都必須面對的現實。

家庭資產計畫離不開保險

在面對生活中種種不確定性時，制定全面的家庭財務計畫是預防風險的最佳策略。之前提及的標普家庭資產象限圖是一個非常有參考價值的規畫工具。具體細節我們就不再詳述。但值得強調的是，在這個象限圖中，「生命保障金」這一部分占 20%，這在資產規畫中是非常關鍵的。由此可見，保險在財務工具中的重要性不可忽視。

除了 20% 的保險和 10% 的日常開支之外，還有 70% 的資產需要通過投資來實現增值和保值。

為什麼要將投資分成不同部分呢？這是因為在資產配置時，我們需要平衡不同風險與回報的比例。我們不能將所有資金都投資在高風險的理財產品，同樣也不應該全部放在低風險但回報較低的標的上。

因此，對於教育、退休等長期但非緊急的支出，應首先考慮投資既能保值又能增值的標的。這樣既能保證本金安全，又能追求增值，以避免資產因通貨膨脹而貶值。另一部分資金則可以投入風險較高、回報也較高的標的中，這部分資金即使面臨風險和損失，也不會影響到日常生活所需，實質上是一種風險管理的策略。

保險的本意就是穩妥可靠

保險的概念源於人類對風險和避險的需求。自古以來，人類社會就不斷面臨自然災害和意外事件的挑戰。在與這些挑戰抗爭的過程中，古代人類開始思考如何應對這些災難和意外，從而孕育了保險的最初概念和方法。為了降低風險，人們願意支付一定費用轉移風險，這就是保險業的起源。保險通過承擔和分散風險，保護個人和機構的經濟安全，維護社會穩定。

公元前約 2500 年，古巴比倫王國的國王爲應對火災，開始徵收稅款建立救濟基金。而在古埃及時期，石匠們成立互助組織，通過會費來解決葬禮費用。在古羅馬時代，士兵們成立團體，共同籌資以支援陣亡士兵的家屬，這些做法逐漸演變爲早期保險制度的雛形。

隨著貿易的發展，公元前 1792 年左右，古巴比倫的國王漢摩拉比（Hammurabi）建立了分攤損失的補償條款，用於賠償商隊的損失，這些條款記錄在《漢摩拉比法典》（*Code of Hammurabi*）中，象徵保險概念的進一步發展。

到了 17 世紀，隨著英國資本主義的發展和其在全球貿易和航運業的主導地位，保險業在英國獲得進一步的發展。此時，保險經紀人制度也開始出現。特別是在 17 世紀中期，愛德華·勞埃德（Edward Lloyd）在倫敦泰晤士河畔開設了一家咖啡館，這裡成了互通航運消息、購買保險和討論商業新聞的重要場所。這家咖啡館後來發展成爲現代保險業的先驅，並於 1696 年遷至倫敦金融區，成爲全球最大的保險交易市場之一。

保險之所以能降低風險，關鍵在於理解大數定律。大數定律是機率論中的一個重要概念，描述的是隨機變量序列的算術平均值隨著試驗次數增加而趨近於其期望值的現象。

用更生活化的語言來解釋，當某個隨機事件反覆發生很多次時，這些事件的結果會呈現出一種幾乎確定的規律，這就是大數定律的精髓。例如，拋一個骰子，每一次拋擲的結果都是不確定的，猜中的機率只有 1/6。但如果進行大量重複拋擲（例如上萬次），每個點數出現的頻率將接近其理論機率 1/6。

對於個體來說，風險發生的機率是不確定的，無法預知風險何時會發生，以及是否會造成損失。但對於大量個體的集體來說，風險發生的總次數是可預測的，並且接近於個體總數乘以風險發生的機率。這正是大數定律在風險管理中的應用，讓風險成爲一個可以量化和計算的數據。

因此，保險公司可以利用這一原理，將無法預測的個人風險轉化爲可計算的集體風險。通過收集足夠多的保費和風險資料，保險公司能夠精確計算出風險發生的槪率和可能導致的損失，從而設定合理的保險費率。這樣，保險公司就能在控制風險的同時獲得利潤，而投保人則通過支付保險費用，將無法承擔的風險轉移給保險公司，從而避免因風險事件發生而遭受巨大損失。

綜上所述，保險的機制通過集中風險和分散收益，有效地實現了風險管理和經濟保障，這正是保險的基本原理和價值所在。

保險具有「保本升值」功能

隨著保險行業的發展，保險不再僅僅是人身和醫療方面的保障，還發展出了理財功能。資產象限圖中提及的「保本升值的錢」類型資產，主要有兩個特點：一是保本，二是升值。分紅保險（又稱分紅保單）正是為了滿足這一需求而生。

分紅保險在提供人壽保險保障的同時，還將保險公司經營的盈餘以紅利形式分配給保險單持有人的保險類型。與傳統的壽險相比，分紅保險提供的是非保障性的利益。

分紅保險的三大特點如下：

風險可控：各國保險監管機構對分紅保險進行嚴格監管，以確保資金安全，並符合「保本」的需求。

收益穩定但回報較低：分紅保險的收益雖低於其他投資管道，但其首要目的是保本。由於保險集合的資金時限較長、流動性較差，可投資於長期回報的標的物，從而獲得穩定、持續的投資回報。

節稅和資產保全：分紅保險在法律和稅收方面有其特殊性，可以節稅、預留遺產稅，還能發揮資產保全的功能，各位可針對自身需求規畫保單。

總之，分紅保險作為一種理財工具，提供了風險可控、收益穩定的理財選擇，同時還具有節稅和資產保全的功能，特別適合對風險承受能力較低的投資者。

一定要懂的保險關鍵字

先前談到的兩種與「個人」密切相關的保險種類：

人身保險：以人的生命或身體為保險標的。包括人身意外傷害保險、醫療險、人壽保險（包括死亡險、生存險、生死合保險）等。

分紅保單：除了提供保護結合壽險概念的身故保障金以外，還能分享保險公司經營成果和議笑而分配保單紅利，達到保值增值的目的。[3]

此外，我們還需要瞭解下列專有名詞：

保險主體：指保險契約的主要參與者，包括投保人和保險人。

投保人（要保人）：一般指與保險人簽訂保險合約、對被保險人具有保險利益，負有支付保險費義務的一方。可以是自然人或法人，必須具備民事行爲能力。

保險人（承保人）：與投保人簽訂保險契約，一般指承擔支付保險金責任的保險公司。

被保險人：根據保險合約享有保險金請求權的人，通常是投保人。

受益人：在人身保險合約中，被指定享有保險金請求權的人。如果未指定，則由被保險人或投保人的法定繼承人成爲受益人。

保單所有人：擁有保險利益所有權的人，通常是投保人或受益人，也可能是保單被轉讓給的人。

這些名詞和概念對於理解保險的運作方式至關重要，尤其在選擇和管理保險政策時。

3　請注意，「投資型保單」是將績效交由所選標的來決定，「分紅保單」則是將現金價值交由保險公司操作，大多是配置在相對保守的資產類別。

保險配置的邏輯架構

在選擇和分配保險時，我們應該考慮以下幾點指導原則：

先人身保險，後分紅保險：相對於分紅保險，人身保險的保障功能更爲重要。因此，首先應購買人身保險，以確保在遇到醫療、意外或死亡等重大情況時能夠得到足夠的經濟支援，確保家庭的基本生活需求得到保障。在此基礎上，再考慮購買分紅保險以實現資產的保值增值。

先保家庭支柱，再保其他成員：在購買保險時，應優先考慮家庭的經濟支柱。如果家庭支柱發生意外，對家庭的經濟和生活影響最爲深遠。因此，對於家庭支柱應配置更高額度的保險，以最大限度地保障家庭在不幸事件發生後的生活品質。

重視大險，輕看小險：在資金有限的情況下，應該優先配置對家庭影響最大的險種，如身故、重疾、全殘等。這些險種一旦發生，可能會對家庭造成毀滅性的影響。相對而言，像普通門診、小病等風險，對家庭的影響較小，可以在重要險種配置完畢後考慮，或甚至選擇不購買，自行承擔風險。

以上建議有助於合理規畫保險，無論是在資金有限或充足的情況下，都能夠根據自身情況和需求做出最佳選擇，確保家庭的經濟安全和未來的穩定發展。

如何配置自己的保險

在考慮保險購買的問題上，答案其實很明顯。首先，即使是身體健康的人也需要購買保險。因為不論年輕或體壯，生老病死的風險並不會避開。現在年輕人罹患重病甚至直接晚期癌症的情況越來越常見。由於年輕人生病的整體機率較低，購買保險的成本也相對較低。更重要的是，保險公司通常提供續保的承諾。因此，在身體健康時購買保險不僅成本低，而且一旦日後身體出現問題，仍能繼續獲得保障。

其次，即使家庭經濟條件允許承受大筆醫療開支，購買保險仍然是明智的選擇。雖然醫療費用可能負擔得起，但因個人健康問題導致的其他損失也許無法輕易承受。比如，如果家中經濟支柱突然重病，即使醫療費用不成問題，但可能造成的事業中斷、收入損失等，都可能對家庭生活造成長遠影響。因此，購買人身意外保險是值得考慮的。

再次，考慮到 Sunny 家庭的經濟狀況，購買分紅保險也是一個不錯的選擇。即使家庭事業發展迅速，收入可觀，但保障未來的財務安全仍是重要的。分紅保險不僅能夠提供穩定的回報，還能在應對未來可能的挑戰時提供額外的經濟支持。

綜上所述，對於 Sunny 家庭而言，合適的保險配置應該包括為家庭經濟支柱購買足夠的意外保險，為全家配置高級醫療保險，並購入大額分紅保險，為家庭的長期經濟安全提供保障。

33 博傻理論

一株鬱金香能換到一棟房子，你信是不信？

不學「博傻理論」，保證你天天都過愚人節

讀者提問專欄

Zumbo：

最近在閱讀投資書籍時看到一個歷史故事：鬱金香泡沫。這是一段發生在三百多年前荷蘭的歷史。當時，鬱金香的球莖價格非常昂貴，甚至比黃金還要貴重。這股熱潮幾乎席捲了整個荷蘭社會，從富人到窮人無不爲之瘋狂。

在這場狂熱的金融投機活動中，鬱金香球莖成爲了主角。這被視爲世界經濟發展史上第一個重大的投機泡沫，竟然是由這麼一種看似普通的植物引發的。當時，人人都想從中獲利，但結果卻是許多家庭因此而家破人亡。

鬱金香不過是一種普通的花而已，爲何會引起這麼多人的瘋狂追捧，甚至不惜花費巨資購買呢？這反映了當時社會對於投機行爲的盲目跟風，以及對未來市場價格持續看漲的不切實際預期。

····

是的，鬱金香只是普通的花，但是一旦變成了投機的工具，那麼在投機者眼裡，它就不是普通的花，而是「擊鼓傳花」了。

我們還是先看一下「鬱金香泡沫」出現的過程吧。

瘋狂炒作的鬱金香

在 17 世紀的前半葉，荷蘭在歐洲的地位非常特殊。當時荷蘭已進入其黃金時代，而其他歐洲國家還在 30 年戰爭的陰影中掙扎。荷蘭不像其他國家由皇室統治，而是由市民委員會和貴族共同管轄。這個時期的荷蘭是歐洲第一個發展現代經濟的國家，也是當時歐洲最富裕的國家，主要的財富來自於貿易。

當時的荷蘭商人對炫富持謹慎態度，唯一被允許的展現財富方式是用花裝點自家花園，這成為了炫富的一種方式。這也是鬱金香最初在荷蘭受到歡迎的背景。

鬱金香最早來自中國新疆、地中海沿岸和中亞等地，後來通過絲綢之路傳播至歐洲。一位來自維也納的植物學教授將土耳其栽培的鬱金香帶到荷蘭萊頓，其精湛的栽培技術使這些鬱金香球莖異常漂亮，引起了社會上層的關注。

鬱金香很快成為荷蘭的國花，與風車、奶酪和木鞋一起成為荷蘭的

「四大國寶」。然而，當一位盜賊偷走了一些鬱金香球莖並賣出後，一場狂熱的投機活動就此拉開序幕。

到了 1636 年，一顆鬱金香球莖的價格甚至與一輛馬車相當。

1637 年，一種名為「Switser」的鬱金香球莖價格在短短一個月內上漲了 485%，一年內總漲幅達到 5900%。當時最貴的鬱金香球莖名為「永遠的奧古斯都」（Semper Augustus），價格可以買下荷蘭最繁華地區的一座大禮堂。

這場投機狂潮最終因為一個偶然事件而崩潰。一位水手誤將價值數千金幣的鬱金香球莖當成洋蔥吃掉，這件事在阿姆斯特丹交易所引發了恐慌。投機者開始反思，開始有人折價賣出球莖，很快掀起了恐慌性拋售。

結果，鬱金香球莖的價格暴跌，一周後幾乎一文不值。這場狂熱最終對荷蘭經濟造成了巨大影響，使得荷蘭在歐洲的地位受到英國的挑戰，繁榮的中心轉移到了英吉利海峽彼岸。

鬱金香依然是鬱金香，荷蘭卻不再是以前的荷蘭了。

不做最後一個傻瓜

美國經濟學家彼得·加伯（Peter M. Garber）對鬱金香泡沫的評論是：這是一場明顯的投機泡沫。當時，人們普遍認爲鬱金香價格會一直上漲，因此紛紛投入市場，希望通過價格瘋漲賺取暴利。

那爲什麼人們會犯這樣的錯誤呢？凱恩斯（John Maynard Keynes）

是 20 世紀初最有影響力的西方經濟學家之一，他曾用自己的經歷來總結這種現象。他爲了專注於學術研究，曾透過講課賺取收入。1919 年 8 月，凱恩斯透過外匯投機，在四個月內賺取了相當於十年講課收入的利潤。

投機者常常經歷這樣的過程：一開始可能會有驚無險地賺取利潤，但很快就可能陷入困境。凱恩斯就是這樣，三個月後他將賺到的利潤和借來的本金全部虧光了。這種賭徒心理，也就是想從賭桌上贏回輸掉的錢，相當常見。

凱恩斯後來又進入棉花期貨交易市場，並在短時間內取得巨大成功。隨後，他將投資範圍擴展到其他期貨和股票市場。到 1937 年，他已經累積了一生都用不完的巨額財富。與一般賭徒不同，他還留下了極具啟發性的投機理論——博傻理論（Greater Fool Teory）[4]，這是他投機活動的副產品。

那麼，什麼是博傻理論呢？凱恩斯曾舉一個選美大賽的例子來說明這一理論。在這個選美大賽中，參與者需要從 100 張照片中選出最漂亮的臉，而最終的結果是由大家的投票決定的。在這種情況下，正確的策略並不是選出自己認爲最漂亮的臉，而是猜測大多數人會選誰，並對那個人投票，卽使那張臉在你看來並不吸引人。這裡的行爲基於對大眾心理的猜測，而非個人的眞實喜好。

凱恩斯將專業投資比喻爲報紙舉辦的選美比賽，這是一個非常有趣的例子。

4　博傻理論出自凱恩斯的著作《就業、利息與貨幣的一般理論》（*The General Theory of Employment, Interest, and Money*）。

在這個比賽中，參與者需要從 100 張照片中選出 6 張他們認爲最吸引他人注意的面孔。這樣的投票策略並非選擇自己認爲最漂亮的人，而是預測大多數人會認爲誰最漂亮。

在投票過程中，選擇的不是眞正最美麗的面孔，甚至也不是大衆認爲最美的臉。更重要的是，投票者需要理解並預測他人的心理和選擇。例如，假設在這 100 位參賽者中，只有一位紅髮女孩，那麼投票者可能會考慮選她，因爲此特點可能會吸引其他人的注意。

在這裡，投票者的目標是猜測其他人的想法，這就是「博傻理論」的核心。這個理論認爲人們購買某物並不是因爲其眞實價値，而是因爲他們相信將來會有人願意以更高的價格購買。在這種情況下，人們不是在投資，而是在賭博，希望自己不是最後那個傻瓜。博傻理論告訴人們的最重要的一個道理是：在這個世界上，傻不可怕，可怕的是做最後一個傻子。

博傻理論透露了投機行爲的實質：關鍵在於判斷是否還有比自己更大的傻瓜存在。只要自己不是最傻的，就有可能成爲贏家。但一旦沒有更傻的傻瓜出現，你就會成爲最終的輸家。因此，對於投機者來說，眞正的挑戰是在遊戲結束前找到下一個「更傻的傻瓜」。

誰是最後的傻瓜

人們爲什麼會在投機泡沫中認爲自己不會是最傻的那個傻瓜呢？英國歷史學家邁克．達什（Mike Dash）認爲，這是因爲人的心理和意識中存在某種特質，使人們不願意接受泡沫的眞相。大多數人在參與投資熱潮前，通常缺乏對相關領域的深入瞭解。鬱金香熱潮就是這種盲目行爲的典型例子。

當時的買賣者明白自己在賭博，但仍難以抗拒賺取巨額利潤的誘惑。這種跟風現象，也就是隨波逐流的盲目行爲，實際上是空穴來風。這種現象不僅在過去存在，今天仍然屢見不鮮。不論是板藍根、醋，還是其他商品，一旦價格開始上漲，人們就會開始瘋狂購買。

特別是在與實際商品關聯不大的情況下，人們最容易出現瘋狂購買現象。當市場上沒有買家願意出更高的價格時，就會出現恐慌性拋售，價格隨之暴跌。這種現象被稱作投機泡沫。

實際上，在期貨與股票市場上，人們遵循的也是這種策略。人們之所以願意高價購買某物，是因爲他們預期將來會有一個更傻的傻瓜以更高的價格購買。這種現象是對大眾心理的判斷，並基於投資大眾對未來的不同步和不一致的判斷。

博傻行爲分爲感性博傻和理性博傻兩種。前者在行動時並不清楚自己已經進入博傻遊戲，而後者則清楚遊戲的規則，只是相信還會有更傻的投資者介入。理性博傻的前提是有更多的傻子來接盤，這是對大眾心理的判斷。當投資大眾普遍感覺到當前價位偏高，市場的眞正高點也就隨之到來。

博傻階段更需要適度理性

在股市中，投機氛圍總是存在，尤其在業餘投資者中，這種行爲往往更像是盲目的賭博。但對於職業投資者來說，他們會利用這種市場氛圍，投入一定比例的資金進行理性的博傻。

但如何避免成爲「更傻的傻瓜」呢？這並非易事。在股票市場中，判斷是否還有「更傻的傻瓜」並不容易，一個不小心，參與博傻的人就可能成爲最終的輸家。甚至是一些明顯的垃圾股，不論其財務狀況如何，依然會有人冒高風險購入，憑藉著「更傻的傻瓜」理論，期待有人願意以更高價格買入。

股市中博傻行爲往往會因爲市場消息的推動而變得更加激烈。例如，某股票價格持續上漲，吸引了許多投資者跟進。市場上的消息也往往隨著股價趨勢而產生變化，利好消息可能會隨著股價的上漲而出現。

在這種情況下，投資者的主要關注點不是股票的基本面，而是股價的趨勢和成交量。博傻理論的核心在於順應市場趨勢。然而，市場往往不會按照簡單的價值理論運作，當人心狂熱時，理性的價值評估往往失效。

那麼，爲什麼即使知道博傻理論背後的風險，人們還是會投身其中呢？答案在於人性的貪婪。正如投資大師巴菲特所言，投資應該是用大腦而非本能來做決策。有時，適度保持理性的博傻行為可以作為一種策略，但在貪婪面前，很多人難以守住底線。

騙局也是一種博傻

博傻理論在龐氏騙局和直銷中同樣適用。隨著網路的發展，雖然年輕人對這類騙局有所警覺，但許多年長者成為這類理論的潛在受害者。他們可能知道像 P2P 理財或龐氏騙局的風險，卻仍抱著「我們後面還有人會買單」的心態參與其中。

舉例來說，在山東的一起直銷事件中，即使該集團的負責人已被拘捕，許多受騙者仍抱有希望，阻止其他人報警，並鼓動更多人參與。近年來，數字幣市場的繁榮也引發了類似的博傻行為。

假設我和朋友們發行一種新的數字幣，最初定價為 1 元，總量為 1,000 萬枚，我們自己保留一半。我們首先在內部進行高價交易，創造出幣值上漲的假象。當市場上開始有人入場，我們會繼續提高價格，吸引更多的人參與。在這過程中，我們會慢慢賣出手中持有的幣，賺取利潤。

這個過程中，「韭菜」們被灌輸「長期投資」的理念，他們會在價格下跌時增加持有，價格上漲時引進更多人參與。但最終，當沒有更多的人願意參與時，這個市場就會崩盤。在這個過程中，我們早已賺取了豐厚的利潤。

這種現象不僅限於數字幣市場，它反映了人性中的一個普遍弱點——貪婪。很多人即使知道自己可能成爲最後一個賠錢的人，仍然義無反顧地投入其中，期待最後一個賠錢的人來接手。但最終，因爲貪婪而失去理性的人，往往成爲最後的輸家。

投資大師巴菲特曾說過：「投資應該是用大腦而不是情緒做出決策。」在面對博傻現象時，理性的選擇可能是保持警覺，不要被市場的瘋狂所迷惑。畢竟，在投機的遊戲中，最後的賠錢的人往往是無法預料的。

歷史不會重演，卻會踏著相似的韻腳而來。

故事的主人公會換，炒作的品項會換，但遊戲規則沒有變。

騙術原理其實並不新奇，甚至也不高明，只是人性的弱點都差不多。

現實生活中，那些成爲最傻的人，除了習慣性跟風投機炒作之外，往往都是被人性中的貪婪所害，爲了獲得最大化的利益，總是期待最後一個傻子的出現，結果越貪婪就越失去理性，一不小心成了最後加入的那個笨蛋。

所以，起了貪念時，別忘了提醒自己：塞有壼饕之心，而欲不可足。

後記

生活沒有白走的路，每走一步都算數

這本書始於 2021 年 2 月 20 日，我從香港探親歸來，在上海隔離了 14 天。

爲了打發無所事事的隔離期，我在知識星球[1]上創立「生活經濟學」帳號，一來是把先前回答朋友的一些財經問題整理成文，二來則是回答網友新的問題。

沒想到從此一發不可收拾。接連兩次登上知識星球熱榜後，我接受朋友的建議，開始調整方向，有系統地撰寫人生中的第一本書。

你看，一開始無心插下的柳，最終居然生根發芽。

人生中有很多陰差陽錯，其實都事出有因。

大學畢業時，我參加了公務員考試，一不小心考了某省第一名。當時意氣風發、精力過剩，除了本職工作，還做了很多本業之

1　知識星球為中國知名知識社群 APP 平台，是內容創作者連線忠實粉絲，做出高品質社群，實現知識變現的工具。

外別人不願意參與的事情，雖然當時也不知道做這些事有什麼意義。

比如，當時亞洲開發銀行（Asian Development Bank，簡稱 ADB）有一個技術援助計畫，可以支持各地進行本地化的課題研究。當時還是菜鳥的我，抱著探索未知的興趣，起草完成了首部英文作品——課題申報書，並獨自到 ADB 北京代表處，與三位高級經濟學家簡報，爭取到了最高額的補助金——十萬美元的無償資助；而後集結了六位博士導師（doctoral advisor）、教授，組成課題組，歷時兩年完成數十項政策建議，其中大多數皆獲採用。

原以爲課題結束便是句點，但全程英文交流、完稿，提升了我在財經領域的英文程度。2015 年至 2016 年間，在上司的支持下，我順利通過財政部遴選派任，得以前往英國曼徹斯特大學研修。

在英期間，有一次去拜訪時任曼徹斯特市市長保羅．墨菲（Paul Murphy），墨菲市長剛接待完來進行國事訪問的中國國家領導人，對中國留學生非常熱情，安排了一整個上午的會見時間給我們，讓我有充足的時間與市長暢談他在「波音（Boeing）公司高階主管」和「市長」之間角色轉換的感受。

事後想想，也許就是這次談話埋下了種子，最終讓我堅定了辭職「下海」的決心。

茨威格（Stefan Zweig）在《斷頭王后》（*Marie Antoinette*）中說過一句話：所有命運饋贈的禮物，早已在暗中標好了價格。我更想說的是：你付出的所有努力，命運也都暗中饋贈了你。

畢業後一直從事財政經濟方面的實務工作，讓我深深感受到，經濟學是一門關於生活的學問，它就像一盞明燈，從來沒有直接給出答案，但是一直指引著方向，讓我深知：有借必有還，有付出才有收穫。

因此，我要求自己每年都要完成一個新挑戰。這些年下來，我拿到了兩個不同領域的碩士，成爲澳洲資深註冊會計師和美國註冊管理會計師，出國研修、辭職下海，如今又完成了這一本書，一圓自己還是文藝青年時沒有完成的夢。

在這本書裡，我盡力把自己對人生、對生活中諸多問題的反芻、體悟，如實而冷靜地呈現出來。所以各位在書中，看不到瘋狂的情緒，也不會得到「可複製」的路徑。因爲，人生的路終究要自己走，所有的答案還是要自己去尋找。

我所能做的是告訴你：我會怎樣尋找答案。

所以，在回答每一個問題時，我想讓各位讀者知道的不是問題的答案，也不是一個新穎的名詞、一個酷炫的經濟學規律，而是去爬梳某類事件的來龍去脈、一門學科的發展與修正過程，以及一個新知的應用和變化。只有深入去認識事件背後的發展脈絡，我們才不會僅是「知道分子」，而是成爲見微知著的「知識分子」。

當然，這也導致每個回答都無法用三言兩語說清楚，反而可能會有些囉唆和「掉書袋」，不太符合時下快速閱讀的習慣。但話說回來，如果不把一次讀完本書作爲任務，而是每次只看一篇回答、瞭解一個經濟常識，何嘗不是一種樂趣呢？

雖然我花費很大的心力，以長篇大論逐一回答問題，但其實我更感激的是提出這些問題的人。因爲在回答問題時，我也能對自己的觀點、見解進行梳理和修正，甚至補充完善，這種過程讓我產生許多新的理解、新的想法，也豐富了個人的認知體系。

因此，本書的問世，獲得最大益處的不是讀者，反而是我自己，所以我很珍惜這些問題，也感恩讀者與我一起成長的過程。

在此也要感激北京卓文天語文化有限公司、新世界出版社的信任，對作者而言，你們的專業、有擔當是促成本書最大的動力來源。

世界很美好，世界也很喧囂。你可以不動聲色，但不能落入俗套，更不該被世界拋在身後。隨著年華流逝，身體會老化，思想也會鈍化，但是人不能僵化。

願諸君都能做一個理性而溫情的人，不被情緒所掌控，不被焦慮所左右，不在資訊浪潮中自我隔離，不在得失中蹉跎生命。即使要付出代價，依然不能放棄努力。因爲，生活沒有白走的路，每走一步都算數；你付出的每一滴汗水，都會開花結果。

願諸君生活愉快，皆得所願。

謝宗博

NOTES

NOTES

NOTES

NOTES

NOTES

NOTES

NOTES

NOTES

國家圖書館出版品預行編目 (CIP) 資料

長得好看能當飯吃嗎？：掌握底層邏輯，提升認知高度的 33 個經濟學常識問答＝ Pretty or hungry：life is a choice／謝宗博著 . -- 初版 . -- 新北市：遠足文化事業股份有限公司 拾青文化出版：遠足文化事業股份有限公司發行，2023.12
面； 公分 . --（thinkin' tank；5）
ISBN 978-626-97237-0-6（平裝）

1. CST：經濟學 2. CST：通俗作品

550 112003456

thinkin' tank—005

長得好看能當飯吃嗎？

——掌握底層邏輯，提升認知高度的 33 個經濟學常識問答

PRETTY OR HUNGRY
LIFE IS A CHOICE

作　　者 謝宗博
主　　編 林昀彤
編　　輯 黃祥生
美術設計 劉孟宗
內頁排版 菩薩蠻數位文化有限公司
總 編 輯 魏珮丞

出　　版 拾青文化／遠足文化事業股份有限公司
客服信箱：goeurekago@gmail.com
發　　行 遠足文化事業股份有限公司（讀書共和國集團）
地　　址 231 新北市新店區民權路 108-2 號 9 樓
郵撥帳號 19504465 遠足文化事業股份有限公司
電　　話 (02) 2218-1417
信　　箱 service@bookrep.com.tw

法律顧問 華洋法律事務所 蘇文生律師
印　　製 漾格科技股份有限公司
出版日期 2023 年 12 月 20 日初版一刷
定　　價 520 元
I S B N 978-626-97237-0-6
書　　號 2LTT0005

thinkin' tank

thinkin' tank

thinkin' tank

thinkin' tank